〝本の泉社〟転換期から学ぶ歴史書シリーズ

日清戦争論

―日本近代を考える足場―

原田 敬一

本の泉社

目　次

目　次

プロローグ

なぜ今さら〈日清戦争〉なのか。一二五年前の戦争であり、三世代以上前の出来事である。一九四一年に始まったアジア太平洋戦争についても、最近の大学生は、アメリカと戦争をしたことを知らないと言われだしてもう三、四〇年になる。ましてや一世紀以上前の戦争のことなど、どっちでもいいと思っているかもしれない。一九四五年の台湾空襲の展示を台北市でしたところ、学生から、日本が空襲したと思ったという感想があったと、台湾の研究者から聞いたことがある。〈戦争の記憶〉はたえず反芻しなければ消えていく。

〈日清戦争〉は単なる〈戦争の記憶〉の一つである。しかしそれ以上でもある。近代日本が最初に取り組んだ対外戦争だから。他国と戦争をするには、どんな形でも理由がいる。最初の一歩は勇気が要るものだ。首相伊藤博文や外相陸奥宗光は何を考えて、戦争に踏み切ったのか。日本の軍隊は外国でどのように戦ったのか。こうした問題については、拙著『日清戦争』（戦争の日本史シリーズ19、吉川弘文館、二〇〇八年）でも解明した。畏友大谷正氏の『日清戦争』（中公新書、二〇一七年）もハンディで読みやすい。本書はそこには焦点をあてず、長いスパンで日本の戦争を捉え直す第Ⅰ部、日清戦争を受けとめた国民を考察した第Ⅱ部、日清戦後の日本を述べた第Ⅲ部の構成とした。

その意味では本書はいわゆる〈司馬史観〉への反論である。その史観は、「明治・大正の日本はまともだったが、昭和の日本が道を誤った」とされる。このまとめ方は司馬遼太郎氏の歴史観に対する誤解の部分もあるので、〈いわゆる〉を付けた。誤解を解いて司馬文学の総体から考えたのが、拙著『「坂の上の雲」と日本近現代史』（新日本出版社、二〇一一年）である。しかし、このまとめに集約するような日本近現代史観が、現代日本に広がっているのも事実である。十五年戦争だけが侵略戦争で、それ以前の戦争は、自衛戦争として肯定される。この見方が、二一世紀の今になっても、アジアに対して指導者的な態度をとり、優等生のようにふるまう基盤になっている。その延長上に、近代日本総体を美化するナショナリズム賛美本があり、とんでもない普及の仕方をしている。

政治や経済、軍隊や地域の動きを追究してみると、そうした史観とは異なる事実が多く見つかり、事実に基づく歴史像は、まったく違ったものになる。それを論文の形ではなく、手に取りやすい書籍の形で社会に提供することも、研究者の務めの一つである。さまざまな機会にまとめた小論をひとまとまりにすれば、新しい形も見えてくる。

ペリー来航からの大きな変動で新しい国のかたちをとった日本が、アジアにどう向き合い、国民をどこへ連れて行ったのか。加藤陽子氏の『それでも日本人は「戦争」を選んだ』（朝日出版社、二〇〇九年）は、さまざまな選択肢のなかから主体的に「戦争」という道を選んだ日本の姿を描き、ベストセラーになった。問題は、選択肢のなかに「戦争」を置くようになったのはいつかということであり、それは日清戦争が最初の一撃だったと私は考えている。予想外にうまくいった最初の一撃が、その後の有力な選択肢に「戦争」をおき、国民は、軍部やメディアの引き込み次第で容易にこの選択肢を支持するようになった。それが日清戦争以来の〈五〇年戦争〉として浮かび上がる。

Ⅰ

日本の戦争とは何だったのか

第1章 日本国民にとっての日清戦争

1 国民が海外出兵を知ったのはいつか

一八九四年六月二日に衆議院の解散と朝鮮への出兵が閣議決定された。しかし、国民が出兵の事実を知ったのは同時ではなかった。衆議院解散は、翌三日の新聞で報じられたが、出兵が報道されたのは九日の新聞だった。その遅れは、出兵決定の隠蔽とともに七日に「軍艦軍隊の進退及軍機軍略に関する事項」の新聞掲載禁止が陸軍省令・海軍省令として発令されていたためである。そのため、八日付の在京新聞、『東京日日新聞』『郵便報知新聞』『国民新聞』『中央新聞』『小日本』(1)は、七日午後九時前に発行停止となり、翌八日午後一〇時ごろ解停となった。これら東京の有力紙が発行できず、いわば国民の眼と耳が塞がれているなかで、出兵準備が進められ、九日に派兵発表となった。

事情が分からない自由党は、八日の代議士集会で「一　我党は視察として朝鮮に人を派遣する事」など事情調査を主とする三ヶ条を決めていた(『時事新報』六月九日)。

政府の準備はひそかに進められた。六月五日大本営が宮中に設置され、同日午後四時第五師団の動員令が出され、六日午後二時五〇分第五師団に歩兵一個大隊の先発が命じられた。歩兵第一大隊に工兵一個小隊を付属させた部隊は、八日夕に広島県の宇品港に到着し、翌九日午前同港を出帆した（参謀本部編『明治廿七八年日清戦史』第一巻一〇七頁）。

つまり、八日には軍隊の移動が開始され、海外派兵の既成事実となっていたのである。『国民新聞』は、一〇日から第一面巻頭に、特派員朝鮮派遣、を報じ、「朝鮮!!!　東洋の危機!!!」（六月一一日）などの表現で情勢緊迫を告げた。既成事実の前には、派兵の可否を論じる余裕はなくなっていた。

2　まず上流の突風が吹いた

遅くとも六月下旬から、各地で軍隊への物資と金員の寄贈運動が始まっている。七月初めの『時事新報』に、次のような記事が掲載されている。

〇献納金及献金の処分に就て　朝鮮事件起りてより我国民は愛国義侠の心より軍隊に必要なる種々の物品及び金員の献納を願出づるもの多く当局者に於ても実際其処置に困《くる》しむの有様なりしが

しかし、この時期の献納の内容は、

①　五円（東京府日本橋区の剣客）　『時事新報』六月二七日
②　一〇円（横浜市の男性）　『国民新聞』六月二九日
③　梅干一〇〇樽（横浜市の旅人宿）　『時事新報』六月二九日
④　二〇〇〇円（大分県中津町の女性）　『時事新報』七月一八日
⑤　紙巻煙草五万本（東京府日本橋区の男性）　『時事新報』七月一九日

など高額なものが多い。額はわからないが、「当県下（注：広島県）に豪資家の聞へある八田謹二郎氏外数名も其旨を出願」（『時事新報』六月三〇日）とあるように、まず富裕層が戦争支持で走り始めたのである。彼らの献納は、新聞に掲載されて「参戦熱」を煽り始めた。陸軍省はこれに応えて、七月一七日陸軍恤兵部を設置した。同日の陸軍省告示は、「品質ノ如何ニ依リテハ之ヲ採納セサルコトアルヘシ」「献納スヘキ金高一円未満ノモノハ之ヲ受理セス」と権高で、品質について物品検査をおこない、微小な金額は拒否するとはっきり述べている。

3　国権主義の旋風が続いた

出兵が公表されると、各地で朝鮮への派遣を前提とした義勇軍計画が起き始めた。六月下旬には、それらが新聞に掲載される。最初のものは、広島県で五〇〇人の義勇軍が結成され、陸軍省に従軍願書を出したという六月二五日付『大阪毎日新聞』である。五〇〇人がこの行動をとるまでの時間を考えると、出兵公表直後から義勇軍を募る運動が始まっているだろう。

私の調査では、この新聞に始まって、八月一八日の『国民新聞』報道（長崎県の旧松浦藩士の義勇軍結成）まで五二件が判明している（本書九二〜九三頁、表6―1）。それは一道三府二六県にわたっているから、一八八四年の甲申事変の際の三府二四県による義勇軍運動と同規模であり、より調査すればさらに上回るだろうから、全国的な義勇軍運動と言える。

この義勇軍運動の参加者は、旧松浦藩士のように士族層が中心だった（旧宇都宮藩や旧水戸藩など）。これに国権派や民権派が加わる（熊本県など）。剣客や侠客も名乗りを上げている（前者は高知市や東京府など、後者は東京府や甲府市など）。彼らは、「西南に戦ひ」とか、「彰義隊に組みして官軍に戦ひしもの」

であり、西南戦争や戊辰戦争の体験を声高に叫んでいた。朝鮮での「事件」に加わることによって、もう一旗揚げようという意識からいって、場当たりではあるが、国権主義的思想に基づくものだった。

しかし、義勇軍運動は中止に追い込まれる。宣戦の詔勅（八月一日）が出て一週間後の八月七日、「臣民各其定業ヲ勉ムル事ヲ怠ラズ、内ニハ益《ますます》生殖ヲ勧メ以テ富強ノ源ヲ培フハ朕ノ望ム所ナリ」との理由から、義勇軍不要を告げる詔勅が出されたのである。各地の義勇軍は、地方官庁の解散命令も重なり、解散していった。しかし、運動のエネルギーは消失しなかった。従軍願だけに絞っていた団体は解散したが、方向を変えて運動を続けた団体もあった。この国権主義的愛国運動は、すでにスタートしていた献金・献納運動に加わっていく。これは5で述べる。

4　次に知識人と上流の追い風が吹いた

七月三〇日、三井八郎右衛門（三井）・岩崎久弥（三菱）・渋沢栄一・福沢諭吉・東久世通禧の五人を発起人として、「我々国民の義務として軍資醵集の手配り」をするための相談会が呼びかけられた（『時事新報』七月三〇日）。対象者は「府下の華族、富豪家を初め各有力家」であり、福沢のような知識人（一般的な知識人というより、福沢にはさらに他の知識人に大きな影響力を持っている人物との特色を付加せねばならない）と有力資本家、華族からなる上流階級が日清戦争支援のための具体的な行動を始めたのである。約一〇〇人が集まった相談会は、名称を「報国会」とし、義金の拠出を全国に呼びかけると決めた（『時事新報』八月二日号外）。福沢は、この会に最も熱心で、「発起人総代」としての演説や、趣意書の起草まで自らおこなった。さらに常時執筆者であった『時事新報』社説を通じて、「身に叶ふ丈けの私財を投じ」よと広く国民に呼びかけた（『時事新報』八月一四日）。九月初めには、「義捐金」の呼びかけがほかの新聞（新聞『巌手公報』九月七日など）にも掲載され、「軍資献納」が強く求められた。

八月一三日「朝鮮事件に関する経費支弁の為め」の借入金と公債募集が政府に認められ（勅令第一四三号、これは憲法第七〇条に基づく緊急勅令だった(2)。『国民新聞』八月一五日）、一五日に軍事公債条例（勅令第一四四号、『国民新聞』八月一七日）が公布されると、軍事公債応募運動が展開される。同条例によれば、軍事公債は年利六％以下（一七日の大蔵省告示第三一号による第一回募集三〇〇〇万円は五％）・五〇年償還で総額五〇〇〇万円を募るものだった。これにも各地で猛烈な応募運動が起きる。兵庫県では一六万円の目標に対して、一九八万円も応募があった（『大阪毎日新聞』九月一五日）。結局、第一回募集三〇〇〇万円は、九〇二七万円という三倍以上の応募が達成される（『時事新報』一二月一三日）。証書の額面は一〇〇円で、九月二〇日までの払込金一〇円を最初として、翌年八月末まで八回に分けて全額払い込みが必要だった。一〇円の価値は、大工の手間賃五四銭（一八九五年、東京、一日当たり）、鉄道運賃の新橋――大阪間三円五六銭（一八八九年）、巡査の初任給八円（月俸、一八九一年）、白米六七銭（一〇キログラム、小売り、東京）と比較するまでもなく(3)、相当高額であり、さらに一〇〇円となると民衆には手の届かない額だった。『巌手公報』一一月二八日の社説のように、「公債応募の事たるやこれを中等以上の資産家に望まざるべからず」として、「時至れり、彼等乃尽すべき時至れり」と資産家を激励し、鼓舞し、威喝するものまで現れる。

この軍事公債応募運動が起きることによって、福沢らの報国会運動は頓挫する。軍事公債については、すでに渋沢栄一らは大蔵大臣の内相談に呼ばれていた。報国会では「既に公債募集の事ある上は私金を醵集するの必要なし」（『時事新報』九月一六日）との意見が出され、福沢は反対したようだが、九月一二日報国会は解散を決議し、一四日の各新聞に「報国会解散広告」を掲げた。以後、上流社会は、軍事公債応募（第二次、五〇〇〇万円、一一月二二日から）と陸海軍恤兵部への直接の献金献納運動の二つに加わる。

5　命を削って志願の嵐が——窮民献金と軍夫

福沢は、社説「報国会の目的を如何せん」（『時事新報』九月一六日）のなかで、「公債談の発したるが為めに醵集の事を立消にしたりとは解す可らず」と批判し、「今の日本国を見れば、千古未曾有の外戦に全国人は恰も酔へるが如く津々浦々の細民に至るまでも何か身に叶ふ丈けの一分を尽さんとて日に二十銭取る労働者が十銭を義捐し子供の歳暮に貰ひし巾着を覆して数銭の銅貨を出すなど、一聞一見都《すべ》て感涙の種と為るほどの有様」と、「細民」「労働者」たちの献金を讃えている。福沢は「現在の家計に多少の波動を生ずるまでの覚悟こそ願はし」いのであり、「全国八百万戸四千万人の貧富に応じ多少の金を醵出」（『時事新報』八月一四日）せよ、と呼びかけている。開戦以後、これらの階層の献金は、各地で陸続と起きていく。上級の献金献納運動が、新聞への氏名・金額の掲載で派手にキャンペーンされているなかで、中層や下層の民衆がささやかな義損金を持って、それに合流した時、福沢の言う「啻に国家の為めのみならず私に省みて自から自家幸福の基と為る可し」（『時事新報』九月一六日）との感慨は国民全体のものとなった。

もう一つは、義勇軍運動の継続としての軍夫志願である。ここでは第二師団の軍夫を募った岩手県の例を検討する。第二師団は、金州城と旅順半島攻略のために、九月二五日動員が下令された部隊である。日清戦争では、兵站と戦闘物資の輸送のため、野戦部隊と兵站部隊の両方に「軍夫」が雇われた。出征した将校・下士官・兵士の総数二四万六一六名（参謀本部編『明治廿七八年日清戦史』第一巻六五頁）に対し、日本人軍夫は一五万三九七四人である（同第一巻七四頁）。狭義の戦闘部隊を一〇〇とすると、軍夫は六四になる。戦闘部隊は、兵役の義務により成立した徴兵軍隊だったが、軍夫は日給で雇われる民間人である。戦闘部隊のなかに民間人である軍夫が相当数含まれているというのは、国際法上問題になるはずだが、日清戦争では無視された。第二師団の場合、表1—1のように、全体の四〇％以上が軍夫となる(4)。

岩手県では、兵力動員が指示されるより前から軍夫募集事業が始まっていた。それは県庁――郡役所――町村役場という行政ルートによる作業だった。

九月二〇日、東磐井郡藤沢村で郡役所の吏員が、二〇人の軍夫を募ったところ、二五歳から三五、六歳の「好漢意気壮《さかん》」なものが二五～六人応募してきた。

紫波郡志和村の村上栄蔵は、西南戦争従軍者で、日清戦争に際して義勇兵志願が実らず、軍夫に応募した。ほかにも、南九戸郡宇部村の久慈弥吉や二戸郡浄法寺村の三浦千代吉など、義勇兵志願――挫折――軍夫志願のコースをたどった例は多い。稗貫郡根子村のもと足軽町の三八人の場合は、そのコースに国権主義的な士族層という前歴が加わる。

募集は順調で、一〇月初めには予定人員を超過し、同月二日盛岡市をたって仙台市に行き、体格検査を受けて正式に軍夫として採用された。編成は、岩手県で川口浩哉千人長に率いられる一団をつくり、その下に盛岡市（橘正三・百人長）、南岩手郡（藤本緑・同）、北岩手郡（長沢綱友・同）、紫波郡（山本嘉兵衛・同）など市と郡ごとに一〇〇人の組をつくっていた（『巌手公報』一〇月二日）。

採用された日から彼らは日給を支給された（表1―2　軍夫の日給）。毎日の「給養宿舎料」は「官費」負担だった（『巌手公報』一二月四日）から、日給をそのまま貯蓄することも可能だった。盛岡市出身者による橘組は、一二月初めまでで四回送金し、合計五〇三円になった。家族への配布は市役所

部隊	戦闘員	軍夫
野戦隊	15,957 (73.5)	5,746 (26.5)
兵站部	356 (5.9)	5,711 (94.1)
合計	16,313 (58.8)	11,457 (41.2)

1）『明治廿七八年戦没統計』下巻から作成。
2）戦闘員とは、将校・下士官・兵士を総称した仮名称である。（　）内は%。

表1－1　第二師団の戦闘員と軍夫

	並夫	廿人長	百人長	千人長
国内滞在中	40	50	70	150
出　征　中	50	60	80	150

※『巌手』1894年12月5日。

表1－2　軍夫の日給（単位：銭）

がおこなった。『巌手公報』に掲載された記事から見ると、一人一ヵ月四円から一〇円の送金例がみられる。岩手県では、村人たちの意識は、兵士と軍夫を区別していない。九月下旬に各村で開かれた壮行会は、兵士と軍夫を同列で扱い、餞別金も同じ額か、時には兵士以上に贈っている（東和賀郡笹間村、『巌手公報』一〇月九日）遺家族への扶助金や人夫補助も同等にしている村が見られる（稗貫郡太田村、東磐井郡薄衣村など）。

こうして軍夫は、兵士並の規律を要求される。第二師団付の軍夫隊として取り決めた七ヶ条の規約は、外出規定、遊歩、日二回の点呼、処罰などを明記している（『巌手公報』一一月二〇日）。

軍夫の意識を示す史料は少ない。仙台を出発する時、仙台市役所は、「図南鵬翼何時奮、久待扶揺万里風」と書いた吹き流しを掲げた。これは伊達政宗のもので、「図南」の意図を示している。これを見た川口千人長は、「今や第二師団鵬翼既に奮ひ起て万里の長城に駕す、眼中既に清国なし、公の魂魄果して如何」とその感慨を述べた（『巌手公報』一一月一六日）。彼ら軍夫集団が、士族的気風と意識を持っていたことを示していよう。

江刺郡出身の及川伊勢蔵は、軍夫を志願し採用された喜びを二つの理由で語っている（『巌手公報』一八九五年二月三日）。

「一には国民に尽すの義務を果たし、二つには東奥多年の屈辱を雪がんと」

後者は戊辰戦争以来の東北地方の人々の意識を示している。

これらを考えると、士族的な好戦の気風や規律、明治維新の「敗北者」のレッテルへの抵抗と、外征に加わることによって「勝者」へと回復すること、こうした意識が、義勇軍――軍夫運動の特色ではないか。

むすびにかえて

日清戦争を契機として、日本の国民の思想状況は大きく変化した。戦争の大義名分は、福沢諭吉が「文野戦争」（文明と野蛮の戦争）と設定し、「宣戦ノ詔勅」も「文明戦争」の枠で国民を説得した。日本の勝利により、近代初期以来の「清国蔑視」から、総体としての「中国蔑視」への転換が始まった。

日清戦争によって、上流の軍事公債応募運動、中下層の義勇軍運動――軍夫志願運動、全体が合流した献金献納運動、のそれぞれが始まり融合して、挙国一致が実態化していった。とくに第二の運動は、日露戦争にはないものであり、この「命を懸けた」民間運動があることによって、日清戦争の挙国一致のレベルが上昇したのではないか。この時、日本近代の「国民」が誕生した。

文学に触れる余裕はなくなった[5]。国木田独歩が一九〇〇年一二月号の雑誌『太陽』に発表した「置土産」では、二七歳の青年が軍夫となり、故郷に二〇〇円送金している。ここには軍夫に雇われることにより、新しい人生設計をした青年の姿が描かれている。こうした形で国民の前に現れた〈戦争〉の意味も含めて考察することが必要である。

【注】

（1）以下、新聞名は次のように略す。『時事新報』→『時事』、『国民新聞』→『国民』、『大阪毎日新聞』→『大毎』、『大阪朝日新聞』→『大朝』、『巌手公報』（岩手県の民間新聞）→『巌手』。一八九四年については年を略し、月日のみとする。

（2）大日本帝国憲法第七〇条「公共ノ安全ヲ保持スル為緊急ノ事由アル場合ニ於テ内外ノ情形ニ因リ政府ハ帝国議会ヲ召集スルコト能ハサルトキハ勅令ニ依リ財政上必要ノ処分ヲ為スコトヲ得　前項ノ場合ニ於テハ次ノ会期ニ於テ帝国議会ニ提出シ其ノ承諾ヲ求ムルヲ要ス」

（3）週刊朝日編『値段の明治大正昭和風俗史』（朝日新聞社、一九八一年）。

（4）日露戦争では、六九万三〇〇〇人の戦闘部隊と、二五万二〇〇〇人の輜重輸卒が戦地動員された。戦地動員兵力の二六・六％が兵站輸送を担当する輜重輸卒になる。日本人軍夫が、日露戦争では廃止されたのは、費用と軍紀の問題だと、大江志乃夫氏は指摘している（同氏『日露戦争と日本軍隊』九三頁、立風書房、一九八七年）。

（5）文学に詳しく触れることはできなかったが、拙稿「軍隊と日清戦争の風景――文学と歴史学の接点――」（本書第Ⅱ部8章）で、泉鏡花を取り上げている。

第2章　「明治一五〇年」と日本の戦争

1　歴史の冒涜

政権がまた歴史を正当化の道具にしようとしている。一九六八年の「明治百年祭」は佐藤栄作内閣が一九六六年に閣議決定して実施している。二年半ほどの準備の後、武道館で式典をおこなったが、四半世紀前の一九四〇年におこなわれた「紀元二千六百年記念式典」とは構えも規模も全く異なった、小規模だったとしか言えないものだった。それでも共通しているのは歴史の偽造であり、歴史を政権の道具にするということである。

一九六七年に「建国記念の日」という名称で復活した紀元節もそうであった。古代の暦法がまったくわからないため、換算のしようがない「古事記」・「日本書紀」（以下「記紀」と省略）の記述（「正月……朔」）を太陽暦に「換算した」と偽装して捏造されたのが「二月一一日」という「紀元節」だった。これをはじめとして、日本近代のしかけは歴史への限りない冒涜である。イタリア国を建設した際、イタリア政府は、貨幣・度量衡・教育・軍事制度などの統一を進めるとともに、国歌・国旗などを制定した。ここでも歴史の捏造がおこなわれ、ナポレオンがロンバルディア軍（フランスの衛星国家チザルピナ共和国を樹立）に授けた三色旗という、拭いがたい外来の歴史を払拭し、ボローニャの自治を求めて蜂起した学生ザンボーニらが「最初に振った」という歴史を創造して、現代の三色旗につなげた（藤澤房俊『大理石の祖国――近代イタリアの国民形成――』筑摩書房、一九九七年）。政権は、革命などの大きな事件がない限り、国家の成立の根拠を説明できず、このような歴史の偽造を平気でおこなう。

2　国民国家と祝祭日

新政府が、「記紀」を持ち出して祝祭日を制定したのは一八七三年一〇月一四日。元始祭・新年宴会・孝明天皇祭・紀元節・神武天皇祭・神嘗祭・天長節・新嘗祭の計八日が祝祭日とされ、休暇日となった。宮中祭祀や宮中行事であったものを、国家・国民の行事として押し付けたのである。太陰暦を廃して太陽暦を採用したのが前年の一八七二年一二月九日（太陽暦）だったから、太陽暦採用と祝祭日制定は、西欧をモデルとする国民国家形成をめざしてのものだったことは間違いない。しかし、多くの民衆はまだ「国民」になっていない。国民とは「日々の国民投票」という認識（ルナン『国民とは何か』東京インスクリプト、一九九七）は、民衆が「伝統」や「記憶」などを肯定し、自らの共通のものとして所有し、一体感を持つという意味だが、維新当初の一八七〇年代にそのような連帯は成立していない。

3　国民の誕生と戦争

では「国民」はいつ成立したのか。それは戦争を契機とするものだった。天皇像など表象の生成やシンボル操作なども施されたが、決定的に効果があったのが戦争だった。戦争こそが日本国民を創ったと言える。その戦争は個々の理由によって展開したのではなかった。アメリカ合州国が「民主主義」と「市場原理」の輸出を一貫した課題とし、多くの場合戦争に踏み切るのと同じように、戦前日本も一つの論理で戦争へと向かっていった。その意味で私や何人かの研究者は、一貫した論理に基づく「五〇年戦争」という捉え方をしている。

4　「明治一五〇年」と戦争

二〇一六年一一月四日、政府は「この「明治一五〇年」をきっかけとして、明治以降の歩みを次世代に遺すことや、明治の精神に学び、日本の強みを再認識することは、大変重要なことです。」などと日本近代を明るく前向きのものだったと強調して、「明治一五〇年」を祝賀しようと呼びかけた。政府の言う「明治の精神」や「日本の強み」とは何だろうか。

「明治一五〇年」を貫く一つは戦争だったという認識が重要だと考える。

一八五三年のペリー来航以降の政治状況を「癸丑以来」（己丑は一八五三年のこと）というキーワードで捉えていた一九世紀後半のリーダーや活動家（「志士」）は、その言葉で「万国対峙」という将来方針を共有していた。「万国対峙」政策の最も過激な実施が欧米人殺傷というテロや公使館焼打ち、さらに長州藩などの外国船砲撃など実力行使の意味を持つ「攘夷実行」であり、その対極には、将来的な攘夷実現を目指す「武備充実」策があった。この両者の間で、孝明天皇や公卿、幕府や薩摩・長州その他の諸藩などが揺れ、諸事件が相次いだのが一九世紀後半、「幕末」と後に呼ばれる時代だった。「武備充実」は即「攘夷実行」ではなく、そのために造船などの軍事産業振興や技術導入を含むため、実際上開国策そのものだった。一八六四年一月五日（文久三年一一月二六日）、上京していた島津久光は孝明天皇の宸翰に対する奉答書で次のように発言している。

殊ニ外夷方今之戦争は、皇国古来之戦争とは雲泥之相違に而。其辺別而難行届、於幕府も無拠訳合とは奉存候（中略）此方江武備充実仕候得は、彼は不戦して畏服仕は案中と奉存候、此義は小臣乍過言盟而御受合可奉申上候

（ことに外国の最近の戦争は、日本古来の戦争とは雲泥の差です。その辺は特別に行き届いていないところで、幕府も根拠なく請け負うわけにはいきません、（中略）こちらが武備充実すれば、外国も戦わずして従うことは私の考えです、このことは小臣の私ですが、誓ってお受け合いを申し上げます）

徳川家が大政奉還を申出て、新政府ができる三年前の発言だが、「武備充実」を目的とした開国和親は、幕府・諸大名を通じての合意となっていった。これが新政府の開国和親、文明開化、富国強兵などの政策となっていく。

こうした政策は、大久保利通による開発独裁的政策と評価されるが、それらは、戦争と同時遂行は無理で、少なくとも東アジアの平和が確保されていなければ、着手も進展もしない。このことを明確に指摘したのは三谷太一郎氏（『日本近代とは何であったか』岩波新書、二〇一七年）である。三谷氏はこうまとめている。

資本主義を可能にする客観的条件が日清戦争前の日本にはあった（中略）つまり、先進産業技術と資本と労働力と平和です。（八五～六頁）

平和を確保することは「資本蓄積を妨げる資本の非生産的消費としての対外戦争の回避」（八六頁）することであり、「維新後幾多の対外的危機を外交的に処理しながら、四半世紀以上にわたって対外戦争、特に日清間の戦争を回避し、平和を確保した」（一〇六～七頁）と新政府から大久保政権、その後の政権

と戦争回避の外交政策が高く評価されている。

確かにそのことは大久保たちの外交によって跡付けることができる。一八七四年の台湾出兵も、大久保の北京交渉で、日清戦争に拡大するのを回避した。一八七五年の江華島事件は、新政府による日朝外交の確立が頓挫していた時に、征韓論者である井上良馨が艦長となった雲揚号の挑発と軍事行為が内容である。戦争に拡大する可能性もあったが、大久保の指導する交渉で妥結している。「四半世紀」にわたる東アジア平和の確保は評価されねばならないが、大久保政権の外交評価は、本稿では留保したい。台湾出兵は大久保の参加した閣議でまず派兵が決まり、英米の介入で中止と再決定した（ただし総督西郷従道は独断出兵）という経過があるからである。

結果としてではあれ、東アジアの平和が確保された上で、殖産興業政策が進められ、一八八〇年代の日本には資本主義的生産体系が整い始める。陸軍工廠や海軍工廠などの軍事産業が未熟ではあっても、初歩的歩みを始めたのが一八九〇年代で、このころに日本近代の対外戦争史は始まる。一八九四年開始の日清戦争から、一九四五年敗戦のアジア太平洋戦争まで、あしかけ五二年間、満五一年間戦争が続いた。それぞれを相手国との外交関係から説き起こし、異なった戦争であるように描くのが通説だが、それでは日本が侵略戦争を続けた意味が見えない。そこで先ほど述べたように、「五〇年戦争」と一貫した戦争だと捉えることの必要性がある。

5　日清戦争の歴史的意味

「五〇年戦争」の最初になる日清戦争はどのような歴史的意味を持っているのだろうか。それは植民地というものを持ち、大日本帝国を本当の意味で成立させたことである。「大日本帝国」という呼称は、日清戦争以前の「大日本帝国憲法」などにも使われ、通称として時どき登場していたが、植民地を支配する実態は一八九五年までなかった。

植民地を支配する帝国の誕生という意味だけでなく、日清戦争は多様な意味を持った。藤村道生『日清戦争―東アジア近代史の転換点―』（岩波新書、一九七三年）は、日清「戦争は軍事的側面においては勝利したが、外交的側面で敗北し、政治的側面では終わらなかった」（同書ｖ頁）と、半世紀近く前に整理している。それは、清国との軍事的勝利、列強への外交的敗北、朝鮮や台湾の民衆との対立の継続という意味である。最後の対立は、甲午農民戦争と台湾の抗日義兵闘争を日本が「匪乱」と称して矮小化し、民衆の目から隠したとも述べている。

これを踏まえて、私は、日清戦争は四種類の戦争の複合戦争と位置付けた。時系列的に言えば、景福宮の朝鮮軍との戦闘である「七月二三日戦争」（当然、敵は朝鮮）、豊島沖輸送船団攻撃作戦で始まる「狭義の日清戦争」、並行して一八九四年秋から始まる「東学殲滅戦争」（敵は東学の旗の下に結集した朝鮮民衆）、一八九五年下関講和会議直前から一八九六年三月末まで続く「台湾征服戦争」（敵は台湾在住の先住民族や清国人）である。戦争を指導する大本営は、この四種の戦争が一応終わった一八九六年四月一日にようやく解散する（拙著『日清戦争』吉川弘文館、二〇〇八年）。前二者には勝利したが、後二者はいったんは終わったように見えても、「日本をアジアにおける民族運動の抑圧者として確定した」と藤村氏は言う（同一三〇頁）。これらを、軍事的勝利、外交的敗北、民衆的敗北という「一つのささやかな勝利と二つの大きな敗北」と総合することもできる。

またこの戦争に参加した軍隊と軍夫は合計約四〇万人だが（日露戦争は一〇〇万人）、彼らと彼らを送り出した銃後は連携し、対外戦争の勝利というみせかけに酔っていた。「天皇の軍隊」と「天皇の政府」が広く民衆に受け容れられた最初の機会となった。大日本帝国憲法発布を「法被《ハッピ》の披露」と誤解した民衆は、日清戦争によって初めて国家のおこなう戦争というものの意味を知った。地租改正による地租率に納得せず、各地で進められる殖産興業政策にも受け身でしか参加せず、総じて開発独裁的政策は民衆の受けが悪かった。それが日清戦争によって、隣の青年が出征したり、向かいの青年が軍夫となり戦場に向かったことを知り、ルポライター横山源之助が富山の町で見かけた、絵草子屋の錦絵を見て日清戦争の実相や清国という外国を知る民衆が現れた。戦争は人々を能動的に変化させ、「客分」から「国民」へと突き動かしたと言えよう。

6　日露戦争の歴史的意義

日露戦争も、ロシアの東アジア進出を危機と捉えた日本政府の過剰な対応で始まった。ロシアの進出が軍事的危機となるのは、日本列島ではなく、日本の朝鮮支配だった。下関条約で清国から割譲された台湾での抗日闘争(台湾征服戦争)がまだ盛んであった一八九五年一〇月の閔妃殺害事件(明成皇后殺害事件)は、三浦梧楼駐朝公使の召還や裁判にまで広がったが、日本政府は真実を隠し通した。東学殲滅戦争による朝鮮民衆との熾烈な対決に加え、皇后殺害事件はいっそう日本の威信を低下させ、一八九六年二月には朝鮮国王と世子がロシア公使館に移るという前代未聞の事件（露館播遷）も起きる（宮廷に戻るのは一四ヵ月後の翌年四月）。軍事力で清国軍、東学農民戦争、台湾民衆を抑えても、日本政府の外交的敗北は続いていた。そこに浮かんだのが日英同盟案だった。もとは駐英ドイツ臨時代理公使の独英日三国同盟という提案で、それが不調に終わって、駐英公使林董が日英同盟案を英外相ランスダウンに打診して、好意的態度を見て取ったので採用された案だった。

高校日本史の教科書では、遼東半島還付を求める三国干渉が対露強硬派をうみ、対露開戦を意識した軍拡が進められ、義和団戦争以後も満洲地域から撤退しないロシアとの交渉が不成立の結果日露戦争になった、と説明されている。三国干渉が国民に対露強硬論を与えたというのは、歴史的事実の誤読だと私は考えている（拙稿「「嘗胆臥薪」論と日清戦後社会」、本書第Ⅲ部11章）。またあたかも「挙国一致」的に国民の支持があり、戦争が遂行されているかのように説明もされているが、立憲政友会の幹部である原敬は次のように一九〇四年二月の日記に書いている。二月一〇日宣戦布告の翌一一日の記述である。

我国民の多数は戦争を欲せざりしは事実なり（中略）一般国民中実業者は最も戦争を厭ふも表面に之を唱ふる勇気なし、如此次第にて国民心ならずも戦争に馴致せしものなり、政府中には（中略）実は真に戦争を好まざるもの多数なりしと思はるれども是亦表面強硬を唱へたる結果引くに引かれざりしならん

（『原敬日記』第二巻、福村出版、一九六五年）

こうした厭戦論ないし非戦論の感情は、戦闘の勝利が報道されるにしたがって急速に減少していっただろう。しかし、開戦当初にこのような観察がなされたことが重要である。日清戦争の勝利をホッと受けとめた「国民」は、再び「国家の戦争」に直面して立ち止まったのである。そこを基盤にしてこそ、平民社の反戦・非戦活動が続けられた。

そして原が冷静に観察したように次第に国民は「戦争に馴致」していった。国家がその時どきに掲げる戦争目的に納得し、兵士となり、兵士を送り出し、戦後に予想される領土拡大や産業の振興に参加することで戦争の意味づけを自らおこなうようになる。「外地」に進出する実業家も一旗組も、教師や役人も増えていき、大日本帝国の繁栄を寿ぐようになる。日露戦争の歴史的意義は、「一等国」と自賛できるようになったことでも、ヨーロッパ帝国主義の一つであるロシアに勝ったことでもなく、国民が帝国主義としての国家の歩みを認めたところにある。「内に民主主義、外に帝国主義」という民衆的潮流がうまれたのである（宮地正人『日露戦後政治史の研究』東京大学出版会、一九七三年）。

「万国対峙」なるスローガンは、欧米諸列強と対等に国際社会のなかに位置づけられたいというナショナリズムの幕末的表現だった。幕末段階で採用されたのは「武備充実」策であり、それを実現させるための「殖産興業」政策だった。しかし、「殖産興業」が一部であれ実現するようになって、日本が向かったのは東アジアに植民地を持つことだった。その政策の放棄はほとんど考えられず（石橋湛山のように文章化して公表したジャーナリストはいたが）、維持と拡大だけがほとんど唯一の政策となった結果が、第二次世界大戦への冒険的参加であり、一九四五年のサイパン、硫黄島、沖縄、ヒロシマ、ナガサキとなり、未曾有の敗戦となったのである。

果たしてこのような「大日本帝国」の歩みが「日本の強み」なのだろうか。大きな疑問であり、歴史をたえず振り返り、歩みを見直すことこそが必要である。

第３章　「明治」期の三つの戦争は何をもたらしたか

〈日清・日露戦争〉と括ると想起される一人が司馬遼太郎だ。司馬は『坂の上の雲』で日清・日露戦争と正岡子規、秋山兄弟を描いた。司馬が書きたかったのは戦争の推移や意味ではなく、この三人の友情や社会観・時代観だっただろう。司馬は日露戦争を描くときに、ついつい個々の戦闘にまで踏み入って乃木批判もおこなっているが、焦点は三人の人間像だった。そう判断するのは、この二つの戦争の結果である講和条約についてほとんど触れないで戦争を〈終わらせている〉からである。両条約とも日本の植民地や大陸での国家的権益確保を規定しており、それに触れると帝国主義批判をせねばならず、この段階での司馬は、人間像を描く物語としての成立に傾いて、講和条約にふれなかったのではないか。つまり〈二つの戦争〉は始まりだけでなく、終わらせ方を調べまとめることに大きな意味が隠されていると思う。

憲法を制定発布し、帝国議会をスタートさせ、人民の前での国策の審議という「公議輿論」をようやく実現させた日本は、どこへ向かったのか。新政府の成立以来、朝鮮や清との外交関係はスムースではなかった。欧米の条約体制並の関係を清国と築いたが、相互に領事裁判権を認めあうという非標準的なものだったし、朝鮮との新外交開始は、江華島事件という砲艦外交そのものでいわばもぎ取ったものだった。しかも予算と法律の審議権を握った帝国議会とは、軍事予算の規模をめぐって対立を続けたのが藩閥政府である。憲法の制定と議会政治の始まり以後の伊藤博文は、条約改正を自らの課題として負い、民党との対立で次第に動きが取れなくなっていた政権を担うことには冷淡になっていた。それでも〈初期議会〉と歴史学が命名した政府と帝国議会との抜き差しならぬ対立状況は、伊藤を再び首班の座に迎えることを余儀なくさせた。

この間の経緯を『明治天皇紀』で追えば、次のようになる。一八九二年七月三〇日、松方首相の辞意と動揺を天皇に奏上した榎本武揚外相ら四大臣は、天皇から逆に後任候補を問われ、伊藤を挙げた。天皇は直ちに薩摩閥の黒田清隆と長州閥の山縣有朋と共に、伊藤を呼び出したが、伊藤は、病気を理由に天皇の謁見要求を拒んだ。その後も伊藤は首相就任を受けいれなかった。黒田、山縣、井上馨ら各藩閥の領袖らが参加するという意思を確認した後、ようやく伊藤は再度政権に就くことを了承する。松方が辞意を奏上した七月三〇日から一〇日の後、八月八日のことだった。この組閣経緯につき『明治天皇紀』は、「蓋し時局の艱難を思ひ、薩長元老相約して国事に当らんと欲するなり」と評価している。事実、第二次伊藤内閣（一〇名）は、長州閥から伊藤首相のほか、山縣有朋司法相、井上馨内相、薩摩閥から黒田清隆逓信相、大山巌陸相、仁禮景範海相と六名が「薩長元老」だった。松方前政権に加わっていた土佐閥の後藤象二郎農商務相、河野敏鎌文相が残留し、新任の渡辺国武蔵相と陸奥宗光外相は伊藤派と目されており、〈藩閥政府の最後の戦い〉にふさわしい陣容だった。自信を持った伊藤は、天皇に対し、松方正義前首相は天皇の意志を確認してから閣議に諮ったらしいが、自分はそうしない、「万事御委任あらせられたし」と求め、「卿の言善し、朕敢へて何事も干渉するの意なし」との発言を引き出している。

薩長藩閥の協力という強い態勢で第四議会（一八九二年一一月二九日開会）に臨んだ伊藤内閣だったが、一八九三年度予算案を審議した衆議院は、一月一二日、軍艦建造費削除と官吏俸給・官庁諸費の節減を含め八八四万余円を削減する予算修正案を可決した。

1　日清戦争とは何だったのか

日清戦争についての高校日本史などの捉え方は狭い。期間と戦争内容について、通説は修正されねばならない。キーワードは二つある。大本営と宣戦詔書草案である。

戦争を遂行するための陸海軍の作戦補給など戦争全般を統一指導するための大本営は、まさに一八九三年度予算案を天皇の詔勅で乗り切り（二月二六日）、朝鮮との紛議であった防穀令事件の賠償金解決が決まった（五月一九日）後の、同年五月二二日に公布された戦時大本営条例によって制度が定まった。戦争の最高指導機関は、天皇が責任者で、それを補佐する陸軍参謀総長と海軍軍令部長であり、最初の設置は翌一八九四年六月五日。東学農民戦争対処のため清国軍派遣を朝鮮政府が要請する筈だという日本領事館情報のみに基づき、伊藤政権が決定した。「清国は朝鮮政府の要請を受けて出兵するとともに、天津条約に従ってこれを日本に通知し、日本もこれに対抗して出兵した」とか「この鎮圧のため朝鮮政府の依頼で清が援軍を派遣すると、日本も清に対抗して出兵した」という高校教科書の記述は誤っている。先の見込み情報が漢城の日本領事館から打電され、それを受け取った閣議が六月二日混成一個旅団の派兵を決定したのである。清国が駐日清公使を通じて日本に、出兵を公文通知したのは六月六日であり、小村寿太郎駐清代理公使が同様に清国に通知したのは六月七日だった。この大本営が解散するのは、下関条約調印の一八九五年四月一七日ではなく、もう一年後の一八九六年四月一日であった。つまり一八九四年六月五日から一八九六年四月一日までを〈日清戦争〉と捉えるべきだろう。

もう一つのキーワードは「宣戦詔書」草案で、檜山幸夫「日清戦争宣戦詔勅草案の検討――戦争相手国の変移を中心に――」（『古文書学研究』第一三・一五号、一九七九・一九八〇年）の分析に基づく。それによれば、「宣戦詔書」の作成過程には、『官報』や新聞などに報じられた決定文にいたるまで六つの草案が存在した。相手国に関する部分を整理すれば次のようになる。

第一草案：清国ニ対シテ戦ヲ宣ス
第二草案：清国ニ対シテ戦ヲ宣シ
第三草案：清国及ヒ朝鮮国ニ対シテ戦ヲ宣ス
第四草案：清国及朝鮮国ニ対シテ戦ヲ宣ス
第五草案：清国ニ対シテ戦ヲ宣ス
第六草案：清国ニ対シテ戦ヲ宣ス
閣議提案：清国ニ対シテ戦ヲ宣ス

つまり、草案には清国以外に朝鮮国が「敵」として記載されていたということである。それはいわば〈日朝戦争〉があったことを示している。六月一二日に第八混成旅団の先遣隊が仁川に上陸して以来、全旅団が揃ったが、開戦の口実が見つからなかった。東学蜂起軍は六月一一日、全州で政府と和約を結び、解散していた。さらに各国公使団から大部隊の派遣に不審を持たれたし、朝鮮政府からは撤兵の要求もあった。そこで大鳥圭介駐朝公使は陸奥外相に増派の中止を進言した。

これに対し、陸奥外相は「もし何事をも為さず又は何処へも行かずして」空しく帰国すれば「甚だ不体裁」で「政策の得たるもの」でない、と反論し、撤兵を拒んだ。伊藤政権は、清国軍に勝利し、朝鮮政府への影響力を強めることを目指していた。

七月二三日夜明け前から二個大隊が漢城の景福宮に向かい、朝鮮兵と二時間戦闘し、国王を擒にした。日清戦争の前に朝鮮との戦争があり（七月二三日戦争）、それにより日本は、朝鮮政府の依頼により清国軍を駆逐する、という大義名分を得た、とする（ただこの依頼文面は当時も発表がなかったので、日本政府の強弁）。

〈七月二三日戦争〉だけでなく、日清戦争は四種類の複合戦争だった。藤村道生氏は、清国との武力闘争、列強との外交競争、戦場での民衆抑圧という三局面があると指摘し、第一の局面には勝ったが、あとの二つの局面では敗北したと指摘している（藤村『日清戦争——東アジア近代史の転換点——』岩波新書、一九七三年一二月）。それを踏まえて、私は四種類の戦争が重層的に戦われたと主張している（拙著『日清戦争』戦争の日本史一九、吉川弘文館、二〇〇八年七月）。

①　七月二三日戦争（日本軍が景福宮を攻撃し、朝鮮守備隊と交戦し、占領）

日本　戦死　一人／朝鮮　戦死　三人

②　（狭義の）日清戦争

一八九四年七月二五日（豊島沖海戦）～一八九五年四月一七日下関条約調印

日本　戦死（戦死＋傷死）九六四人、戦病死　一六五八人

清　　戦死　一万人（推定）、戦病死　不明

③　台湾征服戦争　（対　台湾民主国→台湾民衆）

一八九五年六月二日～同年一一月一八日（台湾平定宣言）

日本　戦死　四五三人、戦病死一万二二三六人

清　　戦死　一万四〇〇〇人（推定）、戦病死　不明

④　東学再蜂起殲滅戦争

一八九四年一一月～一八九五年四月

日本　戦死　不明

朝鮮　戦死　三万人～五万人（推定）

この戦争は、七万人以上、一〇万人近い戦没者や数十万人の重軽傷者が出るという東アジア最初の悲劇をうんだ。推定による戦没者の内訳は次の通りとなる。

日本　約二万人（軍夫七〇〇〇人を含む）

清　約二万四〇〇〇人

朝鮮　約三万～五万人

「東アジアの悲劇」はこれだけではなかった。戦没者の靖国神社合祀は戊辰戦争以来恒例となっており、日清戦争でも合祀がおこなわれた。一八九六年一二月一七日に合祀されたのは一四九六名だった。前掲戦死者の②と③を合計すると一四一七名になり、近似する。つまり一八九六年の合祀は戦死者に限られていたのである。戦病死者は二年後の一八九八年一一月五日、「特旨ヲ以テ」合祀された一万一四二七名。これも②と③の戦病死者数一万一八九四名と近似する。「戦死」「戦傷死」が基本で、「戦病死者」は天皇の「特旨」によるという例外扱いだった。

2　日清戦争で方向が見えた大陸政策と「東洋の平和」確保

講和条約は戦争を終わらせるための不可欠の要素の一つである。日清講和条約（下関条約）は一八九五年四月一七日調印された。

その第一条が日清戦争の目的を明確に表している（原文カタカナ交じり）。

第一条　清国は朝鮮国の完全無欠なる独立自主の国たることを確認す。因て右独立自主を損害すへき朝鮮国より清国に対する貢献典礼等は将来全く之を廃止すへし。

朝鮮国が欧米流の条約国、主権国家になったことの確認をしているが、朝鮮国が清国の支配下にないことの確認であり、清国の介入が排除されれば、日本政府が朝鮮国に介入できるという戦略からの第一条だった。

ただそのことは日本の最終目的ではなかった。次の条文を見られたい。

第六条　日清両国間の一切の条約は交戦の為め消滅したれは、清国は本約批准交換の後、速に全権委員を任命し日本国全権委員と通商航海条約及陸路交通貿易に関する約定を締結すへきことを約す。而して現に清国と欧州各国との間に存在する諸条約章程を以て該日清両国間諸条約の基礎と為すへし（後略）

日清修好条規・通商章程・海関税則（一八七一年九月一三日調印）が戦争の結果消滅したので、新たに結び直さねばならないが、日本は「現に清国と欧州各国との間に存在する諸条約章程」を基礎とすることを認めさせた。欧州諸国との諸条約は、最恵国待遇、関税自主権の剝奪と治外法権を決めており、それに日本も参加することになる。欧米と同調することで、日本は諸列強並みの国際的地位を獲得したとし、帝国主義としてふるまっていく。

条約協議がようやくまとまり、日清通商航海条約として調印されたのは一年後の一八九六年七月二一日。九月二九日に批准、一〇月二八日公布施行となった。三つの不平等規定は第四条（最恵国待遇）、関税自主権剝奪（第九条）、治外法権（第二〇〜二二条）となって実現された。また下関条約第六条の新たな開港地（沙市・重慶・蘇州・杭州）や工業起業の自由などは、列強と清国との条約に規定する最恵国待遇によって、自動的に諸列強の利益になった。日本が突出することで欧米列強の利益がうまれる関係がここに成立した。

日清戦争の賠償金は、その後の軍備拡張費に六二・六％が使われ、災害準備金や教育基金などに充てられたのはそれぞれ二・八％というものだった。実際の戦費（日清戦争臨時軍事費特別会計）は二億二五二三万円（うち一億一六八〇万円は公債）だったが、それに充てられた償金の繰入は七八九五万円（戦費の三五％、賠償金三億六〇八〇万円の二二％）のみだった。賠償金ではなく、未来の財政に公債の償還を任せるというもので、未来は多く充てられた軍備拡張費で切り開くと、この財政状況は読める。

日清戦争は本当に勝ったのか。戦争と雖も、隠れた重要政治がある。外交である。伊藤たちには、アジアに新しい権益を常に求めようとする欧米列強、という認識があった。そのため日清戦争の開戦を決意するなかに、彼らを介入させない外交努力が必至となった。陸奥宗光外相の『蹇蹇録』を見ても、それが重要課題と認識されていることはわかる。しかし、三国干渉を予想できず、干渉が現実化したので、伊藤＝陸奥外交の敗北であると断定したのは先に挙げた藤村道生氏だが、戦前にすでにその指摘はあった。

渡辺幾治郎『日清・日露戦争秘話』（千倉書房、一九三七年八月一九日刊）は、日清戦争において「我が外交には二つの失敗」があったと述べている。領土拡張を戦利品として求める伊藤・陸奥の考えは「権道」であり、清国に遼東半島不割譲などを約束させることに止めておけば「後の日露戦争の原因は生じなかった」とする。渡辺は帝室編修官として「明治天皇紀」編修や、『伊藤博文伝』編纂などに関わっていたので、機密資料にも近づくことができた。そのことからこのような判断を、しかも日中全面戦争開始直後に公刊している。

占領地域の民衆の抑圧が続いたので、和解ができるはずもなかった。東学殲滅戦争による対立は、一九一九年の三・一独立運動まで続くし、台湾先住民の抵抗も一八九六年以降も続き、一九三〇年一〇月二七日の霧社事件まで引き起こす。

枢密顧問官勝安芳は、一八九四年につくった漢詩「偶感」で次のように書いた。

隣国交兵日／其軍更無名／可憐鶏林肉／割以与魯英

（隣国＝清と交戦する日、そのいくさは無名の師である、憐れむべきは朝鮮半島、割いてロシアとイギリスに与えるのみ）

日清戦争に批判的な目はすでに存在していた。またロシアやイギリスという欧州諸列強を利するという勝の予想は当たり、第二次アヘン戦争（一八六〇年）で収まっていた諸列強の清国侵略は日清戦争後再び激化する。諸列強による新たな租借地の要求は一九〇〇年以前に現実となった。

一八九八年　膠州湾（青島、ドイツ）、大連・旅順（ロシア）、威海衛（イギリス）、神界（九龍半島と島嶼、イギリス）

一八九九年　広州湾（フランス）

こうした状況を清末の知識人たちは「瓜分《かぶん》」と表現し、清朝政府の弱体を攻め立てた。

日清戦争によって、清国の弱体化を世界に示し、自らも朝鮮国への政治的経済的支配を強め、清国への経済的優位を確保するという帝国主義的地位を獲得した日本だが、国民に戦争の意味を説明するのは、全く異なった論理を用いた。「東洋の平和」という言葉である。宣戦詔勅には、「東洋全局ノ平和ヲ維持セムト欲シ」ている日本と、「東洋ノ平和ヲシテ永ク担保ナカラシムル」清国との対戦と描かれている。この論理は、日露戦争の宣戦詔勅でも、「東洋ノ治安ヲ維持」するのが日本で、「極東ノ平和」を壊すのがロシアだと同じように展開された。そしてドイツへの宣戦詔書（一九一四年八月二三日）でも、英米への宣戦詔書（一九四一年一二月八日）でも採用された論理となる。

３　義和団戦争

「明治」期にはもう一つ大きな戦争があった。一八九九年に山東省で蜂起し、一九〇〇年初頭には首都北京に迫った義和団との戦争である。その機会に清国が連合国に宣戦布告もしているので（連合国の対応した宣戦布告はないが）、義和団戦争と言うべきだろう。当時から現代の日本では〈北清事変〉という曖昧な用語を使用するが、英語では昔から〈The Boxer Rebellion〉（義和拳の反乱）である。ただの〈反乱〉では連合国軍と戦った理由が出て来ない。そこで本稿では、〈義和団戦争〉を提唱する。この用語は中国近代史研究者の間では、小林一美『義和団戦争と明治国家』（汲古書院、一九八六年）で使われ始め、現在では日本史・中国史を問わず使われるようになったが、教科書などでは相変わらず〈義和団の乱〉や〈北清事変〉である。参謀本部編の公式戦史も『明治三十三年清国事変戦史』全八巻（川流堂、一九〇四年）として「事変」扱いであり、外務省が戦後編纂した『日本外交文書』第三三巻別冊も「北清事変」と題されている（日本国際連合協会、一九五六年）。戦争と位置付けるかどうか、が最も大きな論点だが、本稿は先に挙げたことから〈義和団戦争〉と明確にしたい。

そこには義和団という民衆闘争の意味を低く考え、それに対決した連合国軍と清との戦争を軽く捉える大きな問題が隠されている。先の小林一美氏は、義和団研究を進める意義を説く序文で、

> 日本人の多くは、義和団の蜂起などは無知な中国農民の時代錯誤の馬鹿げた運動であって、その鎮圧戦争も、たかだか日本兵二万ほどが出兵し、数百人が死傷したに過ぎないのではないか、と考えている。（二〜三頁）

と小さな紛争であったと考える人々が多い状況を指摘している。しかし出兵数や死傷者数の多寡といった問題は「日本人向けの評価」であり、歴史的意義は総合的に評価されねばならない。小林氏の端的なまとめを紹介すれば次のようになる。

> 義和団干渉戦争は、世界の強国八カ国の連合軍数万人が、これに東北（旧満洲）に侵入したロシア兵一七万人を加えると実に二〇万以上の近代的武器をもった列国軍が、中国人民と清朝に襲い

かかったのである。殺された中国人は数万人に達したものと想像され、略奪された財宝、財物や賠償金もまた膨大なものであった。（三頁）

この概括に従えば、表現は「義和団戦争」であり、参謀本部が「明治三十三年清国事変」と小さく捉えるのを拒否することが必要であろう。

本稿の枚数では戦争の局面を記述することはできない。結局、八ヵ国連合軍（日・露・英・米・仏・独・伊・伯）約一万五〇〇〇人が、約一万人の義和団と約四万人の清国軍に対し北京攻防戦を戦い（一九〇〇年八月一四〜一六日）、一〇万を下らないと言われた義和団を敗走させた。さらに開戦上諭を出して（一九〇〇年六月二一日）列国に戦いを挑んだ清朝政府を西安に逃亡させた（八月一五日）。義和団が一八九九年三月に山東省で蜂起して以来一八ヵ月の戦争だった。なお北京陥落後に到着した列国軍は九万人にのぼった（徳富蘇峰編述『公爵山縣有朋伝』下篇、四二三頁）。

日本は、当初から列国に日本の軍事的実力を見せつけることを目指していた。山縣有朋首相は「此際、我国は外交政策上、務めて積極的に自ら大兵を出すことを避け、列国をして援助を我国に乞はしむるを以て得策とする」と考えていたとするのが徳富蘇峰の推測である（前掲『公爵山縣有朋伝』下篇、四〇九頁）。確かに日本の大兵出兵は列国の猜疑のなかにあったし、一九〇〇年六月一五日の閣議決定は、歩兵二個大隊の派兵でしかなかった。一六日夜、山縣が伊藤博文に出した書簡では、「清国反乱之匪徒、日々猖獗を極め、実に不容易形勢に推移し、日夜憂慮不堪候」と事態の深刻さを訴えていながら、実際の派兵は少数に止めている。「如此事情に際し、外交政略上之方針、及び出兵等之儀」については桂太郎陸相と青木周蔵外相から聞き取って欲しいと述べているから、二個大隊の派兵、は徳富の言うように政略的な考案があってのものと推測していい。また開戦にあたって日本を受動的立場に置いて待つというのは、日清戦争開始をめぐって陸奥宗光外相がとった「被動者」になりきるというものと同じである。七月九日の閣議で増派を準備することを決めているが、山縣首相は松方宛てに、連合国軍との出兵協議でも「決して我より猶出兵等の事は不申出事に相決し申候」と書き送って、受動的立場を堅持している。

欧米列国の軍事事情が、その後の日本の大兵出兵容認へ変化させた要因だった。英国はインド兵を派兵することにしたが、陸軍主力の海外派遣軍はボーア戦争にかかりきりで動かせず、フランスもヴェトナム兵を動かすしかなかった。地の利はロシアと日本にあったが、ロシアの東アジア進出に警戒心を持つイギリスは日本を引き出すことに踏み切った。イギリスはこの当時清国の貿易量の七割を握り、譲ることのできない権益を持っていたのである。

出兵は第五師団（広島）総てと第一一師団（善通寺）の歩兵二個大隊でおこなわれた。広島の第五師団が清国へ出兵するのは、日清戦争の初動部隊として向かったのと同じである。

北京陥落後、翌々一〇月には第五師団の半分にあたる歩兵第九旅団は広島に帰還している。これは桂陸相が早期撤退意見を進言したことによる。桂の意見書は理由をこう述べている。

> 此時に当り、我国の功を全うせんと欲せば、務めて速かに我が兵力の大部分を引揚げ、即ち我が所謂列国の伴侶たるを失はざるを程度となし、将来に於ける極東問題に、著々歩を進むるに努むるを緊要とす。（同四二四頁）

これに山縣首相、西郷従道内相、山本権兵衛海相が最初から一致し、青木外相も同意したという（同四二四頁）。イギリスだけでなく、日本も義和団戦争以後の東アジア問題を見据え、その解決のための軍事的外交的戦略として「義和団戦争後」を捉えていた。単に清国の内乱への介入や居留民・外交団保護というだけで、この戦争は終えられていない。義和団戦争の「終わらせ方」は、日英同盟（一九〇二年締結）や日露戦争（一九〇四〜五年）への準備となった。

北京の頤和園での英仏両軍の略奪行為に対し、国際法に則った日本軍という自画自賛がおこなわれるが、日本軍も略奪行為に手を染めていた。出羽常備艦隊司令官が「我兵遺憾ナカラ略奪ヲセシカ、師団長ノ厳重ナル命令ニヨリ漸ク好結果ヲ現ハシツツアリ」（一九〇〇年八月二三日付報告、『日本外交文書』明治三三年別冊、清国事変（上）、第七一一号文書）と山本海相に報告しているのも一例である。食糧調達なども略奪行為として実施された。

もっと世間を驚かせたのは一九〇一年一二月一日に『万朝報』が「北清分捕の怪聞」を連載し始めことだった。翌年一月一九日まで五〇回連載され、師団長・両旅団長ら多くの幹部を分捕り品横領などと手厳しく批判した。「馬蹄銀事件」と言われ、北京陥落の際、日本軍が確保した二九一万両の銀塊の処分をめぐっての醜聞だった。一九〇二年二月には師団長の私宅など関係者の捜索や取り調べもおこなわれ、実際に馬蹄銀は聯隊長や大隊長の私宅から発見されている。五月、軍法会議は「無罪」を言い渡したが、真鍋斌歩兵第九旅団長は、監督不行き届きで休職処分となった。

義和団戦争の終わらせ方について新しい思考を持ち込んだのは一九〇八年のアメリカ合州国だった（拙著『「戦争」の終わらせ方』新日本出版社、二〇一五年七月）。アメリカは、義和団戦争の賠償金を、米中関係の改善に使う案を提案し、天津に清華学堂という留学生送り込み機関を設置する。イギリスやフランスなどがその重要性に気づくのは第一次世界大戦後だった。

4　日露戦争

一九世紀末のアジアでは、ロシア・イギリス・日本が台風の目だった。満洲に利権を持ちたいロシア（一八九一年シベリア鉄道起工）、韓国を確保したい日本、ロシアのアジアへの勢力拡大を阻止したい大英帝国。大英帝国の海上覇権を揺るがせかねないシベリア鉄道と、清・朝鮮二国へのロシアの介入は、the

British Empireと共に日本をも動揺させていた。

シベリア鉄道は、通商の可能性を増加させるものだったが、イギリスと山縣たちが「ロシア脅威論」を煽った。シベリア鉄道がアジア貿易を担うようになると、一番困るのは世界の海を支配していた大英帝国だった。

その大英帝国も、一八九九年から一九〇二年まで戦ったボーア戦争によって、莫大な戦費と人員を消費し、膨大な国債と財政赤字を抱えるようになっていた。戦争の推移はヨーロッパ諸国の批判を買い、国際的孤立を招いており、「栄光ある孤立」を余儀なくされていた。そこから「孤立政策」の転換が図られ、一九〇二年から一九〇七年にかけてイギリスは、日・仏・露と条約・協商を結ぶ路線を採用した。

英国からすれば、国際的孤立の解消とロシアへの対抗としての日英同盟（一九〇二年一月三〇日調印）であり、日本からすれば、ロシアとの対立を支える大きな柱が日英同盟だった。

日英同盟は周知のごとく、軍事同盟ではない、お互いのアジアでの権益を守るための約束にすぎない。

第一條　両締約国は相互に清国及韓国の独立を承認したるを以て該二国孰れに於ても全然侵略的趣向に制せらるゝことなきを声明す。然れとも両締約国の特別なる利益に鑑み即ち其利益たる大不列顛国に取りては主として清国に関し又日本国に取りては其清国に於て有する利益に加ふるに韓国に於て政治上竝に商業上及工業上格段に利益を有するを以て両締約国は若し右等利益にして別国の侵略的行動に因り若くは清国又は韓国に於て両締約国孰れか其臣民の生命及財産を保護する為め干渉を要すへき騒擾の発生に因りて侵迫せられたる場合には両締約国孰れも該利益を擁護する為め必要欠くへからさる措置を執り得へきことを承認す。（傍線は引用者）

こうして日英同盟によって、英露対立の一方に組み入れられた日本は、イギリスのヨーロッパでの対決回避策のなかで、日露戦争へ追い込まれた。

そのため日本は、東アジアの緊張に対処するための軍拡に、日清戦後すぐに入らねばならなかった。一八九六年度からの一〇年計画は、戦艦六隻、装甲巡洋艦六隻を基幹とする（六・六艦隊）一〇三隻、一五万三〇〇〇トンの新造で、一九〇四年には一五二隻、合計二六万四六〇〇トンというアジア最大の海軍を構築するものだった。ただ主力艦の六・六艦隊はイギリスなどヨーロッパでの建造によるしかなかった。日本海軍の技術力ではロシアに対抗する軍艦建造は不可能だった。日清戦争期の一八九四・一八九五年の各年度軍事費（戦費を含む）と匹敵する海軍予算額が、一八九七年から一九〇三年まで続いた。一九〇二年は少し落ちたが、一八九四年の七〇％にあたり、戦前である一八九三年の三・八倍という巨額である。ヨーロッパでの建造費は外貨で支払うもので、それには清国の賠償金などが当てられ、巨額の軍事費は欧米に好況をもたらした。

日露戦争にあたっての「宣戦詔書」（一九〇四年二月一〇日）は、次のように韓国の安全と日本の国利のための戦争であると宣言している。

　露国は既に帝国の提議を容れず、韓国の安全は方に危急に瀕し帝国の国利は将に侵迫せられむとす

その結果、日露講和条約（ポーツマス条約、一九〇五年九月五日調印）は、

　第二条　ロシア帝国政府は日本国が韓国に於て政事上、軍事上及経済上の卓絶なる利益を有することを承認し、日本帝国政府が韓国に於て必要と認むる指導、保護及監理の措置を執るに方り之を阻碍し又は之に干渉せざることを約す（後略）

　第三条（撤兵の合意、に加えて）ロシア帝国政府は清国の主権を侵害し又は機会均等主義と相容れざる何等の領土上利益又は優先的若は専属的譲与を満州に於て有せざることを声明す

として、韓国への日本の指導権承認（第二条）とロシアの満洲利権の制限（第三条）を決めている。韓国への政治的介入をロシアなど諸列強に認めさせ、満洲での利権も拡大した日本は、次の大陸政策を準備する。一九〇九年四月二九日、山縣有朋は意見書「第二対清政策」を、寺内正毅陸軍大臣に渡した。

関東半島を以て永久我か帝国の領土に帰し確乎不抜の基礎を建つへきは固より論なきのみ、若し然らすして租借期限の満了を待ち之を清国に還付せんとするの意あるか如くんは寧ろ期限に先たちて速に之を抛棄するの優れりとするに如かさるなり、抑々半島の地たるや殆んと二十億の資財と二十余万の死傷とを以て獲得したる所の戦利品とも謂ふ可きものにして、仮令ひ期限の来たるに会ふも直ちに之れを還付するか如きは実際に於て行はる可き事に非す、況んや半島の抛棄は我か保護国たる韓国の民心に影響すること極めて恐る可き者あるに於てをや

（傍線は引用者。『山縣有朋意見書』原書房、一九六六年一一月、三〇八頁）

「関東半島」（遼東半島）を永久に日本の領土とすることは、日露戦争という「二十億の資財と二十余万の死傷とを以て獲得したる所の戦利品」であり、韓国の民心を確保する上でもきわめて重要だとするのが山縣の意見である。これは、一九三〇年代に「二十億の資財と二十万の生霊によって獲得された満洲の権益」というレトリックで使われるようになる。

5　三つの戦争の帰結は一九一〇年韓国併合

近代日本は、一八六八（明治元）年から一九四五（明治七八）年まで「明治七八年」間に「五〇年戦争」を戦った。戦争を意識しなかったのは三分の一程度の期間でしかない。「五〇年戦争」と括る理由は、日清戦争でトバ口を開けた大陸での権益の獲得が、山縣意見書に見られるように〈維持〉に移り、さらに対

華二一カ条要求以後〈拡大〉の道を走るようになるからである。

日本の三つの戦争は何をもたらしたのか。それは韓国併合だった。閣議が、韓国併合を適当な時期を選んで実施すると決定したのが一九〇九年七月六日。伊藤博文が安重根に暗殺される一〇月二六日の三ヵ月以上前のことだった。翌一九一〇年八月二二日、韓国併合条約がおしつけられ、李王朝は崩壊し、日本の植民地支配四五年の歴史が始まる。

第4章　『坂の上の雲』と日本近現代史

1　小説『坂の上の雲』とテレビ放映

二〇一一年一二月NHKのドラマ「坂の上の雲」放映が終わり、少し落ち着いてその意味を考えられる時期となった。いったい司馬遼太郎は、どのような歴史認識を持っていたのだろうか。NHKの放映が、司馬の描いていないことや『坂の上の雲』に書きこまれていないことも加えて、司馬の認識を逸脱した作業をおこなっていることは、和田春樹「坂の上の雲はどうなったのか」（『図書』第七五八号、二〇一二年四月）が、的確に指摘している。和田氏も言うように、作家の作品をどのように料理するとしても、「歴史認識」が問われているときに、わざわざその作家の意図を改悪してドラマ化するというのは、芸術作品に対する鑑賞としていかがなものだろうか。それが放映後の率直な感想である。どんな人間にもさまざまな面があるように、司馬の歴史認識も矛盾や思い違いなどがある。そうした側面も含めて相対的に作家を理解するべきで、あたかも愛国的ナショナリストとして司馬を描くのは一方的である。そのことを最も刺激的に提示して見せたのがNHKの放送だった。

2 日清・日露戦争について

軍隊や戦争をどう描くのか、は難しい問題を持っている。たんにその悲惨さや過酷さを描くだけでは、平和を希求する心は確かなものにはならない。実際に軍隊や戦争を受け入れていた社会を描き、そこに当時の人が見つけていた問題を発見することができなければ、当時はそれでしかたがなかったんだ、という俗説に押し流されてしまう。その意味で、自治体史や回想録、遺族会誌などが読み直される必要がある。そうした材料を適切に使い、問題発見をおこなったのは、家永三郎『太平洋戦争 第二版』(岩波書店、一九八六年)と吉見義明『草の根のファシズム――日本民衆の戦争体験』(東京大学出版会、一九八七年)である。

これら一九八〇年代の歴史学界の成果を眼にすると、「坂の上の雲」はどうしてもいちずな「国民の成功物語」としてしか描かれていないことに不満が残る。その「成功」には、同時代人からも疑問や批判が出ていたことを記すことで、単純に「成功」と称えるのではなく、不安定なものであり、それ以外の道もあり得たことを示すことができたのではないか。例えば、勝海舟は日清戦争の開戦後に、

隣国交兵日/其軍更無名/可憐鶏林肉/割以与魯英

(隣国と戦争をする日/その戦争には名分がない/憐れむべきは狙われた朝鮮=鶏林である/分割されロシアとイギリスに与えることになろう)

という漢詩(月日は不明)を作った。宣戦の詔書が出ているのに、大義名分がない、と批判するのはどうか、と忠告する人もいたが、勝はかまわずに人に見せたという(松浦玲『明治の海舟とアジア』岩波書店、一九八七年、一五四頁)。このことは、日本政府指導層にも(勝は一八八八年四月三〇日から没する一八九九年一月二一日まで枢密顧問官)、伊藤首相たちの進める日清戦争政策を批判する人がいたことを

示している。日本近代は、欧米諸列強の承認する範囲で、アジアへの侵略を日清戦争から始めたが、「坂の上の雲」を、戦争という手段による「国民の成功物語」と描いてしまえば（これを強調したのがＮＨＫの放映作品）、五〇年間の戦争をやむをえなかった論にしてしまわないか。

このことは、日清戦後一五年、日露戦後五年にして、元老山縣有朋が示した議論でもある。

関東半島を以て①永久我が帝国の領土に帰し確乎不抜の基礎を建つへきは固より論なきのみ、若し然らすして租借期限の満了を待ち之を清国に還付せんとするの意あるか如くんは寧ろ期限に先たちて速に之を抛棄するの優れりとするに如かさるなり、抑々半島の地たるや殆んと②二十億の資材と二十余万の死傷とを以て獲得したる所の③戦利品とも謂ふ可きものにして、仮令ひ期限の来たるに会ふも直ちに之れを還付するか如きは実際に於て行はる可き事に非す、況んや半島の抛棄は我か保護国たる④韓国の民心に影響すること極めて恐る可き者あるに於てをや。

（大山梓編『山県有朋意見書』原書房、一九六六年、三〇八頁）

これは山縣が、寺内正毅陸軍大臣に宛てた「第二対清政策」（一九〇九年四月二九日）の一節である。ポーツマス条約により獲得した遼東半島＝「関東半島」は日本の領土として永久に確保すべきだ（①）というのが、元老山縣の確乎とした考えであり、それは国費と国民の血をもってあがなった（②）日露戦争の「戦利品」（③）であった。このことは一九四一年に東条英機陸軍大臣が、そっくりそのまま主張する、軍部の系統的な考え方となる。遼東半島の放棄は、韓国の民心を動揺させる可能性のある、連動した問題だという指摘（④）は、日本の大陸政策が有機的に連動しているものに拡大していたことも示している。この年春には、桂太郎首相が、韓国併合を決断し（千葉功『桂太郎』中公新書、二〇一二年、一五五頁）、七月には、将来の適当な時期に韓国を併合すると閣議決定する。

山縣の意見に従えば、日露戦争で膨大な国費と人間を失ったのだから、未来永劫「戦利品」を確保し続けなければならなくなる。軍部の論理であると同時に、多くの国民が同意してきた論理でもあった。それ以外の道はなかったのか。考察するべき課題は多い。日清・日露戦争の歴史を考えることは、一九三〇年代につながる歴史を発見することであり、同時に国民がどのように考えていたかを再発見することであろう。

司馬は、「明治」時代をどう見ていたのか。

ただ明治というのを、暗い時代としてとらえるか、明るい時代としてとらえるか、これはとらえ方によって違いますけれども、明治は暗い時代であったことはやはりたしかです。近代国家というものは重いものですよ。（「日露戦争の世界史的意義」『文藝春秋臨時増刊』一九七二年一月号）

こう述べて、一方的な「明るい明治」論に与しているわけではない。この文章の後では、

善良な庶民を、戦場に引き出して、国家の安危はお前の双肩にあるなどと言われて、やがて死に至るということは、近代以前にはなかったわけです。（同）

近代国家が国民に重荷を背負わせるものであることを認識しつつ、国民はそれに耐えた、というのが司馬解釈である。司馬はなぜそう考えることができたのか。それはこの作品には、民衆も登場するものの、彼らが置かれた社会やさらに東アジア情勢を正確には描いていないことに関連があると思う。そのことは、司馬が描かなかった二つのことに示されている。

3 「戦後」のない「坂の上の雲」

「坂の上の雲」は日清・日露戦争を描いたものだ、と言われるが、それは小説としてある場面を切り取ったものであり、二つの戦争の歴史として読むのには大きな無理がある。その一つが、「坂の上の雲」には、

下関条約やポーツマス条約が言葉だけで、講和の内容が出てこないことである。李鴻章や小村寿太郎が登場するので、なんとなく条約そのものも描かれているような気分になるが、それは作家の腕だった。戦争は、戦った将軍や兵士、国民を主体に描けば、「成功物語」や「失敗物語」として書くことが可能であろう。そこにとどまっていてよいのだろうか。

戦争は、当事者の政治家たち、政治指導者たちにとっても「戦後」を意識して戦われている。「坂の上の雲」が日露講和を求める児玉源太郎満洲軍総参謀長の姿を描いているのも、そのことの一端を示している。しかし、この作品には二つの条約そのものが登場しない。下関条約が賠償金・領土割譲（台湾と澎湖諸島、遼東半島）、ポーツマス条約が領土割譲（南樺太）を取り決めていることはよく知られていて、それをこの作品に書き込んだとしても、大きな認識の変化にならないだろう。書くべきだったのは、二つの条約で、日本が朝鮮＝韓国（一八九七年に大韓帝国）への干渉権を獲得したことである。司馬が一生懸命書いていった日清・日露戦争は、隣国を保護国から植民地へと進ませる戦争だったことが、二つの条約を示すことで明瞭になるはずだった。司馬はそのことを読者に示すことを避けた。

もう一つは、高校の授業などではあまり教えない下関条約第六条とその後である。

第六条　日清両国の一切の条約は交戦の為め消滅したれは、清国は本条約批准交換の後速に、全権委員を任命し、日本側全権委員と通商航海条約及陸路交通貿易に関する約定を締結すへきことを約す。而して現に清国と欧州各国との間に存在する諸条約章程を以て該日清両国間諸条約の基礎と為すへし。（後略。原文はカタカナ交じり。適宜句読点を補った）

一八七一年に締結された日清修好条規は、相互に治外法権承認、最低の関税率（第七条に基づいて結ばれた通商章程による）、最恵国待遇規定の不存在、という点で平等条約だった。それは日清戦争によってすでに消滅したので、新たに結び直さなければならないが、その際基準は清国が欧米と結んだものにする、というのが下関条約第六条の規定であった。

この交渉は翌年まで続き、一八九六年七月二一日北京で調印された。批准書の交換ののち公布されたのは同年一〇月二八日である。新しい日清通商航海条約には、関税自主権のはく奪（第九条）、治外法権（第二〇条）、日本の最恵国待遇（第二五条）という不平等条約三点セットがすべて盛り込まれた。

こうして日本は植民地をもっただけでなく、朝鮮＝韓国と清国に対して、欧米諸列強と同じ高みから臨むようになった。両国にとっては帝国日本の登場であろう。このなかで新興国日本のナショナリズムは、帝国主義的変容を遂げ、それに対応する国民が形成されていった。ここまで描けばはたして「国民の成功物語」として完結できただろうか。

4 「昭和の国家」について

最初にあげた和田論考は、鈴木貫太郎が敗戦後、日露戦争以後の日本をつぎのように振り返ったことを引用し、「司馬の結論は鈴木の言葉に和するものであった」（七頁）としめくくっている。

その大陸を手に入れるためには一切の没道義なことも平然として行ない、大陸さえ手に入れれば世界を相手にして戦争できるような誇大妄想的な考え方に転落して行った。そういう空気は明治末期から、大正、昭和を通じて、満州事変勃発頃には頂点に達し、この気持ちはさらに拡大して隣邦を侮視し、東洋の盟主ということを自ら唱えるようになった。誠に救われない道義的転落である（注）。

（鈴木一編『鈴木貫太郎自伝』時事通信社、一九六八年、三〇九頁）

司馬の考えた「昭和国家」も同じ認識だった。

その後、とくに昭和にはいって国家は重くなった。明治のひとびとにとってときにロマンティシズムの源泉でありえたような存在ではなくなり、国家そのものが狂気の思想と道徳をもち、それを好まぬ国民には牢獄を用意した。（「軽い国家」『読売新聞』大阪版朝刊、一九六九年一月五日。『歴史と小説』河出書房、一九六九年に収録）

「大東亜共栄圏」は幻想であり、それが本当ならばまず台湾、朝鮮を解放すべきだった、と断定している。

〝大東亜共栄圏〟などとは、もちろん美名です。自国を滅ぼす可能性の高い賭けを、アジア諸国のために行うという——つまり身を殺して仁を為すような——酔狂な国家思想は、日本をふくめて過去においてどの国ももったことがありません。真に植民地を解放するという聖者のような思想から出たものなら、まず朝鮮・台湾を解放していなければならないのです。（中略）あの戦争は、多くの他民族に損害を与えました。領地をとるつもりはなかったとはいえ、以上に述べた理由で、侵略戦争でした

（「日本人の二十世紀」『文藝春秋』一九九四年四月号）

「領地をとるつもりはなかった」というのは司馬の誤解で、一九四三年五月三一日の御前会議で決定された「大東亜政略指導大綱」は、ジャワやボルネオなどのちのインドネシアにあたる地域とマレーは「帝国領土」とすることとし、このことはインドネシアでは当分発表しないこととしているので、大東亜共栄圏構想は領土拡大を実施しようとしていたことが確実である。

司馬が考え続けた「国家」に加えて、近代という社会のなかの国民をもう一度捉えなおす機会として、「坂の上の雲」の論争を受けとめたい。

（注）『鈴木貫太郎自伝』の最終章「終戦の表情」の一節。小堀桂一郎校訂『鈴木貫太郎自伝』（中公クラシックス、二〇一三年）では削除されている。鈴木自身の執筆ではなく、八時間の対談筆録を河野来吉がまとめたものという来歴の由としているが、鈴木存命中（一九四六年八月）に公表・刊行され、子息鈴木一編の『自伝』にも再録されているので、本人執筆に準じて取り扱うべきであろう。

II

戦争に向きあう日本社会

第５章

国権派の日清戦争――『九州日日新聞』を中心に――

近代日本の最初の対外戦争である日清戦争の研究は、藤村道生・中塚明両氏に見られるように、主に外交史の面で進んで来た。しかし、「戦争と民衆」という視点からすれば、当然日本国内の諸要素である、行政機関、新聞雑誌などの分析が必要である。筆者は、この視点からいくつかの論稿を発表して来たが、ここでは「熊本県における日清戦争」を主なテーマとして設定したい。熊本県は、第六師団の本拠地であり、自由民権期には国権派の強い地域としても知られている。本稿では、『九州日日新聞』（熊本市、一八八二年創刊、熊本県立図書館蔵）によって、熊本県の民衆の姿を描き、他地域(1)との比較としたい。

「日清戦争と熊本地域」という内容で書かれた研究論文は管見の限りではなく、地域史である『熊本市史』（一九三二年発刊、一九八六年復刻、臨川書店）、『肥後川尻町史』（一九三五年発刊、一九八〇年復刻、青潮社）、『熊本県史』近代編第二（一九六二年）、『苓北町史』（一九八四年）、『熊本県の百年』（山川出版社、一九八七年）などに数頁の記述があるが、概説をあまり出ていない。熊本日日新聞社編『熊本兵団戦史』満洲事変以前編（一九六五年）には、二六頁にわたる「第七章　日清戦争」があるが、全体に顕彰的で、現代文訳の史料にも問題がある。『新熊本市史』史料編第九巻（一九九四年）は、「新聞」上編を収録し、克明に地元新聞を発掘している。

1　『九州日日』の日清戦争必然論

（1）国権派と『九州日日』

『九州日日新聞』(2)は、熊本県における国権派の機関紙として位置付けられる。熊本県の国権派として著名な紫溟会の機関紙である。

日清戦争の開始直前、一八九四年六月九日、大阪堺卯楼に「関西にありて対外強硬の意見を抱持せる新聞雑誌記者」六〇余名が集まり、「関西同志新聞雑誌記者大懇親会」が開かれた。そこに集まった新聞社は、次の各社だった（表5―1）。出席各社は、

地域	出席した社	祝電を寄せた社
東京	二六新報／日本新聞	政教社／新潮社
石川		北國新聞／金沢新聞
三重		二見新聞
滋賀	近江新報	
京都	平安新報	
奈良		大和新聞
大阪	大阪朝日新聞／大阪毎日新聞／新浪華／大阪商業新報	
神戸	神戸日報	
岡山	山陽新報	
広島	中国民報／芸備日日新聞	中国新聞／広島新聞
松江	山陰新聞	
香川		香川新報
愛媛		愛媛新報
徳島	徳島日日新聞	
高知	高知日報	
福岡		福陵新報
熊本	九州日日新聞	鎮西日報
宮崎		日向新報
鹿児島	鹿児島毎日新聞	
不明	富國新聞・醸造新報・みずほ新聞・日本の柱 斯の道の廿六世紀	

（出典）『九州日日』1894年6月14日。

表5－1　関西同志新聞雑誌記者大懇親会に参加した新聞社・雑誌社

一　我々は自主的外交の精神を以て君国の為めに盡瘁する事
一　今日の大会に出席せる新聞雑誌記者は此の盟を渝《か》へさる事を　宣言す

の二項目を決議し、折からの朝鮮問題に対処することを申し合わせている（『九州日日』六月一四日）。九州日日新聞社は、国権派として活躍していく。小野秀雄『日本新聞発達史[3]』は、

「報知」は海軍拡張に反対したる関係より一時非戦論を唱へたが、其他の諸新聞は大抵皆対外硬を主張し、宣戦の詔勅に先《さきだ》つて記者を朝鮮に特派した、

と、各紙の対外硬ぶりを示している（二三五頁）。

（2）開戦論の展開

①　東学鎮圧から日清対決へ

国権派は、朝鮮問題には積極的介入策をとり、壬午事変、甲申事変、いずれの時も全国各地で対外硬を主張した演説会運動をおこなっていた。一八九四年においても、同様の展開となる。政府の派兵決定は未発表だったが（東京の各紙が発行停止を解かれ、派兵を報道したのは九日である[4]）、派兵は時間の問題と考えられていた六月八日の『九州日日』社説「対外硬派馴致策」は、東学鎮圧のための派兵を次のように位置付けた。

我の韓廷を助くるは是れ清国をして我に反抗せしむる所以なり、即ち日韓の関係は日清の破裂なり、事態此の如くに運行せば日清の衝突は東洋の権力平均の上に於て一大変化を来たす所以にして、我大日本帝国が主権を東洋に握るの期亦た実に此に在り

日清戦争が起こり、それに日本が勝つことは、アジアのバランス・オブ・パワー（権力平均）を崩すこととなり、新しい主人公は日本である、との楽観的情勢論が説かれていた。アジアのバランス・オブ・パ

ワーが崩れるとどうなるかという先も、この論説子は読んでいる（社説「対韓同盟会」六・一二）。

朝鮮は東洋の禍源なり、独り東洋の禍源のみならず、或ひは世界の変動を生ずるの要局たらん。而して其最も密接の関係を有するものは、日清の両国なり。（中略）唯憂慮すべきは、東徒平定の後に在り。仮令ひ一難既に芟除するも、一変又た生し遂に早晩東洋の全局を憾動し、延《ひい》て欧州の変動を生ずるに至らんことを。

アジアの変動は、欧州の変動を呼ぶ。〈弱小国朝鮮〉を圧えることが、世界帝国主義の新しい侵略行動を呼ぶことを予想していると考えられる。

六月九日の同紙の社説は、「機の先を制せよ」「敵を忘るゝ勿れ」「是れ我武を用ゆるの時」の三部からなり、敵は清国であり、「清韓を制して東洋の覇権を握るべきの好機会」と叫んでいた。

先ずれば人を制し後《おく》るれば他に制せらる今日の事唯だ急速に兵を出し以《も》つて清廷腕を伸すの途を遮断すべきのみ（「機の先を制せよ」）

東学党は固より我が敵にあらず、韓廷固より我が敵にあらず、東学党を制し韓廷を制するも我が勝利となすに足らず、我が敵は清国なり、我が五千の◯《ママ》は清国を制するにあらずんば以つて勝利となすに足らざるなり（「敵を忘るゝ勿れ」）

朝鮮の警報は吾帝国の為めに一服の清涼剤となれり、有司眼を転じ万民天の一方を□（一字不明）而して幾許の精兵腕を摩して起つ、是れ実に我武を用ゆるの時、嗟呼第二維新に至るの一捷径なりと知らずや（「是れ我武を用ゆるの時」）

自由党機関紙『自由新聞』も、六月七日社説「朝鮮は朝鮮の朝鮮に非ず」と題し、「大に進で以て亜細亜の覇権を掌握するの余地」がある「好機会」と説明している[5]から、派兵発表前に、「亜細亜の覇権」掌握のための日清戦争が、世論となりつつあったと言える。

「本邦公使館領事館及国民保護の為め軍隊を派遣す」という、八日付政府発表が『九州日日新聞』に掲載されたのは、六月一二日の「雑報」欄だった。

政府の派兵が発表されると、『九州日日』はただちに「我政府の出兵は機宜の当を得たるもの、吾人は之を賛同するに躊躇せず」と全面賛成を表明する（社説「外に熱して内を忘る、勿れ」六・一五）。賛成だけでなく、出兵したうえは派遣軍の臨機な対応が必要だ、とさらに煽っていく（社説「一歩も仮借する勿れ」六・一七）。

殊に吾人の望を属するものは、今回の将卒其人に在り。国際の危局に立ちて機を一髪の間に制するものは、宜しく変に応して果断する所あらさるべからす。大体の進退は政府の旨に従ふべきも、臨機の処分は独断を要す。大将戦に臨めば君命受けさる所あり、今回の出師に将たる者は豈に大に此に慮ふる所あらざるべけんや。

②　清国軍の状況

清国軍の軍備状況も、六月一三日の紙面に掲載された（「支那軍備の現況」）。その基調は、数は多いが取るに足らない、というものだった。清人は「陸軍のみにて百万の兵を備ふと号す」が、実は「西北相応じて支那大陸を擁護するの責に任ずべきもの」で、「一朝東洋に事あるに際せば、中軍即ち李鴻章の旗下に属する一隊を出師せしむるより他に出兵せしむべき途なし」。それは「五万以内に過ぎず」しかも「半数は本営に留め置き王城及び中央部の守備に充て」るから「他に向て出兵し得べき兵員は二万五千内外」、これに「非常事変の場合には更に五万を徴発し得べき規定なれば、仮りに這固の朝鮮事変に付愈ゝ必要の場合に臨まば李氏は行々五万の兵を本営より繰り出すことを得へし」。

海軍の情報は次のようになっている（表５―２）。

	『九州日日』の記述			『日清戦史』の記述			『時事新報』の記述		
艦隊名	艦種	排水	隻数	艦種	排水	隻数	艦種	排水	隻数
北洋艦隊	甲鉄戦闘艦	9,850	1						
		7,280	2	（1）	7,310	2	甲鉄艦	7,430	2
		2,320	1	（1）	2,900	2	巡航甲鉄艦	2,850	2
	甲鉄巡航艦	2,200	5	巡洋艦	2,300	3	巡洋艦	2,300	4
					1,350	2		1,350	2
				装甲砲艦	2,100	1			
	砲艦	400以下	11	砲艦	1,300	3	砲艦	1,200	2
					1,000未満	3		1,000未満	2
					500未満	6		500未満	6
	水雷巡航艦		4	水雷艇		12			
小計			24			34			20
福建艦隊	甲鉄巡航艦	1,200～2,480	9	通報艦	1,450	1	通報艦	1,450	1
	半甲鉄巡航艦	400以下	3		1,000級	4		1,000級	3
	砲艦	400以下	9	水雷砲艦	1,000	1			
				砲艦	578～195	3	砲艦	578	1
				水雷艇		1			
				未詳	1,033	1			
小計			21			11			6
上海艦隊（2）	甲鉄フリゲーツ艦	2,600	1	巡洋艦	2,700	2	巡航艦	2,600	2
					2,200	3		2,200	2
					1,477	1		1,477	4
	砲艦	580	1	砲艦	1,000級	2	砲艦	1,000級	3
					1,000未満	2		1,000未満	2
					500未満	5		500未満	2
					未詳	1			
小計			2			16			15
広東艦隊				巡洋艦	1,296	1			
				砲艦	1,000	2	砲艦	1,000未満	3
	砲艦	500以下	13		500未満	14		500未満	2
				未詳	12				
				水雷艇	11				
小計			13			40			5
合計			60			101			46

（出典）『九州日日』1894年6月13日。参謀本部編『明治廿七八年日日清戦史』第一巻、付録第五（ただし、この表では、運送船三隻、税関所属船四隻を除いた）。『時事新報』1894年6月14日。

（注1）装甲砲塔艦

（注2）『日清戦史』では、「南洋所属」、『時事新報』では、「南洋艦隊」となっている。

表5－2　清国海軍の状況について

『九州日日』の記事と、参謀本部の『日清戦史』、『時事新報』を比較すると、北洋艦隊では『九州日日』がトン数で不正確だが、ほぼ参謀本部の把握数と似ている。福建艦隊では、『九州日日』は倍近くに読みちがえている。上海艦隊では、逆に参謀本部の把握数一六隻に対して、二隻と極端に少ない。広東艦隊では、『九州日日』『時事新報』ともに把握できていない。両紙が何に基づいて報じたか不明だが、当面の敵である北洋艦隊主力についてはほぼ正確に伝えている点に注目しておきたい。

こうした認識の後に、「其中艦隊として見るへきは即ち北洋艦隊」だが、「因習久しき政府の容易に兵制釐革《りかく》を行ふこと能はざるべければ、以上多数の艦船は平時に於て或は盛観たるも実戦上に於ては其効果甚だ微なるべし」と断定する。その情報の向かうところは、清国軍恐るべからず、だった。

③　特派員と朝鮮報道

『九州日日』は、六月上旬に二人の特派員を出している(後述)。仁川に派遣された某は、同月一三日付で「朝鮮通信」を送った（二〇日の紙面に掲載）。その説明には、

我社の朝鮮通信を見よ（前略）我社は仁川と京城とに各、通信員を派して飛目長耳以て仔細に其の形勢を報せしめること、せり、而て本日の紙上に掲げたる者は仁川通信員の発したる第一通信なり、固より他新聞を転載したるの類に非ず（後略）

と、独自取材であることを誇っている。東京情報を、『時事新報』など在京諸紙に頼っていたそれまでの常識を、新聞社も読者も捨てざるを得ない状況になっていく。

この「朝鮮通信」第一報は、それなりに朝鮮の実情を反映している。①東学を支持する朝鮮民衆の存在、②派兵以後開戦熱に燃える日本人居留民、の記事をあげてみよう。

◎良民は反て東学党を思ふ　忠清道の人民は頻りに清軍の援兵を恐れ、反《かえっ》て東軍の勝利を祝する

の傾向ありと云ふ、是れ其の徴発に堪へざればなり
◎仁川の光景　陸兵着港後、居留民は俄かに殺気をおび、今回こそ開戦たるべし、豚尾を仁川港頭より退治し、平素の憤欝をはらすの好時機なりと絶叫するものあり、此れに反し清人は出兵を疑ひ、韓人は恐る、何となく動揺の有様なり

仁川の特派員の特定はできないが、東学に対して同情的であり、実情の取材も積極的だった。「朝鮮通信第二報（六・二二）は、東学についての認識から始まる。

◎東学党の性質　東学党は元と根抵ある革命軍にあらず、又た攘夷党にあらず、単に地方官吏の虐政に耐へずして、自然に勃発せし者なり、謂ゆる竹槍蓆旗庄屋征伐と同じく、彼等が眼中唯だ地方の酷吏を殺戮し平素の欝憤を洩らすに過ぎず、（中略）初めは努めて親軍を避け負商褓商と戦ひ又は府郡県の土着兵を襲ふなど其挙動よりするも根抵ある政治的革命軍にあらすして地方的感情に激し蜂起せし者と知るべし

「日清欧米人」数十人が、東学の騒乱地方を「徘徊」していても危害は加えられていない、という例を挙げるなど記事は説得的である。これら東学の性質と、騒乱近く平定か、という観測記事が現地から送られる一方、『九州日日』の社説（「朝鮮騒乱平定後の予想」六・二一）は、日本は平定後なんらかの軍事行動に出るだろう、という推測で結ばれる。

公使館と居留民とを保護するは水兵三百猶ほ余りあり、何ぞ一旅団の出兵を要せんや、而るに此の大兵を派遣せしもの、蓋し他に意ありて存せずんばあらず

二三日の社説「此の機失ふべからず」は、もっと明確に出兵を朝鮮への圧力として活用することを求めている。本来、東学の乱が平定されれば、日清両国は撤兵すべき天津条約の規定である。そのことは、論説子も熟知している。

事既に平くときは、日清の軍兵は直ちに朝鮮を引き払ふべきは、天津条約の規定する所なりと雖も、苟くも駐留の志あらば決して其目的を達し難きに非ず。

「目的」とは、「韓廷に於ける我国の威信を挽回」し、「勢力を伸ばす」ことである。

④　朝鮮の独立をめぐって

事態が膠着状態に入った六月末の段階では、『九州日日』の朝鮮政策は、ただ進むことを求めるだけだった。二七日の社説「此の際の注意」は、出兵軍の方針は、

唯だ強硬の方策を以て猛進し、敢て我国権を毀け我面目を失はさるを勉むるに在り。

として、月初めの〈東洋の安定論〉は影を潜め、日本の「国権」のみを前面に押し出している。

この年三月に条約励行と責任内閣を要求して「全国同志新聞記者連合」が結成されていたが（六・二三）、朝鮮問題が緊迫してくると、加盟は全国八七社になった（六・二六）。六月二一日の会合では、

現今対外硬派の重要なる問題は朝鮮国独立問題なり

としたが、実は「独立問題」とは何かが、当日の議論の焦点だった。

爰《ここ》に研究決議すべきの独立とは果して如何なることを意味するかの疑問是なり

そこで出たのは、「独立」にもいろいろある、という認識だった。

抑《そもそも》独立と称するも単に空々に独立の名を存し居るものあり、又万国公法の原則に基づき真正独立の邦国もあり、又或は独立国の名ありて独立国の実なき埃及《エジプト》の如きあり、又独立し得ざるも甲乙丙国（英、露）の利害上より独立せしめたる阿富汗《アフガン》の如き邦国もあり、白耳義《ベルギー》の如き中立国あり（戦時平時とも）、故に独立国と称するも種類多きを以て此際朝鮮国をば如何なる独立国と為すへき乎《か》、即ち独立たる範囲を定むるは実に対外硬派今日の最大急務

と評議し、調査と決議の結果を、対外硬派の交渉会に提出すること、調査委員を末広重恭と徳富猪一郎、交渉委員を志賀重昂とすることを決めた（六・二八）。

⑤　開戦への誘導

七月に入り、朝鮮に出兵して一ヵ月がたつようになると、『九州日日』の社説は焦り始める。七月三日の社説「躊躇して事を誤る勿れ」は、「今日に於て清国の朝鮮に於ける干渉を絶ち、以て朝鮮の真独立を全ふせしめんと欲せば、到底鉄火を以て之を争ふの外他の手段あるを見さるなり」という切迫した状況であり、「国民皆な戦ひを期さざるなし」であるのに、「其事未だ予期の如くならざる」。戦いの時期の熟すのを待っているのであれば、「機会は亦た人力を以て之を製すへし、必ず自然に到来するを待たさるなり」と、開戦の機会をつくれ、とまで迫っている。

七月一五日の社説「日清事件の未来」は、「日清事件に関しては最早種々の空論を用ゆべき時にあらす」で始まり、「清国の挙動敦《いず》れに出るにしても究局は兵馬の間に相見ゑ砲煙弾雨の中に結着を付くるより外なかるべし」とおさえ、「実に帝国民が双肩を脱ぎて大義の為めに盡粋すべきの時機にして独り帝国と朝鮮との盛衰に関するのみならず亦た実に東洋の興廃に関するものなり」と結んだ。前日午前一〇時、『九州日日』は、「開戦旦夕に迫る」という号外を熊本市内に配布していた（七・一五）。これは、「我か在京の社友か我当地の社友に当て特に発したるもの」で、一四日午前七時に東京から打電されている。開戦近し、という切迫した空気は、さまざまな手段で作られていった。

この段階においても、大義名分を強調することは継続されていた。

一九日と二〇日の両日掲載された社説「義利両得」は、

我日本は文化日を逐ふて開明に赴き、百般の事物月に従ふて改良し、憲法制定せられて公私の権利皆な限りあり、人民其堵に安して亦た生命財産の安固を害することなし。之れに反して一葦帯水を隔てたる朝鮮は、往昔嘗て我国に文化を輸入し、我国の発達を資《た》すけたるの国たるに拘らず、今は習俗敗壊して政治紊乱し、民皆な苛税に苦しみ、酷法に悩み、殆んど其生を聊せざるなり。

（七・一九）

と日本、朝鮮両国を対比し、「東洋に在りて朝鮮の指導者たるの任務を完うすべき者は、実に我国なり」と自負する。「其内政を改良し、其独立を全ふせんこと」が日本の目標であり、「朝鮮の独立を扶持するは、即ち我外塞を修築する所以なり、亦た何ぞ我が辺海に於て砲台を築き防備を厳にするに異なるあらんや」（七・二〇）と日本防衛の一環であると説明する。これを「我れの精神公明にして一毫の私心なき此の如し」と強調するが、朝鮮援助の理由が、日本の要塞修築と同じだとして、日本の論理でしか考えていないことに、社説の執筆者は思いが至らない。またこの論理は、第一議会で山縣有朋首相が唱えた「主権線利益線」論と同一の地平に立っている。いずれにしろ、この社説の意義は、開戦の大義名分を復唱し、「是れ豈に千載一遇の好機に非ずや。若し此の時を棄て、為すなくんば、將た何れの時を待たんや。天与取らされば却て其禍を受く、今日の好機は実に天与なり、我国の上下は宜しく今日の好機を棄て、其禍を受くるが如きなきを勉めさるべからず」と開戦を迫るところにあった。

⑥〈日朝戦争〉の報道

七月二三日、日本軍が朝鮮軍と交戦し、王宮（景福宮）を占領した事件（七月二三日戦争）について『九州日日』は、次のように報道している。

まず、二六日付紙面の欄外記事で、東京からの二つの電信を記した。

●東京電報（廿四日午前九時不良延着）昨日朝鮮王城内不穏の色あり、大鳥公使は護衛兵を伴い

国王に上奏の為め参内せしに韓兵之れに向ふて発砲したれば我兵応戦すること二十分間ニシテ（ママ）之を逐ひ払ひ王城を守護せり

●同上（二十四日午前十一時発不良延着）我兵は京城付近に於て朝鮮兵に挑まれたるに依り之れに応し戦争中、韓兵遁走す、我兵其兵器弾薬等を取り上げ且つ王城を守護せり

次に、二七日の紙面の「電報」欄に

●東京電報（廿四日午後一時発不通延着）大院君は昨日我か大鳥公使と共に入城せしに、国王は之れに政務を依託せられたり、又た国王は我か大鳥公使の要義に対し深く其厚意を謝したり、元と大院君の参内は王命に依れり、韓兵の砲撃は閔族の教唆に出てたりと云ふ

●仝上（右同時発）我か日本兵は韓兵より銃器五十挺を分捕したり

●仝上（同日午後五時半発不通延着）本日大本営に於て会議を開かれたり

●仝上（同廿五日午前十一時二十分発）只今宮中に於て御前会議あれり

の四本を掲載した。

以上の二報は、いずれも「東京」発信であるところに大きな意味がある。政府が把握した、もしくは政府が新聞掲載を善しとした情報だった。

『九州日日』の漢城特派員は、「東京」発とは異なった情報を、その後伝えて来る。『九州日日』は、二八日付紙面で「京城の戦報（廿三日京城発）」と題して報じた。熊本市内には、二七日の号外で知らせたものである。二三日の部分のみを次に摘記する。

斯くて廿二日の太陽は西に昏《くれ》つき時は方に夜半となりぬ、愈十二時に達すれば幾隊の兵士は王宮を囲まんが為め宮門に集まるべき時刻となりぬ、顧みて我公使館を見れば燭光煌々として白昼の如く満員悉とく集りて相談し、幾多の士官は帯剣の音鏘々として意気頗る揚れる者の如し、余等

二三人は剣を帯ひて王宮の門前に至り、見るに四隣寂として人なき者にし似たりしが、既にして鶏鳴き天明るに及ひて始めて二大隊の兵士は威儀堂々として雨中に併列せるを見たり、然れども門戸固く閉ざして入る能はざれば、我工兵は左側の小門を焼きて門内に入り、之を開るや大軍一時に喊声を発して闖入せり、亦た各門戸には幾小隊の兵必らず之を守り寸隙だになし、吶喊の声大門に起れると同時に王宮の方より発砲する甚だし、我兵も之に応じて砲発し銃声頗ぶる激しかりしも暫らくにして砲声全く止めり、仰て王宮後方の山上を望めば北漢山の中央には白布を曝《さ》らせるが如き者あり、是れ韓人が山を指して遁れ行く者なりき、我兵門内に入りしときは二十三日午前五時十分、戦ひ始まりしは五時三十分にして全く止みしは四十五分なり、凡て十五分間の戦争なりけり、此事起りしより我兵の勇悍にして行儀端厳且つ之を率ゆる将校の機敏にして進退宜しきを得たるは実に賞歎に堪へざるものありき、殺傷未だ知れず、戦始まりてより只だ十五分間、然かも朝鮮と呼ぶ一国の城は陥落しぬ、其弱亦た見るべきなり

この記事の末尾は、

戦争起りしとき門前に警視庁巡査と共に雀躍せる新聞記者は、読売新聞の藤野房二郎氏、時事の杉幾太郎氏及ひ佐々正之、下村の両氏及ひ余等にして凡て平人は六人なりき

二十三日戦争より帰来忽ゝ筆を走らして之を認む　相部直熊／佐々正之

と結ばれている。この事件には、六人の民間人の目撃者がおり、そのうち少なくとも相部・佐々木の二人は「戦争」と認識していたことがわかる。この記事は、二三日に執筆、直ちに仁川に送られ、二四日仁川港を出る酒田川丸に乗せ、二六日門司港に到着したものと考えられる。酒田川丸の「別報」として、朝鮮兵の死者一七人負傷者六〇余人を同じ紙面に掲載した。

七月二三日の戦争を擁護する最初の社説は、二七日の「王城を護衛す」である。

日本支那と朝鮮に於て相争ふに当り、最も先づ手を下すべきは王城を占むるに在り。先づ王城を占むる者は、朝鮮に於て勝を得る者なればなり。

この王宮占領は、東京＝日本政府の手による次の記事を引き出す（八・四）。

●東京電報（二日午前七時二分発）清兵打払の委任状

朝鮮政府は我大鳥公使に向つて在韓の清兵打払ひの委任状を渡したり

委任状発行を、現地発ではなく、東京発とするこの記事によるにもかかわらず、日本軍は日清開戦の大義名分を得たとメディアは考えた。また王宮占領事件は、日清戦争の大きな一段階として、民衆への宣伝の一齣に位置づけられている（八・一七広告）。

日清戦闘真影幻灯会　京城戦争○大院君ヲ護衛シテ入城○牙山陸戦○豊島海戦○陸海出師○松崎大尉討死○生捕者□□（二字不明）坤吟○其外百余種

これは、熊本市川端町の末広座で、八月一八日・一九日の二夜おこなわれた幻灯会の広告で、まず「京城戦争」から始まっている。

七月二七日のもう一つの社説「牙山の清兵を逐ひ払ふべし」は、

先づ清兵を斥攘して、以て王城の平安を保つへきなり。清兵の本拠は牙山に在り、牙山の清兵を逐ひ払ふときは、京城の平安自ら保持するを得ん。

と述べて、牙山進攻を求めている。実際に二三日に王宮を制圧した日本軍は、二九日成歓、三〇日牙山の戦いを実施しており、この進攻作戦はジャーナリストのようなアマチュアにも予想できるものだった。

豊島沖海戦後に、次のように報じた記事もある（七・二九）。

●我軍連《しき》りに勝つ　既に第一戦に於て朝鮮京城を陥れ、今また第二戦に於て支那軍艦を打ち破る、我軍連勝武大に揚る、嗚呼亦た壮絶快絶ならずや、夫れ朝鮮兵の羸弱《るいじゃく》なる固より言ふに足らず、清国の軍隊と雖も老朽腐敗敢て我敵に非さるは世上論定まる久し、（中略）我軍は宜しく此の大勝の機に乗して進撃突進以て四百州を蹂躙せざるべからず、我旭日瞳々の国旗を長白山頭に翻へし進んで北京城を突き以て愛新覚羅氏を擒《とりこ》にするは此の時に在り、嗚呼快亦た快

この記事は、日朝戦争（七月二三日）から日清戦争へ、という流れで戦争を認識しており、同時に日清戦争は北京城攻略まで進むべきだという意見を述べている。

⑦「東洋の盟主」論

牙山戦が予想され、日清戦争の本格化が見通されると、その後に来る日本を楽観的に描く社説「東洋の盟主」が掲載される（七・二八）。

日清韓の三国中に在りて、其盟主となり、以て其覇権を握るものは我大日本を棄て、孰《いずれ》かある。人口の衆と土地の広とを以てせは、清は世界の雄邦なり、固より我国の及ふ所に非すと雖も、其国勢老朽して其人民腐敗し、敢て亦東洋の覇権を握りて其大手腕を奮ふに堪ゆべきの望なし。独り我国に至ては、国運日を逐ふて発達し、人心亦た益々奮興し、進んで東洋の盟主となり、黄人種を率ひて白色人種と相拮抗せんとするの志慨あり。今日に当りて天佑を保有するもの孰か我大日本に及ふものあらんや。（中略）清国を拆《さ》かすんは、東洋の盟主となる亦た難し。而して今や清を拆くの時方《まさ》に至れり、東洋の覇権を握るの機会は眼前にあり、豈に之を失却すべけんや。

清国腐敗論を前提に、欧米人との対決能力を基準に、日本を賛美する。「義」を基本に朝鮮の改革を求めていた六月段階とは異なった、軍事対決論である。

このころ、第六師団で充員召集があり（八月六日動員結了）、熊本市鏡町の兵士ら二四人は、七月二五日午後五時鏡神社に集まった千余人によって「皇国威風振海外」「一撃粉砕北京城」などの白旗や旭日旗

に送られていった（七・二九）。宣戦布告前に、民衆と新聞はここまで高揚していた。

豊島沖で日清が衝突し、清兵一五〇〇人を乗せたまま高陞号が撃沈された事件が、『九州日日』に掲載されたのも、この二九日だった（「東京至急電報、廿八日午前一〇時発」）。

2　『九州日日』記者による取材

（1）電信と船便

日清戦争の現地取材は、どのように日本に到達したのか。開戦前、二つの電信ルートがあった。一つは、漢城―釜山―下関という最短ルート、もう一つは、漢城―平壌―義州―上海―長崎、という迂遠なルートだった。前者のルートは、六月も早い段階で不通となり（六・一二）、迂遠な第二ルートを使わざるを得なくなった。このルートは、「料金高く且つ延着の不便ある上海線」（同）と言われており、いわば敵国に頼らねばならない電信線だった。「義州線は支那の内地を経由して其政府の所有に係るものなれば日本の力を以て自由にす可らず、必要の場合に通信を誤るゝも致方なかる可し」（『時事新報』一八九四年六月一二日）という危険性が高かった。

六月一七日、逓信省が軍事郵便取扱局として指定した九局（国内五、朝鮮四、『九州日日』六・一三）のうち、電信局を兼ねたのは四局（国内三、朝鮮一）で、その系統は次のようになっている（図5―1）。いずれにしろ、国際電信線は自前のものではなく、大北電信会社（本社デンマーク）という外国会社に握られており、また上海という敵地を通るという危険な状態で、情報伝達をおこなっていた。

こうした状況では、漢城―釜山間（八八里三二丁：約三五〇キロ）の電信線を日本の手で敷設することが緊急の課題だったが、ようやく六月二八日電信技手や工夫が広島を出発し、朝鮮に向かった（七・三）。

その間を補うため、漢城と仁川を往復する御用船を四隻（大阪商船会社所有）就航させ連絡便とした（同）。大阪商船会社は、対馬への弾薬輸送、釜山―馬関間の連絡船（淀川丸、七月四日から）など、積極的に朝鮮進出計画を実現していた（同）。日本郵船会社の就航船は、仁川―門司間に横浜丸、仁川―天津間に玄海丸だった（七・一九）。

（２）記者派遣

当時の地方紙の情報収集は、東京や大阪の有力紙と提携して、その記事の転載によるものが多かった。独自の収集努力にあたるものは、関係者に現地からの手紙などを依頼することだった。『九州日日』も、六月段階では現地在住者に「通信員」を委託して、「朝鮮京城通信」や「朝鮮通信」として掲載していた。

「通信員」は、六月三〇日の紙面で

在京城　佐佐正之／在仁川　相部直熊

と明らかにされた（佐々正之は、漢城からの通信に「清湖生」の署名を使っている）。この時点で通信員の氏名を公表したのは、通信員委託が増加し、社員記者の派遣もおこなわれるなど、態勢充実が明確になったからだろう。同じ記事は、新しく通信員を、「不日当地出発して渡韓の地に就かんとす」る

国権党視察員　安達謙蔵[6]／済々黌同窓会派遣員　菊池景春

に委嘱し、門司―馬関（下関）間の視察者として、六月二九日に熊本を出

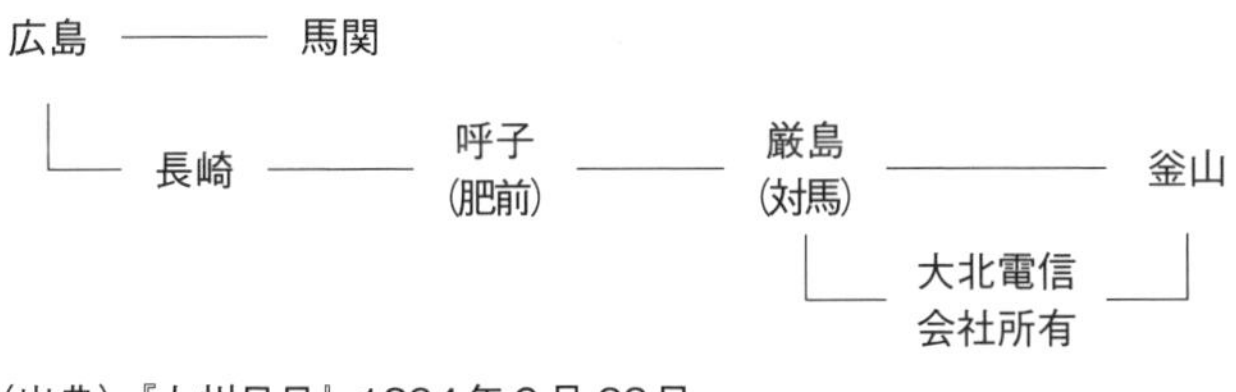

（出典）『九州日日』1894年6月23日。

図５−１　日本―朝鮮の電信ルート

発した
　　　社員　大畑秀夫

がいると、広告した（「朝鮮事件と九州日日新聞」六・三〇）。大畑秀夫の「門司通信」第一報は、二九日発で、七月一日の紙面に掲載された。大畑のなすべきことは、門司に入港する船から情報を集め、記事にすることだった。熊本の『九州日日新聞』には、門司から二日（門司発の翌々日に記事掲載）、漢城から一週間の時間差で記事が掲載された。

　電信ではなく、現地特派員の執筆原稿を、船で届けるという迂遠な方法だから、漢城発の場合執筆時点より一週間から約一〇日後にニュースが紙面を飾ることになる。佐々正之筆「朝鮮京城通信」と銘打った記事の発信日と掲載日を、調べてみる（表5―3）。

発信日	掲載日	間隔日数
6/23	6/29	6
6/25	7/1	6
6/28	7/7	9
7/1	7/10	9
7/4	7/11	7
7/7	7/17	10
7/12	同上	5
7/9	7/19	10 ※
7/17	7/24	7
7/19	7/25	6
7/20	7/26	6
7/23	7/28	5

（注）※は「便船の都合にて大に後《おく》れ」たもの。

表5－3　ソウルの発信と熊本市の掲載

　日付の間隔は、短くて五日、長ければ一〇日だった。二三日発の「京城の戦報」を二八日に掲載したのを最後にして、漢城発信は紙面に現れない。朝鮮からは、釜山発だけになり、戦況は東京と広島発に頼っている。漢城で報道統制が実施されたのだろうか。

　歩兵第二一聯隊第三大隊の雇った「朝鮮人馬」が「一二《いちに》頭ヲ余シ其他悉皆逃亡」という事態になったため、大隊長古志正綱が、七月二七日午前五時に自殺した事件(7)は、『九州日日』では報道されず、その事情を次のように説明している。

　　古志少佐の逝去は去月（廿五日《（ママ）》）の事なり、我紙は既に過日之を掲けしも其筋検閲の時に抹殺に

逢ひたり　　　　　　　　　　　　　　　　　（『九州日日』八・一一）

古志自殺事件は、早ければ熊本に八月一日ごろには届いたはずであり、そのころから新聞検閲が強化されたことを意味している。

福岡県で発行される『門司新報』も、「英語は勿論、支那、朝鮮語に熟したる社友川田政三」を六月二六日門司発の淀川丸で、朝鮮に派遣した。その広告は、「苟くも世人にして意を朝鮮事件に留むるものは刮目して今後の門司新報を読め」と結ばれている（『九州日日』七・三）。朝鮮と戦争の情報伝達が新聞の読者獲得の重要手段となっていた。

これら現地に派遣された記者たちは、しだいに開戦へと読者を引っ張っていく。佐々正之は、当初（前述した六月二〇日、二二日の記事）朝鮮の実情を率直に伝えていたが、七月に入ると次のような開戦への期待を伝えるようになる（七・一一）。

朝鮮京城通信（七月四日発）（中略）清国の近状此の如きを傍観するは徳義に背き憐誼を尽さゞる者なり、不義の徒取て討たざるべからず、報国義団の志士其れ準備せよ、我々は固より先導の労を取るを厭はざるなり、否な進んで猿田彦の労を取らん事を希望する者なり（中略）清廷の方針一決の日は即ち開戦宣言の日なり、準備せよ報国義団の人士。其腕に摩するの時機、已に眼前に迫り居るを知れ（中略）我兵は急に一大快戦を促し勝を一時に制するを利とす、我々は一日も早く衝突を起し雌雄を決せんことを希望して止まざるなり

朝鮮での緊張を伝える記事によってか、『九州日日』は「昨今非常に紙数を増加し在来一台の器械のみにては不足を感ずる」ようになり、「新器械購入」のため社員が大阪に派遣された（七・一二）。

開戦直前の七月下旬には、『九州日日』の外報態勢は次のように変化・充実している（七・二六「社告」）。

京城　佐々正之・安達謙蔵　　釜山　大畑秀夫「本日より出向す」

門司　高木正雄　　　　　　上海　柳原又熊・前田彪

ライバル紙の『九州自由新聞』（発行地は熊本市）も、七月下旬には次のように記者を特派している（『九州日日』七・二九広告）。

朝鮮　光永規一・中村楯雄・（渡韓途中）田中賢道　　対馬　松永久太郎

特派員の増加は、全国各紙でおこなわれ、前掲の『新聞発達史』は、先の記述に続き、

其の後戦線の発展に従ひ漸次記者を増派して経営困難なる社と雖も三四名を従軍せしめた、朝日新聞社の如きは前後十名以上を特派し、各軍に二名宛を従軍せしめたる上、朝鮮内地の重要なる方面に記者を特置して通信を怠らなかった、

と述べている（同書二三五頁）。

3　義勇軍から軍夫へ

(1) 義勇軍運動と軍夫

『九州日日』が盛んに朝鮮出兵支持の論を張っているころ、「国難に赴かん」とする有志の団結が、熊本県各地で企図されていた。六月二三日の『九州日日』の記事「奉公義団起《たた》んとす」が最初である。この記事によれば、国権党に属する紫藤寛治・戸田熊彦（二人とも前代議士）と中津誠一郎らが、教育勅語に依拠して義団を作ろうとした(8)。

今回相図りて万一の不虞に備へんが為め　聖勅の謂ゆる一旦緩急あるときは義勇公に奉するの趣旨に基き「奉公義団」なる者を組織せんとする由

そのために、一党を越えて団結する必要があり、六月二五日に最初の協議をおこなうとした。

六月二〇日に東京で結成された対韓同盟会(9)も、同月二四日の評議員らの会合で、

一　朝鮮事変には其必要に迫るときは義勇団を組織する事

など三項目を決議している（六・二九）。

熊本における「奉公義団」結成には、若干の反対があった。六月二九日の社説「義勇奉公」は、

人或は云はん、日清の交渉未だ窮極する所を知らず。此の時に当て義勇団を組織するは、急遽に非ずやと。

との仮定を自問して、義勇団設立を結論としている。この社説では、戦場には、「満洲」との予測もされるようになっていた。

日清の交渉破裂して天兵満韓の野を蹂躙するに至らんか、蹶起して之れに従軍せん。

国権党だけでなく、自由党や商工青年会、商工協会、第二土曜会、同志会などでも、義勇団結成の案と会合があり、六月二九日これらの人々が集まって初会合をもち、「報国義団」の結成と、規約（県立図書館所蔵『九州日日』では、切り抜かれて不明）を決めた（「報国義団起る」六・三〇）。団員は従軍者と留守部隊で、「両々相待ち相合して義団の武名を海外に発揚すべし」とされている。事務所は、岡本武平が経営する研屋（本店・洗馬町）の支店の一室を無料で提供した（六・三〇）。

六月三〇日、報国義団の評議員会は、趣旨書、遊説員の各郡派遣、大演説会開催、横文を発することなどを決め、遊説員のなかから中津誠一郎（国権党）・渡辺時幸（第二土曜会）・石坂音弥太（自由党）の三人を委員に選出した。評議員二六名は、『九州日日』の記事では九団体に所属していた（七・一、表5―4）。

また「報国義団趣旨」は、次のように、

今や朝鮮東学党の乱は一変して日清の交渉となり、我が常備軍の既に韓地に在るもの数千に達し、清兵の同地に入るもの亦万余と称し、正に相対立して形勢日に迫れり、戦機一たび発せば直ちに

砲烟弾雨東洋の大変乱を生出せんとす、是れ豈に邦家の大難にして苟くも日本国民たるもの義勇公に奉し報国の誠忠を致すべき千歳の一時にあらずや、我ら同志者大に此に感激する所あり、與《とも》に謀りて報国義団を組織す、蓋し一旦緩急あるに当り奮て難に従はんことを期するなり、本団は党派の異同を問はず、凡て今回の事変に対する同志者を以て組織す、今は党派の如何を措き、宜しく国民対外の目的を一にすべき時なればなり、而して団員たるものは変に応して、或は外に軍に従かひ或は内に在て運動し各々其志を以て事に任すべし、聊《いささ》か報国の義を竭《つく》す所以なり、嗚呼今日は豈に尋常の時ならんや、機一発議団の武勇を発揚する、正に今日に在り、世間同感の士、請ふ奮て来り投せよ　（全文、七・一）

所属団体	氏　名
国権党	紫藤寛治・戸田熊彦・犬飼真平・中津誠一郎
自由党	古荘幹実・栗津武雄・石垣音弥太・古閑義明・高田露
第二土曜会	志水茂次郎・藤井安俊・黒川稜威臣・渡辺時幸
済々黌同窓会	岡本源次・毛利篤
商工協会	飯屋忠八・水民百馬
飯田会	築地呈四郎・関善蔵
同志会	住江常雄・右田喜七郎
商工青年会	岡本武平・迫源次郎
城北青年倶楽部	原山源次郎・野中龍雄・大塚泰喜

（出典）『九州日日新聞』
1894年7月1日

表5－4　報国義団の評議員と所属団体

日清の衝突の危機に際し、朝鮮での従軍も含め「報国の誠忠」を実現することを、県民に呼びかけている。自由党系の『九州自由新聞』と国権党系の『九州日日新聞』は、七月四日、報国義団の檄文、趣旨、規約を一挙掲載して、「天下の志士仁人精読以て義団の精神の存する所を諒し玉へ」（『九州日日』）と呼びかけた。県によっては義勇軍運動をやめさせようとする動きが六月末から出ており、熊本県でもその動きがあったことと思われる。七月五日の社説「義勇心を奨励せよ」は、「其筋の方針」は軍隊のある限りは義勇軍不要、というもので、それに反発したものである。報国義団本部の名で、入団者氏名が『九州日日』

と『九州自由』に広告されるようになったのは、七月六日からで（七日の紙面）、県当局の制限に対する反発も推測される。

県当局などの躊躇にもかかわらず、報国義団が火を点けた義勇軍運動は、県下に広がっていった。天草郡には、軍隊の後援会である尚武義会の支部がすでに結成されていたが、七月三日支部の臨時会で、天草報国義団の組織化を決めた（七・五）。「趣旨」（全文）は、

今や鶏林の内乱は転して日清の交渉となり、両国既に大兵を出し非常を警戒す。此時に当り我国民たるもの豈に袖手傍観して之を雲烟に看過するを得んや、宜しく憤躍身を挺して義勇公に奉し国恩の万一を報《むく》ふへきなり。予輩此に感する所あり、相謀りて報国義団を組織し、一朝緩急あらは進んで国難に殉し臣民の本分を盡さんことを期す。故に常に団員は協心膂力、或ひは外に従事して折衝防禦の局に当り、或は内に奔走して糧食輸送の責に任する等、各其努めを怠らす、報国盡忠至誠を以て我郡の勇奮を鼓し、其精神を発揚すへし、四方同感の士来り投して機を失ふ勿れ

と述べ、能力に従って内外の要請に応えるよう求めている（七・七）。「規約」では、壮者、老幼、農者、漁者などに分けて役割を決めている。

阿蘇郡では、七月四日同郡黒川村での初会合で、八日に義勇団結成の計画を決め（七・六）、九日に阿蘇郡義勇同盟会を結成した（七・一三）。

飽田郡花園村の協同会（「政党以外に中立せる団体」）は、七日義勇団組織化を決めている（七・一〇）。下益城郡の益陽青年会の四〇人も、七月下旬加盟した（七・一九）。

旧藩の動きも登場する。旧藩の名門家、細川家（子飼）・細川家（砂取）・沢村家（花園）の三家では、旧臣を呼び集め、一〇〇〇人くらいの義勇団を、報国義団とは別に結成しようとしていた（七・一〇）。

七月一一日、報国義団の名で、漢城の大鳥圭介公使・大島義昌旅団長宛に慰問状が送られ、それは「之

を称して熊本県の輿論を代表する者と為すも僭越に非さるを信す、故に本団の慰問は即ち熊本全県民多数の慰問なり」と自負している（七・一二）。

八代郡では二つの動きがあった（七・二一）。一九日同地方の士族が義勇兵組織を決議し、また梶原景信が侠客・相撲取り二〇〇余名を団結させ、「日清開戦に至れば義勇兵なり人夫なり、何とても国家の為めに身命を抛《なげう》たんと」決めた。士族らの八代義勇団の「趣旨」と「規約」のうち、「規約」は次のようなものだった（七・二二）。

一　本団は八代義勇団と称す

一　本団は国家の緩急に当り或は軍隊を編制し又は軍費を補するが為め汎く金銭及び物品の献納を勧誘す

一　本団に評議員十五名を置く、但し時宜に依り増減することあるへし

一　本団の事務を処理する為め評議員の協議又は投票を以て常務委員七名を置く

一　本団の目的に関する重要の件は評議員会を以て之れを決す、但し軍隊編制の場合に於ては此限りにあらす

一　本団の事務所を八代町に置く

一　本団の経費は有志者の義捐を以て之に充つ

規約で見ると、義勇軍だけに限らず、軍費献納運動もおこなったようである。

八代郡では、高田村が同郡南部の村々に呼びかけて、「殉国義団」を結成するという三つめの動きも見られる（七・二三）。植柳村でも、一八日に義勇団組織を決め、「愛国義団」と称した。これは、献納品（草鞋《わらじ》一万五〇〇〇足）と抜刀隊編成を内容としている（七・二九）。

菊池郡の在郷軍人は、敵愾義団を結成し（日付不明）、二〇日の臨時総会には三〇〇余人が参加し、

小野団長先づ開会の趣旨を述べ、小橋郡長、隆道寺監視区長は兵員の心得べき事項を演説し、次に召集に応ずべき心得方、応召者の家族保護方法等専ら出師上に関する講究を遂げ了つて菊池神社内に於て懇親会を開らき

と、郡長ら行政当局や応召兵の参加による集会を実現している（七・二三）。

二二日には、山鹿郡で国権党が中心になった偕行義団が、「第二条　本団は義勇奉公を以て目的とす」を定めて結成された（七・二七）。

宇土郡網田村でも、義勇団結成を決議している（七・二九）。

飽田郡川尻町では、「有志者及び消防夫五百余名」は、七月二八日山本万蔵ほか数名の発起で「川尻義勇団」を結成した（七・二九）。

こうした義勇兵を募る動きが活発化するのに、新聞の役割は大きかった。『九州日日』は、「會《たま》ま時事に感ずるあり」との前書きをつけて、七月二〇日から二四日まで「義勇兵」という、一八一二年ナポレオン戦争時のプロシアを描いた訳出を連載している。筆者の「崑岡子」が入営したため（七月二六日）、未完のまま二四日で連載中止になった。

他県で見られる行政当局による義勇兵停止の働きかけが、熊本県の新聞紙面や行政文書に残ってはいないが、あったと推測される『九州日日』の社説が、「義勇兵の組織」である（七・二一）。これは、「義勇兵の組織を以て越訴の事と為す勿れ、好事の業と為す勿れ、売名の事と為す勿れ」と義勇兵に対する反対意見を列挙しており、「国家軍隊の備あり、戦争の事は其担任する所なり」と後に「義勇兵に関する詔勅」に使われる論理が使われているところから、恐らく熊本県庁あたりの停止要求があったと思われる。

七月二一日に、報国義団の従軍願いは「願の趣殊勝の儀には候得共詮議に及び難し」と県庁から却下されたようで、義団は二二日午前に評議員会を開き、善後策を協議した（七・二三）。

詫麻郡で結成された詫麻義団は、「報国の義務」を果たす方法として三項目をあげている（趣旨第二条、七・三一）。

一　身体健康にして家に顧慮の憂なきものは時機に臨み他の義団と連合し出兵認可を得るの日は海外に渡航し軍隊の力を助くる事

二　身体健康にして目下他の故障あり遠く海外に渡航しかたき者と雖も若し敵兵辺を襲ふの日あらは起て戦ひに赴く事

三　老壮の別なく従軍に堪かたき者は退ひて内にあり、諸般の周旋をなし資産ある者は応分の義捐をなし救恤警備等の用に供する事

六月下旬から七月中旬までの義勇軍運動は、従軍だけを目標にしていたが、二一日の県庁の却下報道以後は、このように義捐金、献納金まで活動内容に含むように変化していた。

飽田郡・詫麻郡・宇土郡の町村長と有志家は、「在韓軍人慰労の微衷を表せん」ため、献納を決議した（七・三一）。

（一）町村ヨリ草鞋、梅干を献納すること

（二）右物品は毎戸草鞋二足、梅干五個宛とす

（三）右物品は左の価格にて代金を納むるも妨けなし、草鞋一足金一銭、梅干一個金二厘

（四）右物品又は代金は町村役場に取纏め之を郡役所に依頼して献納の手続きを為すこと

（五）右物品及び代価とも八月五日迄に所轄郡役所第一課へ報告すること

義勇軍運動の段階では、詫麻義団の趣旨にあったように条件のある人や家に限られていたが、物資献納になると、割り当てられた家は、出すのが当然になってくる。人々への日清戦争の影響は広がっていった。七月末段階でも、義勇軍運動は続いている。合志郡でも「合志義勇団」が、「本団は機に臨み変に応し

て或は干戈を執りて軍に従ひ或は内にありて運動し各其職任を全ふし聊《いささ》か報国の大義を尽さんと欲す」（趣旨書）を目標として結成された（八・三）。

以上のような義勇軍運動は、八月七日の「義勇兵に関する詔勅(10)」により、解散を余儀なくされる。『九州日日』は、この詔勅を八月一〇日の紙面に掲載し、社説「義勇兵に関する詔勅」は、「義勇奉公の精神を阻喪する豈に亦た聖旨に合すとせんや」と激励した。報国義団本部は、一三日午前に評議員会を開き（八・一〇）、義団解散を決定した。その広告は、八月一四日に掲載された。

広告　今般詔勅ニ基キ本団ヲ解散ス、此段団員諸君ニ広告候也

八月十四日　　団員諸君　　報国義団

以後義勇軍の従軍志願運動は姿を消し、並行していた献納運動へと変化していった。ただ七月中旬から、変種の義勇軍運動とも言うべきものが呼びかけられている。一つは、阿蘇郡山西村である。同村では、七月中旬に「義勇人夫組」が結成され、次のような規約を定めた（七・一七）。

一　吾義勇人夫組は日清開戦の日に到らば先づ第一回に人夫一千人を募集し聊《いさ》さか国民奉公の実を挙る事

一　吾義勇人夫組は既成の報国義団其他県下各団体に気脉を通じ真運動の大成を期する事

もう一つは、熊本組の結成(11)である。いつ結成されたのかは、『九州日日』では不明で、中心になった人物が、『九州日日』など国権派と近くなかったのかもしれない。少なくとも、まだ義勇軍運動が盛んな七月二四日の『九州日日』の紙面に突然、「熊本組の規約と内規」の題のもとに、

当地有志者は国難あるに当り力役を以て臣民の義務を尽さんとの目的にて熊本組なる人夫組合を設け、昨日其規約及び内規を定めて発表したり

という前文をつけて、規約と内規が二日間の紙面に掲載された。それには、「内国役外国役」の「力役」とあり、

明らかに従軍する人夫が構成員だった。熊本市上通丁の米屋に募集事務所を置き（八・三広告）、指揮監督する「廿五人長五十長百長《（マヽ）》」を置くなど整然とした組織だった。後に陸軍が募集する軍夫と似通った組織だが、時間的に見て陸軍の示唆や指示ではなく、西南戦争時の軍夫を想定したのだろう。この検討は別稿に譲る。

（2）寺社の動きと義捐金

七月二三日の日朝戦争の報道によって、義勇軍以外の波がおき始める。その記事が載るのは、豊島沖海戦の報道と同じ日である。

一つは、寺社による敵国降伏、戦勝祈願である。第一号は二つで、『九州日日』七月二九日広告に掲載された。錦山神社は、熊本市京町にあり、祭神加藤清正の県社である。

　本社ハ初メ祠飽田郡中尾山御墳墓ノ地ニ在リ、明治四年旧熊本城内ニ遷シ仝七年今ノ地ニ遷座シ給フ、即チ武徳広大ノ大神ナリ、依テ敵国降伏武運長久ノ為メ七月廿七日ヨリ八月二日迄一週間
　　軍神祭執行候事

錦山神社社司大木淑慎は積極的で、軍神祭第二日に、

　本社ハ永禄慶長前後七年ノ役武威ヲ殊域ニ震セラレタル広大ノ大神ナルニ依リ御繰合セ交互続々御加勤被下迂生一己ノ大幸ノミナラズ実ニ国家ノ幸福ニ候

と、「飽田、詫麻、二郡ノ外各部社司社掌貴下」にあて、「広告」した（七・三〇）。

北岡神社は、飽田郡横手村にあり、武速素戔鳴尊を祭神とする県社である。

　大星軍陣祭ハ本社特有ノ古典タルハ世人ノ普ク知悉スル所ナリ、乃チ来ル（自七月三十日至八月五日）十七日天慶弘安文禄ノ先規ニ遵由シ武運隆昌敵国降伏ノ祈祷執行候條此旨広告ス

これを初めに、県下の寺社で戦勝祈願の動きが広がっていった。

宇土郡　松山神社　（『九州日日』八・三）
上益城郡高木村　甘木護比君神社　（同）
同　郡飯野村　砥川宮　（同）
熊本市鷹匠町　神宮教熊本本部　（同）
熊本市長安寺町　菅原神社　（八・七）
八代郡宮地村　八代神社　（八・一一）
詫間郡別所　金刀比羅神社　（八・一四）など

七月二八日から一週間の予定で、日蓮宗の僧侶が熊本市本妙寺鬼将軍廟前に集まり、「戦勝の大旗を建て丹精を凝らし敵国降伏の祈祷中」と報じられた（八・三）。

二つは、義捐金の呼びかけと、応募である。発起人は、

松崎為己・興津景章・岡崎唯雄・堀部直臣・沢村大八・中村才馬・美作宗吾・河野政次郎・松本治吉・木村喜太郎・伊喜見文吾

の一一人で、このメンバーは、そのまま翌年二月にも再度の義捐金を呼びかけている（『熊本』一八九五年三月二日(12)）。募集の趣旨は、

目下非常の場合に際し幾万の貔貅は百事を抛《なげう》ち争ふて国事に赴き候処、多数の兵士中には家に担石の貯なく家族の救護旦夕も忽《おろそか》にす可らざるものあり、吾々国民に代り折衝侮禦の任に当れる兵士の家族なれば生等座視する能はず、茲に江湖諸彦の賛同を得て右家族に対し聊か救護の方法を立てんと欲す、同感の諸君は多少に拘らず御捐金あらんことを乞ふ

一　救護は市内在住の被召集者に限る

一　救護を受くべき者の調査、救護の方法順序等は総て熊本市役所に依託す
一　捐金は熊本市役所に御送付を乞ふ、但し御都合により発起人の内へ御依託あるも差支なし、
　　市内三新聞の広告を以て領収証に代ゆ

とあって、熊本市内の被召集者に限定されたものだったが、最初に呼びかけた七月二九日の広告で、すでに一〇人から七四円が寄せられている。

七月二九日、熊本市の僧侶たちも献納金などを集めるため、報国仏教団を結成した。同日決議した「海内の仏徒に公告するの檄」は、「嗚呼国家なくんは仏教なからん仏教は国家と與に存するものなり」との前提から

　此時に当りては我か仏教徒も亦身を挺して猛進し剣を揮《ふる》ひ霜を飛ばし弾を放ち雨を散し以て醜虜の千軍万馬を蹴破せんのみ

と激しくアピールした（七・三一）。

義捐金以外の献納は、八月初めから急増する。その最初の記事「献納願続々」は、

　金一〇〇円、草鞋一六〇足、蝋燭二斤、手織繃《ほうたい》帯木綿、梅干三石

などの献納を記録している（八・四）。

むすびにかえて

『九州日日』一八九四年八月四日の社説「敵愾心の養成」は、

　夫れ今日に於ても小学校のうち、往々元冠の事史若くは征韓の偉蹟を挙けて国民教育の材料と為せるにあらずや。今や日清の事件は実に国民教育の活資料なり。決して元寇及び征韓の史の如き

陳腐に属せる者の比に非ず。之を以て小学生徒の精神を養成するは、其感化作興の力必ず往昔の歴史を引用するに倍する者あらん。苟くも血あり生命あるの小国民を養成せんと欲せば、今日の時事を利用して之れを薫陶するより善きはなし。

と述べて、日清戦争を学校の教材とし、「他日遂に東西両洋の大禍乱を惹き起す」に備えよと呼びかけた。開戦直後の高揚した雰囲気のなかで書かれたものにしろ、日清戦争を教育現場で生かすことを求めるこの発言は、日清戦後の社会を形成する流れの一つになる。

一八九五年熊本県知事の発案で、日清戦争記念碑が作られることになった。県庁から在京中の知事に宛てた呼びかけ文案が残っている。師団長の転任や、資金難から完成が遅れ、ようやく一八九六年五月の師団での軍旗祭に間に合わせて、除幕式がおこなわれた。この銅像は、その後「熊本百景」の一つと謳われ、繁華街の真っ只中、熊本市辛島町にそびえていた。日中戦争による金属供出で銅像も鎖も「出征」したが、台座は戦後も残っていたと言う。

枚数がなく、軍夫集団熊本組と第六師団の戦争期の叙述は省かざるを得ない。（注11）にあげた史料に、「残留者名簿」がある。熊本組のうち、現地に残る希望のあるものを調査した際に作られたものと思われる。今の時点では、「現地」が中国本土なのか、台湾なのか、わからない。いずれにしろ軍夫たちは、日清戦争を契機に故郷を離れ、外国に渡り、幾分かの収入を手にし、それをさらに増やすべく残留を企図したと考えられる。こうした思考回路は、日清戦争後の日本でさらに広がりを見せ、「一旗あげる」ための台湾・朝鮮・清という、利用主義的アジア観となっていくのである。その契機として、日清戦争と軍夫を位置付け直さねばならない。

【注】

(1)大谷正「福岡日日新聞と日清戦争報道」(『専修大学人文科学研究所』第一四三号、一九九一年一一月)など。

(2)本文中で、『九州日日新聞』を使用する場合、すべて一八九四年発行分であるため、日付だけを(六・二一)のように記し、他紙の場合は紙名と年月日を記す。

(3)一九二二年、大阪毎日・東京日日新聞社。一九八二年復刻、五月書房。

(4)本書第1章参照

(5)松岡僖一「『自由新聞』の戦争メッセージ」四七頁(大谷正・原田敬一編『日清戦争の社会史』所収)。

(6)安達謙蔵(一八六四~一九四八)は、その後『朝鮮時報』「漢城新報」を創刊し、社長となる。一八九五年には、閔妃殺害事件に連座して、罪を問われた。

(7)参謀本部編『明治廿七八年日清戦史』第一巻、一三二頁。

(8)『九州日日』は、ちょうどこの時期、六月二八日、三〇日、七月八日、一〇日、二九日、三一日(六~七月分)の紙面に、読者による切り抜きがあり、やや情報不足となっている。

(9)対韓同盟会は、「朝鮮の独立を扶持するを以て目的」として、犬養毅・大井憲太郎・佐々友房・小林樟雄ら一〇人を評議員にして結成された(『九州日日』六・二四)。

(10)拙稿「日本国民の参戦熱」一七~一八頁(本書Ⅱ部第6章)。

(11)熊本県立図書館所蔵の「熊本県公文類聚」のなかに、「軍夫史料」と命名された一群の文書がある。合計一八点あるこの史料は、明治期の公文書を集大成した他の文書群とは異なって、一九七六年に購入されたものである。それ以来この文書群は、県立図書館に眠ったまま日の目を見ることがなかった。一九九六年三月と七月に同文書を調査し、この史料の位置付けができたが、別稿としたい。

(12)「新熊本市史」史料編第九巻二七七頁。

(補注)本稿を発表した二二年前には、地域と軍隊を究明する研究は少なかったのだが、荒川章二『軍隊と地域』(青木書店、二〇〇一年七月)刊行後、各地で成果が現れ始めた。本稿でとりあげた熊本駐屯の第六師団については、熊本近代史研究会編『第六師団と軍都熊本』(創流出版、二〇一一年三月)が同研究会の一三名によりまとめられ、大きく前進している。

第６章　日本国民の参戦熱

抑《そも》も元寇の事は邈《ばく》たり、豊公征韓の役に明軍と戦ひたるも亦三百年の昔に在り、一国を挙て外国との戦争は実に未曾有の出来事にして日本国の運命に関する大事件なれば、我国民たるものは此大事件に際して大に覚悟する所なかる可らず

と福沢諭吉が書いたのは、「宣戦の詔勅」と題する『時事新報』の社説だった（一八九四年八月四日(1)）。日清戦争が国民的「大事件」であり、国家の将来の「運命」を左右するものだとの認識は、彼ら知識人だけのものだったのだろうか。近代国家最初の対外戦争としての日清戦争は、日本の民衆にどのような影響を与えたのだろうか。

そのテーマを考える材料として、国民がどのように日清戦争に加わろうとしたのかを、いくつかの回路から探していく。回路の一つに軍夫問題があり、それを焦点にして取り上げる意義は大きい。ここでは、具体的にどのように軍夫が集められ、または自ら参加し、従軍していた状況などの事例発掘をおこない、それらを通じて近代日本のナショナリズムの特色を検討する。

1　国民は日清戦争をどう受けとめたか

(1) 派兵の報道

日本人居留民と公使館保護を大義名分として、混成一個旅団を派兵するという、六月二日の閣議決定は秘匿され、ようやく八日に公表された。たとえば『時事新報』第七面に

○政府、軍隊を派遣す（中略）朝鮮国内に内乱蜂起し勢益《ますま》す猖獗を極む、同国政府は力能く之を鎮圧し得ざるの状況に迫れり。依て同国に在る本邦公使館領事館及国民保護の為め軍隊を派遣す

という記事が掲載されたのは、六月九日付だった。『日本』は、六月一日から八日まで、『東京朝日新聞』と『国会』は四日から七日まで、発行停止。『東京日日新聞』『郵便報知新聞』『国民新聞』『中央新聞』『小日本』は、七日午後九時前発行停止処分を受け、翌八日午後一〇時ごろ解停となった。どの記事が処分対象になったのか、よく分からないが、『小日本』の場合は「我政府は朝鮮へ兵隊を派遣する旨昨夜清国政府に通報したり」という号外（国会図書館所蔵マイクロフィルム）を発行し、配布を始めたところで、警視総監から「本月七日発行小日本第九十四号号外ハ治安ヲ妨害スルモノト認メ自今発行停止之旨内務大臣ヨリ達アリタルニ付此旨相達ス」との通知を受けている。当然、これら東京発行の諸新聞は、八日の報道は無理で、作業上も九日にならざるを得なかった。

発行停止処分の根拠は、七日に発布施行された陸軍省令・海軍省令、「当分ノ内軍艦軍隊ノ進退及軍機軍略ニ関スル事項」の掲載禁止であり、解停後も報道制限の枠を作ったうえでの公表である。

大本営は六月五日に設置され、同日午後四時には第五師団の動員令が下令される。翌六日午後二時五〇分、大本営は第五師団（司令部・広島市）に歩兵第一大隊の先発を命じた。第五師団は、大隊に工兵一箇

小隊を付属させて事態対応力＝戦闘力を高めることを決めた。この先遣部隊は八日夕に宇品港に到着、翌九日午前、同港を出発していた（『日清戦史』第一巻一〇七頁）。既成事実の前には、派兵の可否を論じることは困難だった。『国民新聞』を例にとると、一〇日の第一面トップに特派員朝鮮派遣を報道し、「朝鮮!!　東洋の危機!!」などの切迫した表現で、緊張した情勢を伝えている。いずれの新聞も派兵を前提とし、朝鮮情勢報道に力を入れ始めた。

(2)　参戦熱の初発——上流の献金・献納運動

七月初めの『時事』には、

　○献納金及献金の処分に就て　朝鮮事件起りてより我国民は愛国義侠の心より軍隊に必要なる種々の物品及び金員の献納を願出づるもの多く当局者に於ても実際其処置に困《くる》しむの有様なりしが（後略）

という記事が掲載されている（7・6）。ここからみても、遅くとも六月中旬には、物品と金員の軍隊への寄贈が始まっている。

六月下旬からの新聞には、

①広島県佐伯郡玖島村前々代議士八田謹二郎、五〇〇円献金、一六日（『日出』6・21）
②東京府日本橋区の剣客中村一朗、五円献金（『時事』6・27）
③横浜市境町一丁目豊田千造、一〇円同（『国民』6・29）
④横浜市本町の旅人宿津久井屋こと小林長五郎、梅干一〇〇樽献納（『時事』6・29）
⑤京都市上京区新車屋町の谷口文次郎、星丹一〇〇〇個同（『日出』7・6）
⑥大分県中津町の金貸業日野シツ（女戸主）、二〇〇〇円同（同7・18）

⑦東京府日本橋区馬喰町の森本乙吉、紙巻きタバコ五万本同（同7・19）
⑧同区の平尾賛平、歯磨き五〇〇〇袋同（同7・19）

などが次々と報道されている。これら初期のものは大規模なものが多い。①の八田は「当県下（注：広島県）ら豪資家の聞へある八田謹二郎外数名も其旨（注：献金）を出願」（『時事』6・30）という記事もあり、彼一人にとどまらず、富裕な上流層としての日清戦争支持運動が始まったと考えられる。彼らの献金・献納は、新聞が取り上げ、「参戦熱」を伝え煽る役割を果たしていった。これらの富裕層の運動に応えて、陸軍省は七月中旬には「陸軍恤兵部」設置を決め、「兵恤を主とする結社団体并《ならび》に寄贈の軍需品及献金等に関する事務」を扱うこととした（『時事』27・7・17）。

七月一七日の陸軍省告示第八号「陸軍省ニ陸軍恤兵部ヲ置キ、恤兵ヲ主旨トスル結社団体竝ニ寄贈ノ軍需品及献金等ニ関スル事務ヲ取扱ハシム、其献金及寄贈品ノ取扱手続左ノ通定ム」（『法令全書』第二七巻ノ五）によれば、物品は「品質ノ如何ニ依リテハ之ヲ採納セサルコトアルヘシ」であり、「献納スヘキ金高一円未満ノモノハ之ヲ受理セス」と、それぞれ何らかの制限が付されていた。「数人連合シテ一円以上トナルモノハ此限リニアラス」と、連合献金など小規模なものを排除していたわけではないが、前記したような初期の大規模な寄贈に対応した規定であった。さらにこれらの献金・寄贈品は、「時期ニ応シ陸軍恤兵監之ヲ官報ニ公示ス」（「寄贈品取扱手続」、献金も同じ）とされ、国の広報が使われることになった。

（3）義勇軍運動の発生

朝鮮問題をめぐって日清が開戦する予感は、日本の民衆の間に早くから存在していたと思われる。だから、彼らは義勇軍の志願の形を取って参戦熱に加わった。日清戦争開戦直後に発表された小説の一節に、「我忠勇義烈なる国民は、抜刀隊或は義勇団を組織して所々に蹶起せる」（泉鏡花「豫備兵(2)」）とあり、そうした熱気の広がりを示している。
志願者の多くは、実戦に参加するというより、この参戦熱、戦争熱につき動かされた面が強かったのではないかと思われるが、全国に急速に広がっているので、義勇軍運動と命名したい。新聞には六月下旬から掲載されているので、出兵公表直後に義勇軍運動は始まっていると推定される。現在手元にある新聞八紙を調べたところでは、表6―1のように五二件になる。
この表を整理すると、
北海道、青森県、岩手県、宮城県、栃木県、群馬県、茨城県、埼玉県、山梨県、新潟県、東京府、神奈川県、長野県、石川県、愛知県、三重県、滋賀県、京都府、大阪府、兵庫県、鳥取県、島根県、岡山県、広島県、山口県、愛媛県、高知県、福岡県、熊本県、長崎県
と、合計一道三府二六県になる。一八八四年の甲申事変での義勇軍結成運動は、三府二四県にのぼったとされている(3)。日清戦争では、それを超えて全国に広がった。
(22)の剣客楽厳寺業輝は、明治一〇年には「其筋の許可を得同志三百余名と共に西南に戦ひ」、さらに過去をたどれば「上野戦争の時にも彰義隊に組みして官軍に戦ひしもの」だった(『時事』7・4)。(46)の旧彰義隊が幕臣の子弟を糾合しようとしたり、(6)や(16)のように旧藩士たちの再結集が各地で試みられている、など士族層がもっとも活発に駆け回っている。(4)や(8)の剣客の結集も士族層だろう。
(18)の事例は、『時事新報』の記事によれば「国権党自由党其他の各派共同して団結」したもので、民権派と国権派の合流が達成されている。
総じて、これらの参加者は、士族層の再結集が第一で、国権派・民権派が続き、侠客も含まれている。国権主義的思想の裾野は、これらの階層によって一八九〇年代まで維持されていたのである。

主体	志願内容	志願先	典拠
(29)　宮城県仙台市の関震六ら500名	従軍志願	首相	『時事』7.7
(30)　宮城県仙台市の細谷直英ら	300名の義勇軍募集中		『時事』7.7
(31)　鳥取県鳥取市の有志者	義勇団の組織化着手		『日出』7.4、『時事』7.7
(32)　山口県の旧諸隊有志者300余名	防長義勇団結成		『大毎』7.8
(33)　岡山県の美作青年会	義勇団結成、従軍願	不明	『大毎』7.8
(34)　福岡県若松の立憲革新党	壮士義勇団募集に応募多し		『国民』7.8
(35)　群馬県高崎町加島盛房ら150余名	義勇隊組織化、1,000人		『国民』7.8
(36)　東京府日本橋区南茅場町の侠客石定事高橋大吉ら1,000人	従軍願	その筋	『時事』7.14、『国民』7.14
(37)　青森県弘前市の寺井純□ら有志者	義勇団組織着手		『時事』7.17
(38)　青森県の東奥義塾学生	義勇団組織と従軍決議		『時事』7.17
(39)　東京府の高砂浦五郎・雷権大夫	相撲取り500名の従軍願	不明	『国民』7.25
(40)　東京府の榎本新左衛門・安藤弥太郎・奥津万吉	侠客義団800余名の従軍願	参謀本部	『国民』7.25
(41)　山梨県甲府の侠客早川勘十・佐々木勘吉と子分500名	従軍願		『国民』7.27
(42)　青森県青森町の青森義勇団	組織成立し加盟者数百人		『国民』7.31
(43)　岩手県盛岡市の求我社の義勇兵募集委員会	500名の義勇兵募集中		『巌手』7.31
(44)　福岡県筑前有志者580余名	筑前義勇団の成立		『時事』8.4
(45)　北海道札幌の白石・手稲村の旧仙台藩主と旧家臣100余名	義勇兵組織と従軍願（8.3）	その筋	『時事』8.5、『国民』8.7
(46)　東京府の旧彰義隊（注3）	旧幕臣の子弟を糾合して従軍願の計画中		『国民』8.8
(47)　島根県壱岐島の有志者	義勇団組織化（8.5）		『時事』8.11
(48)　石川県の旧加賀藩撃剣師範役広瀬頼一・野村政行・石川龍三	1,000余名の義勇軍組織化成立		『国民』8.11
(49)　愛媛県宇和島町士族（旧伊達家）	義勇団組織化決議（8.6）		『時事』8.14
(50)　茨城県下館町の有志者	義勇団成立（桜花義団）		『時事』8.15
(51)　愛知県誠忠義団（注4）	詔勅により方針変更（従軍出願条項を廃止）		『時事』8.16
(52)　長崎県松浦郡平戸町の松浦家の旧藩士	義勇団体を組織化		『国民』8.18

（注1）新聞の省略表示は、『日出新聞』→『日出』、『福岡日日新聞』→『福岡』、『時事新報』→『時事』、『大阪毎日』→『大毎』、『大阪朝日』→『大朝』、『国民新聞』→『国民』、『巌手公報』→『巌手』、『小日本』→『小日本』。典拠欄はすべて1894年なので省略し、月日のみ。

（注2）『大阪毎日』1894.7.1には「渡韓願」とある。

（注3）後藤鉄郎・小川興郷・土肥庄次郎・丸毛利恒・前野利正・鷹羽玄造の名があげられている。

（注4）（26）との関係不明

表6－1　義勇軍運動の広がり

主体		志願内容	志願先	典拠
(1)	広島市、義勇兵	渡韓願	県庁	『福岡日日』6.19
(2)	島根県意宇郡忌部村の二人	従軍願	大隊区司令官	『日出』6.24
(3)	広島県人500名	従軍願書	陸軍省	『大毎』6.25
(4)	高知市の練武館800人	従軍志願	不明	『時事』6.26
(5)	神奈川県横須賀町の鈴木福松外2名	義勇兵募集を出願	陸相	『小日本』6.27
(6)	栃木県宇都宮の斎藤源太郎と旧藩士500名	従軍願（注2）	県庁	『時事』27.6.27
(7)	東京府下谷区の中村仙之助ら義勇兵200名	渡韓願	不明	『時事』27.6.27
(8)	大阪府下の剣客半田弥太郎と門下500余名	決死隊の従軍願書	その筋	『大毎』6.28
(9)	東京府下谷東黒門町の中村仙之助	200名の抜刀隊編成計画		『国民』6.29
(10)	埼玉県明信館長高野佐三郎	門人から500名選抜し義勇兵団組織化計画		『国民』『中央』6.29
(11)	新潟県新発田地方の有志者	義勇団組織計画		『国民』6.29
(12)	新潟県北蒲原郡の有志者（自由派）	義勇兵募集中		『大朝』6.29、『日出』7.4
(13)	三重県の松阪対韓同盟会成立	義勇隊組織計画		『大朝』6.29
(14)	滋賀県東浅井郡他根村の藤木吾内	従軍願	郡役所	『日出』6.30
(15)	東京府小石川諏訪町の剣客青柳熊吉	門弟・有志者1,000名の抜刀隊組織計画		『時事』6.30、『巌手』7.3
(16)	茨城県旧水戸藩・須坂藩有志者268名	抜刀隊編成・従軍願	陸軍省	『時事』6.29、『国民』6.30
(17)	愛媛県松山の有志者	愛媛義勇団組織計画		『大朝』6.30
(18)	熊本県の義勇団（報国義団）	6月29日成立		『時事』7.1、『国民』7.1
(19)	新潟県義勇同盟	組織化計画		『時事』7.1
(20)	京都市上京区元十六組役人町の織職津田松之助	従軍願（人夫）	不明	『日出』7.1
(21)	兵庫県明石町市村某と旧藩士50名	渡韓従軍願	その筋	『大毎』7.2
(22)	東京府赤坂区新町の剣客楽厳寺業輝と門下・有志	義勇隊の渡韓願	東京府庁	『時事』7.4
(23)	岡山県上房郡豊野村出身、京都市上京区寄留　池上澄次郎	義勇兵志願	府庁	『日出』7.4
(24)	京都府亀岡の生徳社1,000名	従軍願	府庁	『日出』7.4
(25)	広島県国学者三上一彦	抜刀隊組織中		『日出』7.4
(26)	愛知県名古屋市の満期下士団30余名	義勇下士団結成と従軍志願	不明	『日出』6.29、『時事』7.5
(27)	長野県	義勇兵募集計画		『時事』7.5
(28)	栃木県那須郡黒羽町の旧黒羽藩士110余名	黒羽献功義団結成と従軍願	不明	『時事』7.5

（4）詔勅・義勇兵禁止令発す

こうした下からの参戦熱に対して、国民軍が確立しているという建前から、義勇団の組織化を思いとどまるよう、いち早く地方官庁が説得した例も見られる。

［愛知県の例］同県警察本部は同氏（注：愛知県人庄林一正）を召還し既に兵士をも派遣せられたる今日私に居留民を保護するの必要なければ募集を中止すべき旨を説諭せられたりと（『時事』7・1）

［岩手県の例］岩手県盛岡に於て上田農夫、難波斎等有志の諸氏は義勇団事務所を設立し檄を馳せて同志を糾合しつゝありしに、去る二日同市警察署より同事務所に向つて、義勇兵加盟募集の新聞広告を取り消す事及事務所を解散す可きことを達したり（『国民』8・8）

上田農夫らは旧南部藩士であり、彼らが抵抗したため、警部長の独断だと判明したと記事は説明しているが、その後、独断で勝手な指示だという訳にはいかなくなる。宣戦布告から一週間後の七日になって、「義勇兵に関する詔勅」が出されるのである。「詔勅」は、「各地ノ臣民義勇兵ヲ団結スルノ挙アルハ其忠良愛国ノ至情ニ出ル事ヲ知ル」が、「臣民各其定業ヲ勉ムル事ヲ怠ラズ、内ニハ益《ますます》生殖ヲ勧メ以テ富強ノ源ヲ培フハ朕ノ望ム所ナリ」であるから、「義勇兵ノ如キハ現今其必要ナキ」と禁止した。これを受けて、地方官は各団体に解散を指示した。たとえば、岩手県知事服部一三は、告論第四号として、

本月七日義勇兵団結ノ義ニ関シ詔勅ヲ発セラル、就テハ深ク聖旨ヲ奉体シ現ニ義勇兵団結ノ挙アルモノハ解散シ各其常業ヲ勤勉シ富強ノ源ヲ培ヒ以テ報国尽忠ノ効ヲ奏センコトヲ要ス

を発したため、南部行義ら旧南部藩士による義勇団は、盛岡市の鍋倉山で解散式をおこなった（『巖手』8・18）。

「義勇軍」は制度上認められないとしても、国民の戦争熱に水をかけるべきではないという論者も多かっ

た。『国民新聞』社説は、この禁止令を受けて、「詔勅の意は、絶対的に義勇兵を拒絶するにありと誤解してはならないと警告し、「四千万人民の赤心報国の精神を閑却し、強ひて其の英気を挫折せしめ、其の萌芽を枯死せしめ、以て目ら得たりとするが如きは、実に大なる了見違」だと力説した（8・10）。

ここに国民の戦争熱は、別の回路を求めていかざるを得なくなる。表6―1の（36）の事例で、東京の侠客石定は従軍願が拒まれたので、「更に人夫隊を組織して渡韓せんと出願せり」（『国民』7・14）と言う。（50）の茨城県下館町でも義勇団は成立したが、詔勅が出たので従軍を諦め、献金の方法に変更している。

（5）上流の参戦熱――報国会と軍事公債運動

七月下旬、もっとも上層の運動が始まった。七月三〇日、三井八郎右衛門・岩崎久弥・渋沢栄一・福沢諭吉・東久世通禧の五人が発起人となり、「我々国民の義務として軍資醵集の手配り」について相談会をおこなう通知を発送した。会は八月一日、日本橋坂本町の銀行集会所で、対象者を「府下の華族、富豪家を初め各有力家」（『時事』7・30）としているから、東京府の有力者目身による戦意高揚運動であった。

相談会には約一〇〇人が集まり、義金醵集・名称は報国会・会務委員は三〇人を取り決めた（『時事』8・2号外）。先頭に立ったのは福沢諭吉で、「発起人総代」として冒頭に演説した（『時事』8・3）。福沢は、「戦場の事は之を軍人の勇武に依頼して安心なり」だが、「身躬《みず》から従軍せずして内に在る者は国民の分として高枕安閑たるを得べからず」、そこで「更に規模を大にして大に資金を募集し国庫臨時の軍資を臨時に償却するの法を講ずる」ことを参会者に求めた。渋沢栄一が軍資醵集方法を提案すると、「満場大賛成」となり、東久世提案の名称「報国会」も認め、発起人ほか三〇人の委員を承認した。八月四日の委員会に提案された、趣意書の起草は福沢諭吉、会規定の起草は渋沢栄一であり（『時事』8・7）、福沢諭吉の積極性は明らかである。

福沢は『時事新報』の社説を通じて、「身に叶ふ丈けの私財を投じ軍資の厚きが上にも厚く」せよ（「軍資の義捐を祈る」8・14）、さらに「献金嫌いの福沢諭吉が私金を義捐せんと」するのは国家が「栄辱浮沈の危機に迫まりたる」からであり、「現在の家計に多少の波動を生ずるまでの覚悟こそ願はし」い（「私金義捐に就て」福沢諭吉の署名あり。同日）、と国民に迫っていく。福沢の呼びかけは有産者だけではなく、国民全体に対するものであったことは、「全国八百万戸四千万人の貧富に応じ多少の金を醵出」（『時事』8・14）すると述べていることから明らかであるが、実際には上流主体の運動であった。

報国会の義金取扱所は第一・第三・第十五・第百十九各国立銀行と三井銀行となり、義金はいったん三井・三菱・渋沢系列に入ることになった（『時事』8・30）。時事新報社の「表誠義金」は第百十九国立銀行であり、これが報国会の分にも加わったのは、福沢との関係だろう。

表6―2　報国会の委員

三浦安／渡辺洪基／米倉一平／荘田平五郎／阿部泰蔵／安田善次郎／中上川彦次郎／奥三郎兵衛／雨宮敬次郎／堀越角次郎／柿沼谷蔵／大倉喜八郎／園田孝吉／森村市左衛門／西村捨三／杉村甚兵衛／前島密／菊池長四郎／渡辺治右衛門／左右田金作／原六郎／原善三郎／渡辺福三郎／茂木惣兵衛

（注）『時事』1894・8・3による

九月に入ると、「報国会専務委員」（発起人五人に渡辺洪基と園田孝吉を加えた七人）の名による、「義捐金」の呼びかけが一部の新聞に掲載され（『巌手』9・7など）、募金活動が始まった。しかし、その直後、報国会運動は危機に直面する。軍事公債問題である。

八月一三日、「朝鮮事件に関する経費支弁の為め」、借入金と公債募集が政府に認められた（勅令第一四三号）ので、一五日軍事公債条例（勅令第一四四号）が公布された。条例では、年利六％以下、五〇年償還、総額五〇〇〇〇万円とした。同月一七日付の大蔵省告示第三二号は、まず第一回募集として年利五％、三〇〇〇〇万円を募集した。ただちに全国で軍事公債応募運動が始まる。たとえば神戸市では、周布公平県知事や鳴滝幸恭市長らに川崎正蔵・小寺泰次郎・川西清兵衛ら実業家が加わり、「兵庫県報国義会」が結成され、一六万円の応募目標を決める（『大毎』8・11、8・13）。応募は熱狂的で、九月上旬の一週間ほどで一九八万三五〇〇円に到達した（『大毎』9・15）。全国的には一三日までの募集期間に、六三二二万四七〇〇円とまず報じられ（『大毎』9・16）、国民を驚かせたが、結局、その後の到着分も併せて七六九四万円と、予定額三〇〇〇〇万円の二倍の応募を達成した（『時事』9・19）。

これだけの額を集めるには銀行などの協力が必要で、渡辺国武大蔵大臣は一八日、関東同盟銀行幹事の渋沢栄一（第一銀行頭取）・山本直成（第十五銀行）・安田善四郎（第三銀行頭取）の三人を招き、協力を要請した（『国民』8・19）。蔵相の主旨は、「各銀行は其取引ある資産家財産家とも謀り協同一致一大好結果を奏」することを求めたものである。ただ渡辺蔵相が、「日ならずして応募額の大に其総額に超過する」ことに確信を持ちながら、強調したことに注目したい。この「戦時国債応募多寡の如きは国民愛国心の厚薄を測定するの標準」であり、そこにこそ「宇内列国の眼光は皆一斉に我帝国に向つて注射せらる」のだと、述べた部分である。戦時財政の構成にも列強の目が注がれ、それを財政当局も熟知していたのである。「文明戦争」としての日清戦争の遂行状況や、国際法順守に日本政府が努力しただけではなく、戦時財政にも同様の意識があったのである。

渡辺蔵相の訓示によるまでもなく、軍事公債に応募できる階層は、当然上層のみだった。軍事公債証書の額面は一〇〇円で、九月二〇日までの一〇円払込を第一回とし、翌年八月まで八回に分けて全額払込が要求されている（前掲大蔵省告示）。

一一月二二日から年利五％、五〇〇〇〇万円の予定で第二次募集が始まり、最終的に九〇二七万円の応募があった（『時事』12・23）。予定の一・八倍だが、「意外の好結果を得た」（同）と評価される成績だった。いずれの回も一〇円単位の払込みが必要だったが、それを一年間続けて支払うことができるのは、やはり富裕層に限られていた。そこから、『巌手公報』社説「軍事公債募集に就て」（11・28）のように

　公債応募の事たるやこれを中等以上の資産家に望まざるべからず、最少額を五拾《ママ》円とせられたる点よりしても中等以上の資産家に望まざるべからず、殊に其多くは社会乃上位に立てる紳商豪族に望まざるべからず、然るに世人動《やや》もすれば則ち曰く、報国敵愾《てきがい》の志は多く中等以下に盛にして以上に弱なりと

と「報国敵愾の志」に弱い「中等以上の資産家」を批判し、「時至れり、彼等乃盡すべき時至れり」と「相当の国民的負担」拠出を強く要求していた。

報国会運動とは別に、「有栖川宮妃殿下并に各宮妃殿下」と「大臣及び有爵者の貴夫人」による「金員を醵集し適応の物品を購入寄贈」する呼びかけが、八月一日おこなわれた（『時事』8・4）。これへの応募は、連日の新聞に、金額と氏名を明記した一覧表で掲載された。

軍事公債への資産家の努力が強く求められると、報国会で動揺が始まる。早くも、渋沢らが蔵相に呼び出された一八日の午後、報国会の会議が開かれ、「此際軍資醵集の企を変じて」公債応募に切り替えようとの常務委員の意見が出されている。一ヵ月近くの動揺の後、「既に公債募集の事ある上は私金を醵集するの必要なし」（『時事』9・16）との意見により、九月一二日、報国会は解散を決議する。一四日の各新聞は、「報国会解散広告」を掲載した。

以後、これらの富裕層は、第二次軍事公債応募運動と陸海軍への献金・献品運動に加わっていく。

（６）民衆の献金運動参加

これら富裕層や民衆の参戦運動を、具体的に目に見える形で人々に示し、そのことによって一層運動を盛り上げる役割を果たしたのが、新聞という新しい伝達手段だった。各新聞社は、記事にする以外にも、広告欄を確保し、誰がいつ幾ら出したのかを克明に記録していったのである。義勇兵禁止令が出されたことにより、これが、もう一つの回路としての機能を持ち始める。中下層の民衆が加わりやすい参戦運動として広がっていく。

時事新報社が呼びかけた「表誠義金」の実際についてふれた社説「義金の醵出に就て」（『時事』８・23）でも、「是等の中には僅々の賃銀を以て一家族を養ひ漸く其日を送る下等社会のものも少なからず」と「窮民」層の醵金を称えている。

そうした「窮民」層の献金が広がっていたことは、福沢諭吉が『時事』の社説「報国会の目的を如何せん」（９・16）で

今の日本国を見れば、千古未曾有の外戦に全国人は恰も酔へるが如く津々浦々の細民に至るまでも何か身に叶ふ丈けの一分を尽さんとて日に二十銭取る労働者が十銭を義捐し子供の歳暮に貰ひし巾着を覆して数銭の銅貨を出すなど、一聞一見都《すべ》て感涙の種と為るほどの有様

と、「細民」「労働者」たちの献金をたたえたことからも明らかである。

富裕層から始まった献金運動は、中層や下層の民衆も巻き込んで、大規模な日清戦争支持運動として全国に広がっていく。これを契機に、人々は「啻《ただ》に国家の為めのみならず私に省みて自ら自家幸福の基と為る可し」（前掲『時事』社説）となり、国民を一つにまとめ上げていったのである。

2　義勇軍から軍夫へ——第二師団・岩手県の場合

義勇軍運動が中止になった後、彼らの一部は軍夫として従軍を実現していく。その経過を検討することから、日清戦争と国民の関わりを明らかにすることができる。

（1）軍夫の募集と編成

九月一七日の黄海海戦に勝利し、黄海の制海権を握った報告が、二一日大本営に到着すると、ただちに第二軍の編成が着手された（4）。第一師団、混成第一二旅団（第六師団の一部）、第二師団をもって第二軍を編成し、金州城と旅順半島攻略に充てる計画が完成すると、二五日午前、第二師団（司令部・仙台）に第一充員が下令された（5）。

第二師団は、動員下令以前に、県―郡―町村という行政組織を通じて、軍夫の募集をおこなっていた。第二師団の大隊区は、仙台（宮城県）・福島（福島県）・新発田（新潟県）・柏崎（同）・青森（青森県）・秋田（秋田県）・盛岡（岩手県）・山形（山形県）と八個あったが、新潟県・青森県・秋田県は除外されたため、軍夫募集の対象となった県は、東北四県である。表6―3にあるように、その四県ごとに軍夫団を組織し、千人長が指名されている。ここでは岩手県の事例を検討する。岩手県では、百人長が五人指名されるから、当初の募集予定は五〇〇人だったと思われるが（表6―4）、一一月上旬に仙台を出発した岩手県送出の軍夫は、合計＝一三四四人だった（『巌手』11・16）。

第二師団は、補給部隊（兵站隊）に九〇％以上の軍夫を雇用しただけでなく、戦闘部隊（野戦隊）にも五〇〇〇人以上の軍夫を加えていた（表6―5）。

九月二〇日東磐井郡藤沢村では、郡吏員（郡役所の役人）が村役場に出張して、軍夫二〇名を募集した

表6—3　第二師団軍夫組織系統図

部隊	千人長
輜重兵大隊・輜重兵馬廠	千人長（大高乙次郎）福島県
小架橋縦列・兵站部糧食縦列・弾薬大隊	千人長（早川　直義）福島県
砲廠監視隊・衛生予備廠・衛生隊患者輸送部	千人長（川口　浩哉）岩手県
輜重監視隊・野戦工兵廠・衛生隊予備廠	千人長（島田　順貞）山形県
弾薬大隊　・馬廠	千人長（細谷　直英）宮城県
大架橋縦列・野戦電信隊・兵站糧食縦列・野戦病院	千人長（山口　義耀）宮城県

（注）『巌手』1894・10・25による。（百人長の氏名あり）

表6—4　第二師団軍夫組織系統図（岩手県）

千人長	百人長	二十人長
川口浩哉	（盛岡市）橘　正三	大森幽介
		村上清源
		寄木　実
		藤原寛允
		高原賞三
		柴内保素
	（南岩手郡）藤本緑 （北岩手郡）長沢綱友 （紫波郡）山本喜兵衛	岡島震太郎／内藤運吉
		藤原仁助／村上甚五郎
		竹田竹松／亀井直矢
		山口喜四郎／杉本兼五郎
		八重樫安五郎／高橋繁
		山本輝蔵／熊谷平八
		浦田政八／村上米蔵（一名不明）
	（一ノ関）千葉傳八	上田徳業
		熊谷吉太郎

（注）『巌手』1894・10・2、11・23の記事より表にした。

部　隊	戦闘員	軍夫
野戦隊	15,957（73.5%）	5,746（26.5%）
兵站隊	356　（5.9%）	5,711（94.1%）
合　計	16,313（58,8%）	11,457（41.2%）

（注１）『明治廿七八年戦役統計』下巻より作成。
（注２）戦闘員とは、将校・下士官・兵士を総称した仮名称である。

表6－5　第二師団の構成

ところ、「憤然応ずるもの廿五六名」で、いずれも二五歳から三五、六歳の「好漢意気壮《さかん》」なものばかりだった。その結果、「村の壮丁為めに殆んど尽く」始末となった（『巌手』10・6）。彼らは徴兵に当たって兵営で訓練を受けていた（当時の制度では、徴兵年齢で身体検査の結果甲種・乙種合格だった人員を母数とし、本人ではなく徴兵参事員が籤《くじ》を引いて、入営者を決めていた）かもしれないが、年齢が相対的に高く、予備役から後備役にあたっており、そのまま村にいても従軍するとは限らない層だった。

紫波郡志和村の村上栄蔵は西南戦争に参加し、「数ケ處の実戦を経たる剛の者」で、「義勇兵を志願した」が果たせず、軍夫募集のことを聞き、「報国の丹心を表するの期至れり」と感じて、家事を整理の上軍夫に応じた。南九戸郡宇部村の久慈弥吉も義勇兵志願が実らなかったため、軍夫応募を「之れ責めても の報国の一端なり」と思い、まず自ら志願し、「尚ほ熱心に他をも誘導し居る」のだった（『巌手』9・30）。二戸郡浄法寺村の三浦千代吉、藤田市太郎の二人も、「義勇兵に願出の素志」が果たされず、軍夫に応募していった（『巌手』10・4）。東磐井郡大津保村の小野寺弥平も、義勇団体組織、従軍出願、却下、という経過を持ち、ようやく藤沢村で軍夫応募を果たしたが、やはり「西南の役近衛師団に従ひ戦功数々金員を賜はりし」と言う。村上や小野寺の経歴を考えると、彼らは三〇代後半から四〇代という年ごろであり、やはり兵士としての従軍は不可能なグループに属している。稗貫郡根子村には、もと足軽組町とされる地域があり、そこから三八人が義勇兵を出願したが、やはり認められず、軍夫募集を聞いて二一人が合格採用となり、渡清した（『巌手』1895・2・24）。

これらの事例は、義勇軍運動の挫折から、軍夫応募へ、という大きな回路が存在したことを物語っていると同時に、現役兵士の層とは一〇才以上年上のグループに強い参戦熱が存在したことが明らかである。

都市部（盛岡市）では異なった募集法を取った可能性を指摘しておく。橘正三は、盛岡市の幡街二業者（料理店・芸妓）取締人で、九月中旬から軍夫募集事業に取り組んでおり（『巌手』1894・9・23）、一〇月初め百人長の一人に任命された（『巌手』10・2）。橘の職業から考えて、口入れ業や侠客から人を募ったのではないか。ただ、盛岡市でも市当局が軍夫の送金などに関わっており、郡部と同様の行政ルートを否定することはできない。

募集は極めて順調に進み、一〇月初めには募集人員を超過し、南巌手・北巌手・紫波郡で七〜八〇人、盛岡市で三〜四〇人も上回った（『巌手』10・2）。

行政ルートが大きな力をもっていたという、第二師団の軍夫募集の特色は、新聞を通じて絶えず喚起されている。

元来第二師団の人夫募集は他府県の如く請負ひなるもの、手に因て出でたるにあらず、何れも忠君愛国の観念より従軍せしものにて直接に官の募りに応したること（『巌手』12・5）

行政ルートがまずあったのではなく、「忠君愛国の観念」が強かったからだと説明するのは、その前提に義勇軍運動が存在したからこそ、読者に納得できるものであった。

募集事業に行政が関わっただけではなく、軍夫のなかに直接行政の姿が見えているのである。南巌手郡選出組の百人長になった藤本緑は、郡役所（南北巌手紫波郡のいずれか）の吏員であり、「今回辞職の上不日戦地へ向け出発する由」と九月末に報じられている（『巌手』9・30）。同じ日の記事には「募集中なる軍用人夫は来月三日より順次に出発の筈なり」とあり、募集完結が予想されている。この二つのことから考えて、九月下旬から始まった軍夫募集事業の見通しが立ったところで、県ないし郡レベルの吏員に出向の指示があったものと推定される。出向かどうかは不明だが、北巌手郡選出組の百人長長沢綱行は、「以前は警部の職を奉じ且つ非常の撃剣熱心家」である（『巌手』1895・1・16）。東磐井郡グループの百人長千葉信訓は、宮城師範学校を卒業して教職にあったが、辞職して志願し、百人長に選抜されたという（同1894・12・7）。稗貫郡根子村出身者の廿人長中島尚弼は、もと根子村役場書記だった（同

1895・2・24）。

集められた軍夫志願者は、一〇月二日仙台市に出発し、そこで体格検査などを受けることになった。もし不合格であれば、「旅費を与えて帰宅」させ、「合格者は一定乃衣服を與へて直ちに出発せしむる筈」と報じられた（『巌手』1894・10・4）。欠を補うためさらに再募集がおこなわれ（同10・7）、再募集組も一〇月九日の一番列車で仙台に向かった（同10・11）。第三次の募集も一〇月下旬におこなわれた（同10・27）。

この仙台市への引率は、郡吏・村吏が付き添い、七日に岩手県に帰って来た（同10・9）。募集、引率、百人長派遣まで、行政ルートの関与は大きいものだった。

仙台市出発までは、「各県軍夫宿泊所」で合宿しているから、軍夫どうしの県意識は強かったものと思われる。この宿泊所の傍らに、仙台市役所が「軍需事務所」を設け、「宿泊其他の事に就て種々周旋」しており（同10・20）、軍夫調達以来、地方行政組織の協力は一貫して続いていた。

一〇月二日、動員を終わった第二師団は二八日から鉄道を使って広島に移動を開始し、一一月七日に全師団の集結を完了した(6)。この場合も、地方行政組織は前面に出て協力した。川口浩哉千人長の手紙に、こうある。

仙台出発の時は、総軍夫、各百人長、宿所前に屯集して一隊をなし、百人長之を引率なし、仙台軍需事務所員之か案内先導をなし、真先に高提灯二張（第一発は日中なるを以て提灯なし）国旗二旒を立て、市内有志者数十名隊の左右に連絡付随して、紅灯路を照らし、拍手屋を動かし、肩摩轂撃万歳の祝声洋々湧くか如き中を風揚通過して長町橋側に至り整列す　（同11・16）

軍需事務所員と有力者が先導し、市民は歓呼してこれを送別したのである。まったく正規の軍隊と変わりのない待遇だったことが確認できる。

彼らは、出発まで「行車のみにて毎日近きは一里遠きは三里位」の輸送訓練を、午前中おこなって過ごした（同11・30）。

（2）村人と軍夫

村人にとって、徴兵と軍夫応募はそれほど差をもって認識していたとは思われない。第二師団の出征が間近と思われていた九月、岩手県の各地で予備役、後備役の兵士たちのために壮行会が活発におこなわれていた。九月上旬から中旬は兵士のみの会だったが、中旬以降、軍夫募集事業が始まると、様相は変化した。西磐井郡永井村で、九月二三日「予備後備兵及軍用人夫の送別会」が開かれた（『巌手』10・2）。一〇〇余名が参加して「甚だ盛会」だったというが、それ以上は分からない。

二四日、南九戸郡宇部村で「在郷予備後備軍人予送会」がおこなわれ、午後三時から一一時まで五〇余名の参会者は「軍歌あり剣舞あり国詩あり」と「和気藹々各々十二分の歓を尽し」た。ここに迎えられたのは「軍人九名人夫応募志願者二名」で、軍人と軍夫はほぼ対等に扱われている（同9・30）。

南巌手郡太田村では、有力者たち（地租一五円以上の地主層）の申し合わせで餞別金を贈ることを決めたが、予備後備の兵士たちへは五円、軍夫には三円だった（同9・30）。

東磐井郡黄海村でも、二五日「応召乃軍人及び軍隊用人夫の送別会」が開かれた（同10・3）。村会は、兵士に三円、軍夫に二〇銭の餞別寄贈を決議している。

二六日、東和賀郡笹間村で「地租十五円以上納むるもの」が集まり、「軍人及人夫」を招待して壮行会を催したが、この村の場合、軍人には三円の饒別、人夫には五円の餞別というように人夫の方が多くもらっている（同10・9）。

西閉伊郡附馬牛村で、村内三四〇戸の「人民何れも打ち揃ふて村界迄見送りたり」と感動的に見送ったのは、「応召の軍人及び人夫等」（同10・10）であり、そこに差はなかった。

稗貫郡太田村での送別会は、やはり「軍人及び軍用人夫の為めに」開かれ、現役兵と予備兵に各一〇円、後備兵と軍用人夫には各五円の「餞別及び慰労」の金が贈られた。軍夫が兵士と同等に扱われていることが確認できる。また、家族にも二〇円の扶助金が贈られ、「万一死亡者のある場合には遺族の生計村内一同にて引受くること」と決めたが（同10・11）、この文からは、兵士と軍夫のいずれであっても遺家族の扱いは同じだと思われる。

郡部の送別会は、いずれも兵士と軍夫を問わないものだったと断定できる。一〇月中旬のある記事は次のように述べている。

> 日々の紙上に報ずるが如く後備予備等乃軍人より其人夫に至るまで各町毎に盛大なる送別会を開き、餞別としては金員物品を送り、出立の際は町民挙て之を送り、以て其行を盛にし故郷を出つるものをして些の遺憾なく皆喜び勇んて出立せしむるに至り（同10・13）

これは、以上述べて来た岩手県内各地の送別会の共通点をまとめたものと考えられる。続く記事で、何の送別会をも催さないことを批判しているから、都市部のやや距離を置いた日清戦争観の可能性を認められよう。本町批判の記事は続き、軍夫応募者が三〜四人いるのを「全町総代を始め重立、町内の分限者等も一向に御存じがなく」（同10・16）とするのが事実であれば、郡部のような行政ルートの軍夫調達ではなく、橘正三をはじめとする口入れ業周辺による調達が都市部でおこなわれていたことを示しているものである。

南巌手郡御所村では、開戦後、「軍人待遇規約」に基づいて、家族一人に糧米三合の扶助、耕作補助の人夫派遣を決め、二月にはもう四戸の適用が始まっているが、これは「過般応募の軍用人夫へも軍人待遇規約を適用して優待することとなしたり」という（同11・15）。

東磐井郡薄衣村でも、「征清軍に出役したる軍人軍夫等の死傷病気等に罹る人々を吊祭慰問」するための「兵事義会」を組織している（同11・27）。

（3）軍夫の意識と紀律

①意識について

軍夫となった人たちの意識は何だったか。それを伝える史料はほとんどない。一つは、岩手県軍夫団の千人長川口浩哉の手紙である（一一月七日付）。彼らは仙台から広島まで六三時間汽車に乗り、その間、次のような大歓迎を受け続ける。

各駅人民皆相迎へて万歳を唱ひ、戦勝を祈て相送る、就中十分間以上休憩の停車場廿一、各駅共赤十字社員並有志者の周旋懇待至らざる所なく、或は小学生徒の隊列をなして君が代の曲を頌歌し、征清軍歌を謳唱せるあり、或ハ赤十字社看護婦人の茶の給仕せるあり、或は無病息災の祈祷を籠めたる神符を配布し、或ハ手巾、或は茶菓、或は蜜柑、或ハ南京豆を贈りて、南京を屠る事猶此豆を噛砕くか如くせよと云ひ、或ハ竹槍豚尾漢乃木首を貫て首途《かどで》を祝すと号《さけ》ぶ、最も非常の感情を惹起せしは垂髫の孩兒哺を吐て勝てと叫ひ、戴白の老翁麻上下を着し、無言合掌して祈るか如きあり、或は老嫗の雨中傘を張りて通過を見るもの忽ち傘を擲ちて万歳を拍手せるあり、（同11・16）

仙台出発の際の豪華な惜別のパレードに続いて、この熱気である。その結果、軍夫たちが持つ意識は音と風景、さらに物資による未経験の体験の連続により、天にも昇る気持ち、喜悦で一杯となった。

眼には生来未た見さる風光の美を貯へ、耳にハ万歳の祝声を絶たず、口には過分の給養あり、其他菓品の寄贈に乏しからず、故に各軍夫喜悦満足一人として不平を鳴す等の者無御座候、（同11・17）

責任者として川口千人長は、こう総括する。

我巌手県より一千四百名の軍夫、此国家の大春秋に当り、父母妻子に辞して遠く海外異域の戦場に向ふ、仮令軍式の素養なきも忠肝赤心義勇奉公の覚悟を以て覚悟とせさるものなき有様に御座候。（同）

我々は、軍人ではないが、「義勇奉公の覚悟」に満ちあふれているのである。彼らの仙台出発には見落とせない出来事があった。やはり川口の前掲の手紙に記録されていた。長町橋には緑門があり、そこに二旒の吹き流しがあった。

それには

図南鵬翼何時奮、久待扶搖万里風

（南方を計略する鳳の翼はいつ奮うのだろうか、支えてくれる万里の風を待って久しい）と大書されていた。これは伊達政宗の「述懐の二句」で、伊達家の実力が発揮できる時機を待ち望んでいる言葉として、人々を鼓舞するものだった。これを見た川口千人長は、

今や第二師団鵬翼既に奮ひ起て万里の長風に駕す、眼中既に清国なし、公の魂魄《こんぱく》果して如何（同11・16）

と感慨を述べている。従軍した軍夫たちの士族的気風と意識を示したエピソードである。三〇〇年前、伊達政宗が果たせなかった外征をようやく実現できたと、仙台市民と軍夫たちは想起したのであろうか。

もう一つあげよう。第二師団砲廠監視隊付第二小隊第二分隊軍夫及川伊勢蔵は、岩手県江刺郡出身で、彼も義勇軍志願を断念した上で軍夫を志願している。彼の「喜び」は二つの理由で説明されている（同1895・2・3）。

茲に軍夫を出願し既に其許可を得たれば大に喜び、一には国民に盡すの義務を果し、二つには東

奥多年の屈辱を雪がんと、勇気満々郷国を出発して広島に来たりし後も、専ら身体を鍛ひ務めて節約を行ひ、自ら云ふ、軍に臨むものは規律を冒さゞるを以て最要とすと

二にあげている「東奥多年の屈辱」は、戊辰戦争以来の東北地方の人びとの意識を示していると思われる。二五年来の雪辱のために外征軍に加わり、成果をあげようというのである。国民一般のナショナリズムの下に、もう一つ、明治維新の勝者と敗者、敗者の挽回というイデオロギー的構図があったことが確認できる。

②紀律について

北巌手郡から応募した軍夫は、

一　組内の者にて戦死したるものあるときは一仝にて応分の金員を出し遺族を扶助する事

一　戦死者の紀念碑を建設し忠勇愛国の美挙を後世に遺す事

一　右費用として毎月の給料より各自百分の二を貯金する事

の三ケ条からなる規約を取り決めた（『巌手』1894・11・1）。

二十人長大森幽介に率いられる軍夫たちも「義恤会」を設置し、毎月三〇銭を拠出して、「組内の者疾病又死亡等ある際手当する組織」とした（同11・18）。

盛岡市出身の軍夫九〇人は「信義会」を組織し、九カ条の会則を取り決めたが、それは三〇銭の月会費徴収、罹病者への扶助、死亡者への追弔金と紀念碑建設などを規定していた（同1895・1・25）。会費は、盛岡市役所大森収入役を通じて銀行に預金された。

広島において「東北兵士の評判」は、概してよかったが、それも「第二師団の兵士及び軍夫等が品行の正しきは当地方人民の一層感嘆措かざる慮なり」（同1894・11・15）とあるように、兵士と軍夫は並列的に扱われている。それは、

朝五時半――人員検査、夕四時半：帰宿、夜八時半・人員点検

と毎日の点検が兵士なみに厳守されていたことにも現れている（同11・18）。

その紀律は、第二師団付の軍夫団として取り決めた「万一を慮りて一の規約」（同11・20）のことである。

それは、

一　何れの地何れの所に至るも止宿所門前には交代にて一人の番夫を置き、他乃人夫をして濫りに出入せしめざる事

一　外出せんとする者は百人長、五十人長若くは二十人長に其旨を申立て門鑑を受取り、之を番夫に示すべき事

一　毎日午前五時十分と午後八時三十分の二回に点呼を行ふ事

一　二十人長は時機を見計ひ部下乃人夫を引率して遊歩を企つることあるべき事

一　二十人長の引率に非らざれば各個自由に行歩するを許さざる事

一　軍役夫外出中故なく無体を加ふる人夫あるも自個の意見を以て其所置を為し又は途上に於て喧擾に渡るか如きことを為すべからさる事

一　前項の場合に於ては一応其宿所に連れ帰り組長に向て其所分を乞ひ、組長ハ事情に依り更に憲兵屯所に送るべき事

というものであり、番兵、外出、点呼、遊歩、規制、処分など極めて厳格なものだった。前述した第二師団軍夫の評判のよさは、百人長千葉信訓（宮城師範学校卒、訓導を辞職して志願、東磐井郡グループの百人長）が故郷への手紙のなかで（一一月二五日付、同12・7）、

第二師団軍夫は以前当地に滞在せし第一師団第三師団人夫とハ雲泥の差ありとて市中の評判至て宜敷御座候

と自認するものになるとき、ますます彼らを兵士なみの軍規軍律で縛ることになり、一層兵士の鋳型へと近づけることになった。

他の師団との比較では次のように、ある軍夫長は広島から報告している（同1895・1・10）。

一　○○《ママ》師団人夫当地滞在中なとは非常の乱暴狼籍にて、放飲狂行為めに三等症の梅毒痳疾にか、る者非常に多かりし事に聞き及ひ申候

しかし、第二師団軍夫でも類似の実態があったことは、同じ手紙のなかで記されている（同1895・1・11）。

一　着広後除隊者三十一人、内通常病八人、上官抗命一人、余は悉く三等症のものに御座候、昨日又除隊者、通常病六名、三等症四名有之候

彼ら軍夫長と兵士が「注意に注意を加へ監督厳重に致し一週間に一度身体検査を行ハれ候得共」この事態になり（三等症の梅毒にかかった者は除隊者四一人中六三％）、この軍夫長は「是れのみ慨嘆の至りに御座候」と述べる。「遊郭地其他悪癖ある場合」（同1895・1・10）を厳重に排除しているにもかかわらず、やはり他の師団と類似の悪行は多少うまれるのであり、それをも含めて第二師団軍夫の立派さを記録していこうとする軍夫長や新聞記者たちの努力は、一層軍夫集団を軍規軍律の型にはめることになる。

（4）軍夫の武装と服装

①武装について

岩手県では、九月下旬から軍夫に対して刀剣の寄付が相次いだ。それは、

今度軍用人夫として海外に出張すべき人々は是非一刀を用意せねばならぬことなる

（『巌手』1894・9・30）

という新聞記事が示しているような認識が、人々に広がっていたからである。戦場に赴く軍夫が武装するのは当たり前だという考え方が、民衆の間に深く根を下ろしていた。この記事も、続く部分で金田一勝定なる人物が「二十三本程」を寄贈したことを伝えている。

盛岡市仙北町の菊地左衛太は、軍夫に「兼て所蔵の刀剣三十振を寄付」して、『巖手公報』記者から「篤志の人」と称えられている（同10・3）。紫波郡日詰町の平井六右衛門からも、百人長山本喜兵衛の部下に一〇振の日本刀が寄贈された（同10・30）。

広島市に滞在中、橘組（橘百人長の組）は、「日々撃剣を以て労し」ていた（同11・18）。戦地で撃剣は必ず役に立つと思われていたわけである。

②服装について

一般軍夫は筒袖と股引（いずれも浅黄木綿）と同色の饅頭笠で、百人長は筒袖と股引は同じだが、紺木綿で、饅頭笠も紺色だった（同10・20）。第二師団の動員下令は九月下旬だったから、戦場が冬季に入る可能性は高かった。にもかかわらず、軍夫のお仕着せは以上の服装だけであり、防寒具は自己調達が命じられた。そのため仙台市での外套購入などが試みられる訳だが、持参金不足と都市の物価高のために「人夫の困難一方ならず」、村によっては二円の郵便為替を軍夫に送ったところもあった（同10・20）。

一八九五年一月になって、頭巾、法被、肌衣、ズボン下、毛布各一枚が軍夫一人ひとりに配給になる（ある軍夫長の手紙、同1895・1・11）。

別の知らせでは（「ある軍夫長の手紙」、同1・13）、

一　綿入法被《はっぴ》（但し紋羽裏）

一　頭巾一箇（右は火事頭巾風のものなり）

一　木綿シャツ一枚（右は大形の頗る丈夫のものなり）
一　袴下
一　盲地上等の股引一足（之れ亦紋羽裏にして上等の製品）
一　食塩二筒
一　雑魚の罐詰二箇
一　差足袋一足（右毛布の裏）

が、「軍夫一同」と「百人長一四人」に「付与」されている。前の軍夫長の知らせより具体的で詳しいが、いずれにしても冬季の備えがようやく軍夫にも及んだのである。しかしこの支給でも十分ではなく、前記した外套など（ほかに手袋や長靴なども必要だろう）の私的購入が前提でなければ考えられない。兵士の場合と比較してみよう。第二師団の兵士に給与された「武器及び被服雑具」は次のようになっている（同1・26）。

一　村田銃剣（明治十三年式及弾薬外数品畧）		一　防寒用足袋	一足
一　綾衣、袴	一着	一　毛糸袴下	一着
一　綿ネル襦袢《ジュバン》衣、袴	二着	一　毛糸靴下	四足
一　通常外套	一枚	一　脚半	一足
一　防寒用外套	一枚	一　襟巻	一筋
一　頭巾	一個	一　毛布	一枚
一　フラネル襦袢《ジュバン》	一枚	一　ヘコ帯	一筋
一　通常足袋	一足	一　革製短胴服	一枚
一　フラネル腹巻	一枚	一　天幕（但一人釣）	一枚

一　紙製襦袢《ジュバン》　一着
一　洗濯石鹸　一個
一　草鞋《わらじ》　一足
一　予備靴　一足
一　ヅック製革嚢　一個
一　錐鋏櫛針糸の類
一　背負袋　一個
一　弾丸入袋　一個
一　油紙　一枚

一　食塩　一箱
一　道明寺糒《ほしいい》　六合
一　水筒　一個
一　椀　一個
一　鰹節　二本
一　背嚢　一個
一　便利醤油　是ハ小形の石鹸位にて是に水三合加ふれば即醤油三合となるものなりとぞ

補助食料の類いも含まれているが、「防寒用」の外套や足袋など、軍夫と比べれば手厚い支給であることは明らかである。

（5）軍夫の送金

軍夫の賃金（一日あたり）は表6—6のようになっていた。

表6—6　軍夫の賃金

国内滞在中	並夫四〇銭／廿人長五〇銭／百人長七〇銭／千人長一円五〇銭
出　征　中	並夫五〇銭／廿人長六〇銭／百人長八〇銭／千人長一円五〇銭

（注1）『巖手』1894・12・5による。
（注2）広島滞在中の「給養宿舎料」は一日二六銭で、「官費」支給となっていた（同12・4）。

この日給を月三度に分けて受け取り、岩手県の軍夫は、その度に故郷に「必らず送金」していた（『巖手』1894・12・4）。そのため彼らは「貯金の法」を設けていたと、元市吏員で軍夫になった工藤敏夫が両親に手紙を送っている（同11・18）。その貯金は、広島滞在中から「当市役所の手を経て其の家族へ幾分の送金を為したる向き多くあり」と報じられ、故郷への送金となった（同11・17）。盛岡市から参加した軍夫の送金は、盛岡市役所を通じておこなわれた分が、一二月初めで合計四回、五〇三円余になったと新聞は伝えた（同12・14）。

多額の送金例だが、南巖手郡西山村の川村某の兄弟二人が揃って軍夫になり、「受くる處の俸給は悉皆之れを家元に送りて家計の助けと為す」（同1895・1・18）。その額は「出発以来現今に及んで」（一〇月初めから一月上旬までの三ヵ月と推定）「都合五十五円」になった。一人一ヵ月九円ぐらいの送金の計算になる（一年では一人一〇〇円の多額にのぼる）。

盛岡市出身者による橘組の例では、廿人長が取りまとめ、盛岡市役所から各家に送付された金額一五七五円一〇銭、人員一二二人であるから、平均一二円九一銭となる（同1895・1・24）。この場合の最多額は三六円で、川村兄弟の一人当たりより多い（年一四〇円以上か）。平均額を三ヵ月分とすると四円となり、年五〇円クラスである。

一〇二頁で述べた稗貫郡根子村の二一人は、二月中旬までに五五〇円以上を故郷に送金し、「一人二十六円強なり」（同2・24）と言われるから、年六〇円から七〇円クラスになる。

軍夫の送金は年五〇円クラスを平均値とし、出費が少なければ（川村兄弟は「二十内」とされているから、悪所通いなどの出費は少なかっただろうし、酒などの飲食費も抑えることができただろう）、一〇〇円から一四〇円クラスも可能だった。いずれのクラスであっても「家族は勿論郷党の評判大に宜し」（同

1894・12・4）と褒めたたえられただけではなく、実際上も家族の生活を潤す部分があったはずである。

むすびにかえて

日清戦争への国民の関わりかたを考えねばならない。

本章で詳しく見たように、各地で義勇軍運動が高揚し、詔勅により運動は挫折した。この運動のエネルギーは、軍夫志願運動に引き継がれ、参戦した陸軍の将校・兵士二四万六一六名に対して、六四％（一五万三九七四名）にあたる膨大な軍夫集団が別個に形成される。義勇兵志願者には高齢の者もおり、軍夫を断わられた後は、献金や物品献納運動へと横滑りしていった。献金献納運動は成年男子だけでなく、老人や子ども、女性も加わったため、さらに大きな運動になる。

ナショナリズムとの関連では、動員兵力の多寡から見て、これまで日露戦争が大きく取り上げられて来た。しかし、日清戦争には、日露戦争にはなかった、義勇軍運動と軍夫志願運動があったことを考慮し分析しなければならない。この二つの運動は、個人の志願があって初めて実態化する。志願が先行しなければならないから、それだけにその「熱意」が他人から計られるものになり、志願者自身も自らの「熱意」を周囲に見せなければならなくなる。両者があいまって、日清戦争の「戦争熱」の熱い渦が作られたのであり、それは日露戦争の比ではなかった。たしかに参戦兵士の数は日露戦争のほうがはるかに多いが、制度として従軍せねばならない兵士の「参戦熱」と、自らの発意で加わる二つの運動が巻き起こす「参戦熱」とでは、エネルギー量が大きく異なる。

軍夫問題の持つ意味は、もう一つある。軍夫が戦地に赴き、戦場の体験を持って帰国することである。戦闘集団の一員として兵士は、勲功も与えられるが、軍夫は単なる民間輸送隊であり、「文明戦争」の名によりいささかも戦闘行為は認められない(7)。まったく報いられなかった参戦者たちのナショナリズムは、どこに向かうのか。

また、彼らは正規の労働力として賃金を支払われ、貯金し、故郷に送金を続けた。それで田畑を買い、生活を潤した家族もあったのではないか。いまのところ、そうした幸福な一家の存在を示す史料は見つかってないが、小説の形では残っている（国木田独歩「置土産」など(8)。それらを含めて、〝国民と日清戦争〟を総合的に把握する作業は十分には果たすことができなかった。後考を待ちたい。

【注】

（１）以下、「７・５」と記しているものは新聞の日付であり、新聞名も次のように略す。『時事新報』→『時事』、『国民新聞』→『国民』、『大阪毎日新聞』→『大毎』、『大阪朝日新聞』→『大朝』、『巌手公報』→『巌手』

（２）『泉鏡花全集』第一巻所収、岩波書店、一九四二年。

（３）山田昭次「対朝鮮政策と条約改正問題」（『岩波講座日本歴史』第二次第一五巻所収、一九七六年、岩波書店）。

（４）『明治廿七八年日清戦史』第三巻、第一八章、一頁。

（５）『明治廿七八年日清戦史』第三巻、第一八章、六頁。

（６）『明治廿七八年日清戦史』第三巻、第一八章、六～七頁。

（７）軍夫＝非戦闘員、という建前にもかかわらず、彼らは刀剣で戦い、さらに戦闘部隊の指示により、衛生隊・工兵隊・山砲隊・攻城廠にも加わった（拙稿「日清戦争の史料二、三について」『佛教大学総合研究所紀要』創刊号、一九九四年）。

（８）日清戦争と小説については、拙稿「軍隊と日清戦争の風景―文学と歴史学の接点１」（『鷹陵史学』第一九号、一九九四年、本書Ⅱ部第８章）参照。

第7章　戦争を伝えた人びと——日清戦争と錦絵をめぐって——

文章による契約成立の以前に、言葉によるそれがあったことは、文化人類学などの成果から明らかである。言葉すらない、という意味で「黙契」という言葉も漢語にある。写真という技術的リアリズムの具体化の前に、「絵画」というこれもリアリズムの世界があった。口に出したことが真実と信じられたように、絵に描かれたものも本当を写していると信じられた時代があった。

近代日本の最初の対外戦争である日清戦争は、ジャーナリズムが本格的に立ち上がった契機であった。もちろん幕末の「バタビヤ新聞」を嚆矢として、新聞報道の世界は始まっていたし、明治初期には毒婦や西南戦争、彗星などの事件報道によって、人々の目を急速に集め、話題を作っていくという娯楽的新聞の性格も生まれていた。しかし、一つの事件を、同じ時に共感を持って観る社会は、日清戦争と新聞報道の一体化があって初めて成立した。「共感の社会（The society of simpathy）」[1]が成立することにより、国民国家が確立した、という近代の歴史をここでも再確認することになるだろう。

なお、ここで取り上げる錦絵は、狭義の日清戦争[2]（一八九四年六月から一八九五年四月）であって、その後の台湾征服戦争を含まない。同時に検討すべきであるが、残念ながら筆者の錦絵収集の範囲がまだそこまで及んでいない、というだけの限定である。また、検討する錦絵は、入手した原版のほか、刊行物になったものであり、他の収集群（例えば獨協大学図書館所蔵のものなど）は未検討である。今後の課題としたい。

1　日清戦争報道と錦絵

（1）従軍した新聞記者、画家、写真師

日清戦争に従軍した新聞記者などについては、参謀本部編纂の『日清戦史』が次のように総括している(3)。

内地新聞社ハ本戦役ノ初メ、混成第九旅団ノ朝鮮京城付近駐屯ノ時ニ方リ、已ニ同国ニ通信員ヲ派遣シ在リシカ、此等通信員ハ京城本邦公使館付武官ノ許可ヲ受ケ、其照会ニ依リ旅団司令部又ハ団下部隊ニ属シテ通信ノ事ニ従ヘリ。

つまり、一八九四年六月に、混成第九旅団が朝鮮国漢城に派遣された時には、すでに各新聞社の記者などが派遣されていたので、公使館付武官が彼らの管理にあたり、それぞれ各部隊に派出され、報道にしたがった。さらに『日清戦史』は述べている。

而シテ開戦後出征軍ノ陸続出発スルニ至リ、各新聞社ノ通信員ヲ派遣セントスルモノ漸次増加セリ。因テ大本営ハ八月中旬新聞記者従軍規則ヲ定メ、以テ従軍出願手続、従軍免許証交付手続其他渡航並ニ帰朝届出ニ関スル事項等ヲ規定シ、又従軍心得ヲ制定シ、且ツ従軍記者（中略）ハ戦地高等司令部ノ監視将校ノ指揮監督ノ下ニ通信及進退セシメタリ（中略）。而シテ従軍志願ノ画工（中略）、写真師（中略）ノ取締ニ関シテモ従軍記者ノ例ニ准シ之ヲ取扱ヘリ。

七月ないし八月の開戦後には、新聞記者派遣が増加したため、同年八月大本営は「新聞記者従軍規則」

と「従軍心得」を制定した。これにより新聞記者の従軍が公式に認められ、各社は手続きを取った。この手続きにしたがったのは、新聞記者、画工、写真師の三種の職業人で、前二者は新聞報道に活躍した。写真師の活躍の場は、日露戦争と違い、新聞報道にそのまま使用されることはなかったが、素材とされたかも知れないし、リアルな記録として公開され、保存された。その一端が、津和野の侯爵亀井慈明による『日清戦争写真画帖』(柏書房、一九九二年)である。

前掲の史料引用文の(中略)部分には、数字が割注で示されているので、それを表にすれば表7―1のようになる。

圧倒的に新聞記者が多く、画工や写真師の数は添え物的でしかなかったところが日露戦争との違いである。それだけ文章による人々への訴えは重く、真剣なものだった。人々は、新聞の報道記事を読み、事実とその展開を理解しようとした。それを支える「事実」にあたると考えられたのが、従軍画家としての画工たちであった。彼らは、「報道画家」とも呼ばれたという(山本駿次朗『報道画家山本松谷の生涯』青蛙房、一九九一年、九頁)。

画工一一人という数字は、派遣総数六六社の二割に足りない。『国民新聞』は、画家久保田米遷(一八五二～一九〇六)を派遣したことがわかっているが、その他はよくわからない。島屋政一は、一九三九年に、久保田金遷の証言による、と断って、

明治二十七八年の日清戦役当時画家として従軍せしものは、邦画家として金遷氏父兄三名、洋画家では山本芳翠、黒田清輝、浅井忠の諸氏等で十名を出でなかつた由である。

と記録している(島屋『日本版画変遷史』八〇五頁)。「金遷氏父兄三名」とは、久保田米遷とその子、米

職種	人数	備考
新聞記者	114	66社、1894. 7～1895.11
画工	11	1894. 7～1895. 7
写真師	4	1894.11～1895.11

表7－1　従軍した新聞記者、画工、写真師の数
（出展）参謀本部編纂『明治廿七八年日清戦史』第8巻140頁。

斎・金遷の三人のことである。ほかに、洋画家の小山正太郎の名もあがっている（前掲山本書、九頁）。
金遷は続いて、日露戦争では「三十余名」となり、「然るに今回の支那事変には、従軍画家は実に夥《おびただ》しき数に達してゐる。」とする。「絵」という媒体の力は、二〇世紀に入っても衰えていなかったのである。

（２）錦絵版画の盛行

従軍した画家、画工は少数だったが、内地にいたまま新聞報道などによって知った事実を、絵に描き、錦絵や石版画などにおこした美術家は多かった。実録は戦地派遣の新聞記者に任せ、画家たちはそれを絵にすることに従事した。人々は、文字による新聞報道を、これらの版画によって想像力を一層膨らませた。本来、錦絵は速報性を持っており、茶屋女をすぐさま美人画に仕立て、大量販売するというものだった(4)。それが、幕末維新期に新しい題材を与えられて活発化し、Ｂにあたる新分野（一二四頁参照）を開発したのである。

吉田暎二が引用している二つの新聞史料(5)は、次のように活発化した錦絵の動向を示している。開戦直後の『都新聞』八月一八日では、

昨今絵草紙屋には日清戦争の錦絵が並べあるより、何《いず》れの店頭も見物人山の如し

と戦争錦絵が評判を呼んでいると伝え、同じころの『読売新聞』も、

日清の事変起りてより、都下の絵草紙屋は大いに忙しく新絵出版を競って恰も戦場の如くなるが、現に出版せるもの凡そ二十五種にして、摺り立つや否や売捌きは争つて之を持ち去る。故に売子は全く鼻が明き内外大混雑を極め居れり。又絵草紙も新聞紙、書籍同様検閲を経る事となりしに付、五六日前より出版大に手間取りたれば、来る二十日頃には前後検閲を乞ひし分一時の出版になり、豊島、牙山激戦の図、松崎大尉勇戦の図のみにて少なくとも百番は店頭に顕る、ならんと。又年々

歳々板摺は団扇《うちわ》を終れば地方へ出稼する事なるが、今年は戦争のため幾倍の賃金を得るに付向嶋、牛込辺に居る同職は、毎戸大神宮を飾り、御神酒、御物を供へ、国家万歳家職万万歳を祝ひ居れり（八月九日）

と、開戦二週間ほどで二五種の錦絵が市場に現れ、陸と海の最初の戦闘（豊島沖海戦、牙山の戦い）とともに、早くも美談としての松崎直臣大尉（成歓の闘いで戦死）の絵がもてはやされていると伝えている。

日清戦争に関して錦絵または石版画を描いた作家は、表7―2の人々である。これは、手元にある原版約三〇種と、『The Sino-Japanese War（1894〜1895）』（臨川書店、一九八三年）掲載の約九〇種、小西四郎『錦絵／幕末明治の歴史』第11巻、日清戦争（講談社、一九七七年）掲載の一一七種、合計二二七種に記された絵師名を集めたものであり、より完成された「日清戦争を描いた錦絵作家名簿」を作る一過程である。絵師の系譜は、吉田暎二「明治の浮世絵美人画」（『季刊浮世絵』第三四号、一九六八年秋日号）に基づき、姓名や人物情報は表7―2の典拠に示した文献による。作品から二七名の名前を拾うことができ、五名が不明のまま残ったが、二二名の系譜、師匠などが判明した。吉田暎二は、日清戦争を描いた浮世絵師として、

小林清親・三代国貞・周延・年英・国虎・年方・年章・田口米作・月耕・延一・秋香・経茂の一二名をあげており（表7―2の典拠文献E中「日清戦争」）、「これらは九牛の一毛に過ぎず」と断じているが、筆者もこの二七名の名簿をもとに調査を進めたい。

浮世絵の歴史のなかに、「明治浮世絵」と呼ばれているジャンルがある。吉田暎二によれば、次の七種類からなっている。

第一種　時事画（風刺画、ポスター、報道などを含む）――新聞絵、戦争絵、

第二種　美人画

第三種　風景画
第四種　役者絵
第五種　歴史画（教育的な絵も含む）——教育画、教育掛図
第六種　風物画——横浜絵など(6)
第七種　カット（雑誌、新聞、単行本のコマ絵）——実用絵（例えば茶箱絵など）

本来、浮世絵は芸術性、教化性、報道性を持っており、江戸市民は絵を通じてさまざまな社会情報を獲得していた。それが、「明治時代に入ると、芸術性は裏へ廻り、報道性と教化性のみが、表面に押し出された」（前掲吉田論文四二頁）。横浜絵のみが、明治錦絵と言われるのは、実態にそぐわない、というのが浮世絵研究家吉田暎二氏の強調するところである。そこから吉田氏は、第二種の美人画

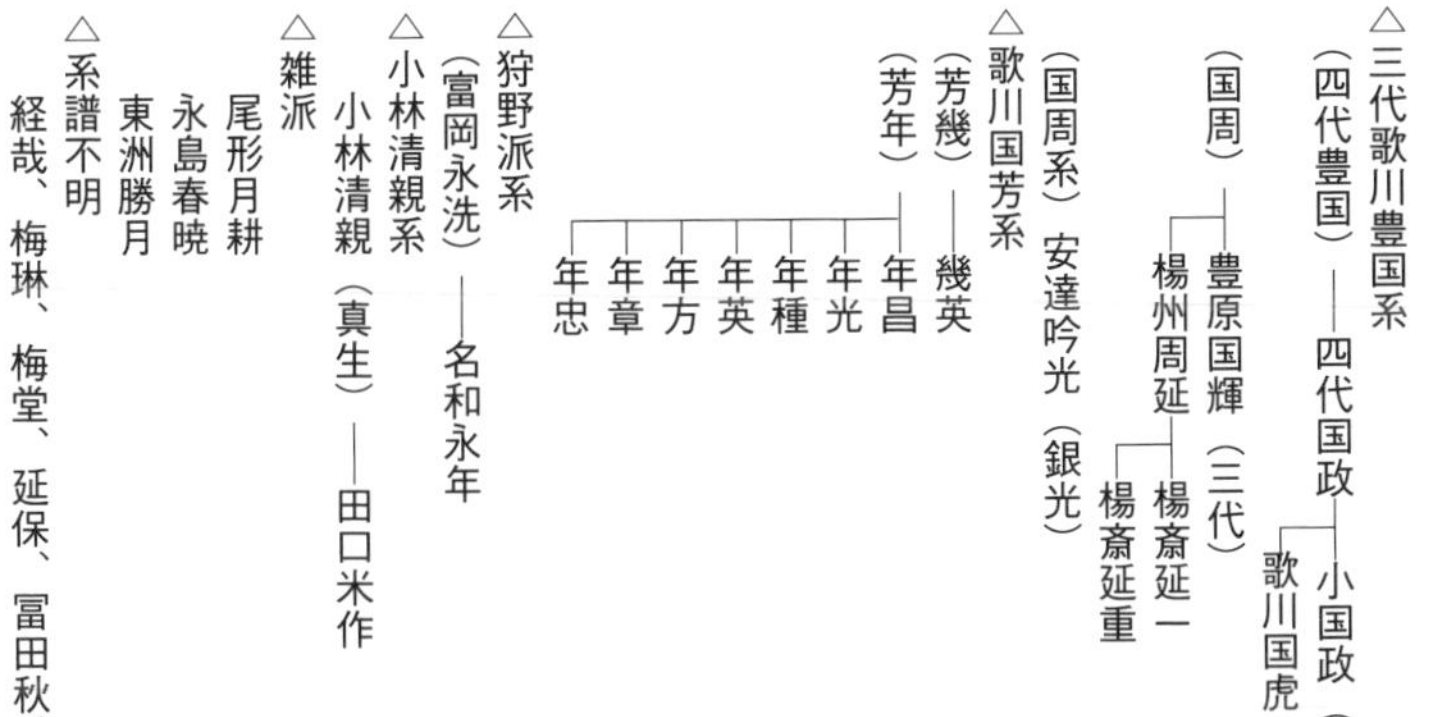

（典拠）A　近代人物研究会編『近代人物号筆名辞典』柏書房、1979年。
B　小西四郎『錦絵／幕末明治の歴史』11巻、日清戦争、講談社、1977年。
C　Nathan Chaikin『The Sino-Japanese War（1894～1895）』臨川書店、1983年。
D　荒木矩編『大日本書画名家大鑑』伝記上編、第一書房、1975年。
E　吉田暎二『浮世絵事典』全三巻、画文堂、1977年。

表7－2　日清戦争を描いた錦絵作家系譜図

や第四種の役者絵のような、人々が争って求め、所蔵しているものの再評価を求める。同じことは、実は「全く忘れられたようにかえりみられない」（前掲吉田論文四二頁）他の種類にも言えそうである。錦絵の発達史から言えば、美人画（第二種）、役者絵（第四種、芝居絵も含まれるだろう）、風景画（第三種）は、江戸期の浮世絵の伝統を継いだジャンルであり、時事画（第一種）、風物画（第六種）、歴史画（第五種）などは、明治期の新開発されたジャンルである。そうすると、吉田氏の掲げた七種は

Ａ　伝統的分野　ａ　美人画・ｂ　役者絵・ｃ　風景画
Ｂ　新しい分野　ａ　時事画・ｂ　風物画・ｃ　歴史画・ｄ　カット

というように分類するのが妥当ではなかろうか。前述した錦絵の速報性と大量伝達性が、幕末維新期に新しい題材を与えられて活発化し、Ｂにあたる新分野を開発したのである。

ここではＢのａ時事画を構成する「戦争画」に限って検討する。一応、Ａの分野の展開は、視野の外に置く。すべてを明らかにすることは、未調査の部分が多いため、できないが、判明していることだけ作家紹介をしておく(7)。

①　三代歌川豊国系

四代豊国系で三人が確認される。

四代国政（一八四八～一九二〇）は、のち一八八九年に三代国貞（梅堂豊斎）を継ぐ。名は竹内栄久で、幼名は朝太郎。号は香朝楼、梅堂豊斎、梅堂芳斎という。

五代国政も梅堂と号した。表7―2の梅堂はいずれか不明。

二代国虎は、号は政員、梅蕋という。

国周系で四人が確認される。

三代国輝は、三代豊国の門人だったが、のちに国周に学んだため、この系列に入れる。名も、最初は歌川、国周門下に入り豊原を名乗る。岡田藤四郎といい、一雄斎と号す。生没年不詳、「二代目の没後その名を襲い、しかもその画作も取り上げるほどのものはない」（『浮世絵事典』上、三二五頁）と、酷評されている。

楊洲周延（一八三八～一九一二）は、本名橋本直義、画家名を豊原周延《ちかのぶ》、号には周延、一角斎、二世国鶴、楊馬ともいう。最初は歌川国芳、次いで三代豊国のもとで学び、国周の門下となった。芳鶴と国親にも学んだと言う。国周に学んだ正統派の浮世絵師であったが、そこから離れて、尾形月耕や宮川春汀などの描き方を導入した手法で、美人画、役者絵、会津戦争、西南戦争を描き、三枚続きの日清戦争ものを作った。周延の最高の木版画は、サーカスの図、憲法発布の儀式、議会開会で、これらで周延はよく知られるようになった。周延は、国周の最上の弟子である、といわれる。

楊斎延一は、名を渡辺延一、幼名を次郎という。周延の一番弟子と見なされている。役者絵や美人画に優れていたが、戦争画でも特徴があった。日清戦争中、延一は三枚続の力作を描いていた。海陸の戦闘場面を描いて名声を獲得し、独壇場のような観があった。

安達吟光は、安達平七といい、号は初期に松雪斎銀光、次いで安達吟光、真匠銀光、松斎吟光などという。「生没年画系ともに不明」（『浮世絵事典』上、三一三頁）といわれるが、大錦判五〇番続の「講談一席読切」（一八七四年）、「東京名所」、西南戦争の二重峠の戦いを描いた三枚続、「古今名女図会」などの美人画などがあり、「明治三十年ごろまでの作画がある」（同）。ここに本稿は、日清戦争絵を加える。

② 歌川国芳系

落合芳幾の門下は、一人である。**幾英**は、小林英次郎といい、号は飛幾亭、箴飛亭、ほかに晒落斎ともいう。「明治二十年前後までの風俗画がある」（『浮世絵事典』上、四一頁）と言われてきたが、日清戦争絵を描いていたことが確認された。

芳年の門下は、七人が確認される。日清戦争期に最も活躍したグループということになる。

年昌は、号を春斎という。浮世絵を学びたかったが、金もなく、師事することができなかったので、芳年の車夫となり、合間に絵を学んだ。一八九〇年には芳年から去り、錦絵作家として自立した。後に、国玉（三代歌川豊国の門人、国周の兄弟弟子）の養子となった。

年光は、古林栄成といい、号は進斎、春斎といい、年峯ともいう。肩書きに「日不見岡」とつける。作品は、西南の役の絵、明治一四、五年ごろの風俗画が知られている。

年種は、尾崎兼吉といい、号は玉客という。日清戦争の絵があることは知られていたが、七宝焼きの下絵も描いたとされる。

年英（一八六二〜一九二五）は、右田年英といい、俗称は豊彦。号は梧斎、晩翠楼、一穎斎という。明治中期から新聞挿し絵や錦絵を描いていた。

年方（一八六六〜一九〇八）は、水野年方といい、もとは粂三郎。号は、応斎、蕉雪という。一八六六（慶応二）年江戸神田紺屋町に生まれ、父は左官職。浮世絵を芳年に学びつつ、柴田芳洲、三島蕉窓、渡辺省亭などからも学んだ。創意工夫にあふれた人であったようで、明治新風俗画に新しい一面を切り開き、「今様美人」などを遺している。新聞の挿し絵でも「一新紀元を開くの功績」（『浮世絵事典』中、二六六頁）をあげた。門下に、鏑木清方がいる。

年章は、「芳年の門人と思われる」（同右）。号は幽斎といい、武者絵「義経再興記」三枚続、風俗画「日本撰景」が知られている。

年忠は、山田年忠といい、名を忠蔵、号を南斎、南志とする。明治二〇年代の「青山観兵式之図」三枚続が知られている。

③　**狩野派系**

名和永年は、号を研斎という。生没年不詳。大阪の人で、西山完瑛に四条風の絵を学び、後上京した。東京では、富岡永洗に師事した。事典などでは「専ら人物をゑがく」（表7―2の文献D、四二八頁）などと評価されているが、日清戦争を描いている。

④　**小林清親系**

小林清親（一八四七～一九一五）は、「江戸の小役人の子として生まれ、ワーグマンの下で油絵を、渡辺京斎と柴田是真の下で日本画を学んだ。清親は、輸入された石版画と銅版画に影響を受けて、木版画印刷に利用し、一八七六年から一八八一年の間大きな成功を収めた。しかし、その後は書籍、新聞、雑誌の挿し絵などでの人気を失っていった。清親は、日清戦争の間、大きな色彩効果のある光と陰の幻想を持った、いくつかの著しい不気味な光景を作り、かつての名声をすべて取り戻した。しかし、清親は、人々の好みには不快な、ひどく嫌な風刺画を止められなかった。戦後、清親は、近代東京の転換する場面の風景画を描いた。西洋の遠近法や、光の変化、主に夜の光景の強い影響を受けて、西洋と日本の様式を結合させた。清親は、重要な浮世絵作家の最後と考えられている。」（表7―2文献C、三六頁）。

田口米作（一八六四～一九〇三）は、下野に生まれ、一八七三（明治六）年に一家は上京し、米屋を始めた。東京では芝西久保桜川町に住み、米作は一八八一年ごろ小林清親に入門し、絵を学び始めた。同門は井上安治で、二人とも師風をよく継いだと評価されている。

⑤　雑派

尾形月耕（一八五九〜一九二〇）は、もと名鏡を姓としたが、のち田井氏を嗣いで、田井正之助という。号は月耕のほか、桜斎、名鏡斎、華暁斎という。江戸の京橋に生まれた。スケッチを楽しみ、自然やモノの鋭い観察者だった。師を持たず、独学で自分のオリジナルなスタイルとマナーを作り出し、漆と陶器をデザインした。輸出材料のために下絵も描いた。表7―2の作家のなかでは、尾形月耕、名和永年が『風俗画報』にも絵を提供し（前掲山本書四二頁）、朝日新聞などに多数の挿し絵も描いた。

永島春暁は、号は麗斎という。生没年不詳。

勝月は、小島勝美が本名で、号は東洲という。浅草永住町に住み、「明治二十年代、風俗画や日清戦争絵がある」（表7―2の文献E）とされる。

前述した従軍画工の数と、これら錦絵作家の数は合わない。後者の方が圧倒的に多い。つまり、錦絵作家たちは、現場を見ないで、新聞や雑誌などの情報や、ある場合には推理、想像によって絵を描いた。そこには、誤報も誤信もあった。２（一三〇頁以降）で検討する。

一枚ものや三枚続きの錦絵版画のほか、下絵を石版画にしたものも、人々に届けられ、広められた。「戦争図あらばめいめいの戸口の差し支えなき場所に貼付け衆人に示すべし」と説いた巡査も現れたという（『絵画叢誌』一八九四年一一月、小野忠重『日本の石版画』一二七頁より再引用）。「戦争石版は村に町にはんらんしていった」（同）のである。ただその芸術としての価値については、島屋政一が

明治二十七八年には日清戦役の為め石版の戦争画が無数に世に出たが、安く売る為めには芸術な

ど省みる暇なく、随って後世に伝ふべき価値を有するものは極めて少い。（七六四頁）

と、『日本版画変遷史』（五月書房、一九三九年。一九七九年の復刻版を利用）で酷評している。島屋が、同書で日清戦争絵として高く評価しているのは、楊斎延一、小林清親、尾形月耕ら数人にとどまる。

東陽堂の『風俗画報』臨時増刊「日清戦争図会」合計九冊に一二〇枚以上の戦争画が石版画として掲載されたが、それを描いたのは、

石塚空翠、遠藤耕溪、尾形月耕、久保田米遷、島崎柳塢、武内桂舟、富岡永洗、名和永年、松本洗耳、宮川洗崖、山本松谷、素堂、盧舟、苔石（五十音順）

の一四人とされる（山本前掲書四二頁）。

石版画業者は、一八九二年に東京石版印刷業同業組合を結成したが、その発起人には、

玄々堂、大山石版所、知新堂、東陽堂、泰錦堂、慶雲堂、製紙分社、国文社、築地活版

の九社がなり、石版印刷業者約一〇〇人が参加したという（同）。

大阪にも一八九三年に大阪石版会が誕生した（同）。そのころの石版業者として、

森川印刷所、中井徳商会、古島印刷所、武田石版所、中田印刷所、藤井改進堂、大阪集画堂、大津印刷所

などが記されている（前掲『日本版画変遷史』七六九頁）。

また、江戸期の錦絵は、江戸地域の文化の側面が強かったが、幕末期以後、上方、長崎、仙台、名古屋、富山、石川、徳島、熊本などで開板されるようになっており(8)、その広がりは江戸期を勝っている。地方への情報伝達の内容や速度など、検討すべき課題は多い。

技術的にも商業ベースとしても、錦絵や石版画は万全の体制において、日清戦争を迎えたのである。

（3）錦絵と石版画の形態

錦絵は、縦約三九センチ、横二六センチを一枚とし、一枚もの、二枚続き、三枚続きとする。なかでは横に並べて三枚続きのものが多い。近世の浮世絵版画は、大判・間判・中判・細判・小判・短冊判など多数の寸法があり、さまざまだったが、錦絵大判にはまた三種の大きさがあった。それは、①七五・七センチ×四五・四センチ、②五三・〇×三七・八、③三九・三×二二・七、であり、このうち③の大きさにあたるのが日清戦争期の錦絵である（菊地貞夫『浮世絵』小学館、一九七一年、二一五頁）。

石版画は、地図や挿し絵などを印刷物に付加するもので、日本最初のものは、一八七四年陸軍文庫刊の図画手本『写景法範』である（前掲『日本の石版画』四五頁）。だから、日清戦争を報道する各種の雑誌や単行本に、石版画は多く見られる。

2　錦絵のなかの日清戦争

実際に浮世絵作家がどのように描いたのかを検討してみよう。

（1）清国と戦うこと

清国と戦うことは、伊藤博文、山縣有朋ら政府指導者たちには、自明のことであり、ある程度自信もあったかもしれない。清国との開戦外交、欧米列強の介入を防ぐ外交など、緊張した外交の展開は、陸奥宗光『蹇蹇録』（岩波文庫）などにも明らかである。

そうした雰囲気は、錦絵では何に表されているのだろうか。構図が一つの解答である。A（表7―2の文献C所収）は、「朝鮮王城の場」と題する戦争絵である。筆者「香朝楼豊斎」は、四代歌川国政のことである。大島圭介公使を市川団十郎、大院君を尾上松助、袁世凱を片岡市蔵、閔泳峻を尾上蟹十郎が演じるという見立ての装いになっている、芝居絵の範疇にも入るものだろう。

Ｂ（同）もほぼ同じ登場人物で、大院君がいず、混成第九旅団長の大島義昌少将が加わっている。筆者は経哉であるが、人物情報は不明である。

Ｃ(同)は、刊行が一八九五年三月と、Ａ、Ｂより半年遅いが、筆者「小国政」は、五代国政のことである。「清国降和使談判之図」として、下関会議の想像図を描いている。李鴻章ら中国人も髭を蓄えた立派な様子で描かれている。

図A

図B

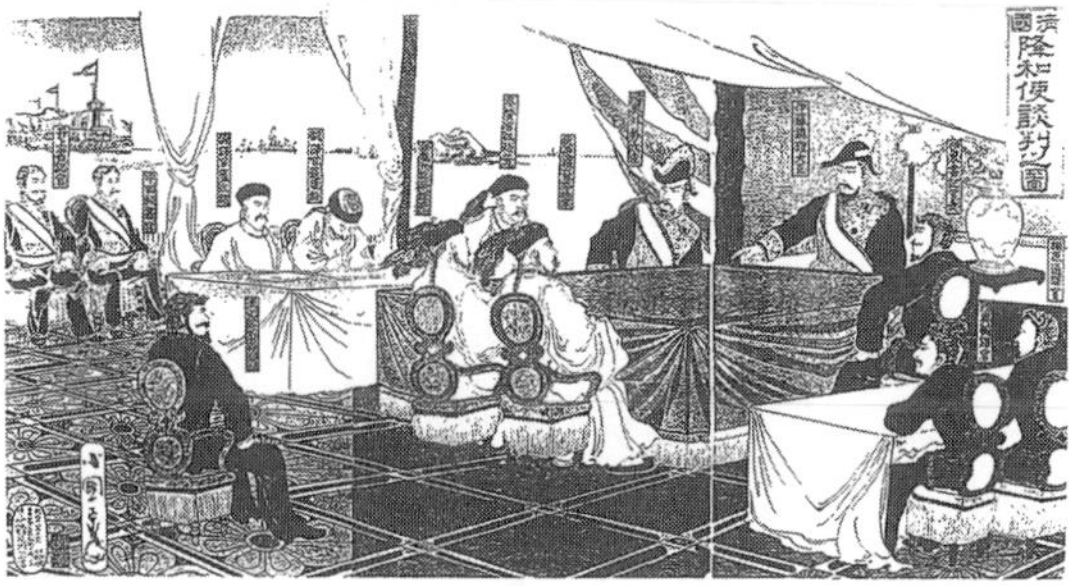

図C

Ｂの袁世凱らは驚きの表情で、大島らに押されている様子だが、Ａ、Ｃはともに日朝または日清の対峙の絵である。しかし、いずれも構図は右上に日本人がおり、左下に清国人や朝鮮人が位置する。どちらが優位かが、上下という絵の形で示されているといえよう。実際の外交交渉が、どのような雰囲気でおこなわれているかは知らないまま、絵師と購買者の期待がそこには込められている。

（2）七月二三日の衝突をめぐって

六月二日に出兵を閣議決定し、一三日混成旅団が漢城に到着してから、公使と大島義昌旅団長の仕事は、開戦への大義名分作りだった。東学と朝鮮政府の全州和約成立、東学全州撤退、という事態によって、居留民保護という最初の出兵目的が消えたためである。そこで、日本政府は、六月一五日、朝鮮は「到底永ク国家ノ秩序平和ヲ維持シ得ヘカラサルハ殆ト疑ヲ容レズ」と断定し、「朝鮮国内政ヲ改良セシムル為メ」の日清共同行動を提案し、清国拒否の場合単独で実施、と閣議決定した[9]。実はこの日、大鳥圭介公使は、大軍の漢城到着に抗議する列国公使団に押されて、袁世凱と「即時同時撤兵」を合意していたが、伊藤博文や陸奥宗光ら本国の意向のため、実現にいたらず、その後一ヵ月を「朝鮮国内政ヲ改良」するための共同行動という、展望のない交渉に時間を費やした。陸奥の意図は、「若シ何事ヲモ為サス又ハ何処へモ行カスシテ終《つい》ニ同処ヨリ空シク帰国スルニ至ラハ甚タ不体裁ナルノミナラス又政策ノ得タルモノニアラス[10]」とあるように、多分に国内の民党や興奮状態にあった国民世論を気にかけ、早々と六月五日には大本営を設置した政府の開戦願望を率直に持っていた。最後の対朝鮮政府交渉が終わり、回答期限を七月二二日と設定し、朝鮮政府が自主的改革の実施と、日清両国軍の撤退を求める回答をおこなうと、大島混成旅団は軍事行動に移る。朝鮮王宮を占領し、親日派の政府樹立、清国軍の撤退と、日本指導の下での朝鮮の内政改革の実施、という計画を実現させる。七月二三日午前二時漢城郊外の龍山から出発した二個大隊は、途中漢城電信局の電線を切断し、海外との連絡を取れないようにして、景福宮を攻撃した。午前六時二〇分には王宮占領を完了し、国王を保護下におく。武装解除も実行しており、これはクーデタや突発事件ではなく、完全に戦争である。これを、日朝の戦争と言うべきである(11)。

この事件を描いた錦絵は、現在のところ三点確認している（他に『風俗画報』に、遠藤耕渓の、「大鳥公使大院君を擁して入城の途次韓兵を追撃の図」がある）。

D　楊斎延一画　朝鮮京城大鳥公使大院君ヲ護衛ス　三枚続
（小西四郎『錦絵　幕末明治の歴史』第一一巻、日清戦争、所収）

E　小国政画　朝鮮京城之小戦　三枚続（表7—2文献C）

F　廣光　大院君入闕争乱之図　一枚物（筆者蔵）

三点に共通しているのは、攻撃している日本軍と、敗走している朝鮮軍の図である。実際には、先に述べたように、日本軍の景福宮攻撃が払暁から朝にかけてであり、その後午前一一時に大院君が国王高宗の勅使と共に入城するのだから、時間的に差があることをおそらく知らないで、同時期のこととして描いている。そうした誤報ないしは描画上の作為を含んでいるが、問題は先に述べた共通点である。

この事件を、参謀本部は次のように記述している(12)。

旅団長ハ歩兵第二十一聯隊第二大隊（釜山守備隊タル第八中隊欠）及工兵一小隊ヲ王宮北方山地（引用者注：割注省略）ニ移シ幕営セシメントシ、人民ノ騒擾ヲ避ケンカ為メ特ニ二十三日払暁前ニ於テ右諸隊ヲ京城ニ入レ、其進テ王宮ノ東側ヲ通過スルヤ、王宮守備兵及其附近ニ屯在セル韓兵突然起テ我ヲ射撃シ、我兵モ亦匆卒応射防禦シ、尚ホ此不規律ナル韓兵ヲ駆逐シ京城以外ニ退カシムルニ非レハ、何時如何ノ事変ヲ再起スヘキモ測ラレサルニ由リ、遂ニ王宮ニ入リ韓兵ノ射撃ヲ冒シテ漸次之ヲ北方城外ニ駆逐シ、一時代《かわり》テ王宮四周ヲ守備セリ。既ニシテ山口大隊長ハ国王雍和門内ニ在ルノ報ヲ得、部下ノ発火ヲ制止シ国王ノ行在ニ赴ケリ。然ルニ門内多数ノ韓兵麕集《きんしふ》騒擾スルノ状アルヲ以テ、韓吏ニ交渉シ其武器ヲ解テ我ニ交付セシメ、尋《つい》テ国王ニ謁ヲ請ヒ両国軍兵不測ノ衝突ニ因リ宸襟ヲ悩マセシヲ謝シ、且ツ誓テ玉体ヲ保護シ決シテ危害ナカラシムヘキヲ奏セリ(13)。

つまり、大隊を漢城北方山地に駐屯させるため、王宮周辺を行進中、突然朝鮮軍から発砲されたので、自衛的に「応射防禦」したが、「不規律」な朝鮮軍と判断されたので、王宮から駆逐した、という説明になっている。もちろん先に述べたように、日本の側から言えば戦争として開始されたのであり、参謀本部は虚偽の記述をしていることは明らかである。一八九四年八月段階で、七月二三日戦争の報道が、国内の新聞

図D

図E

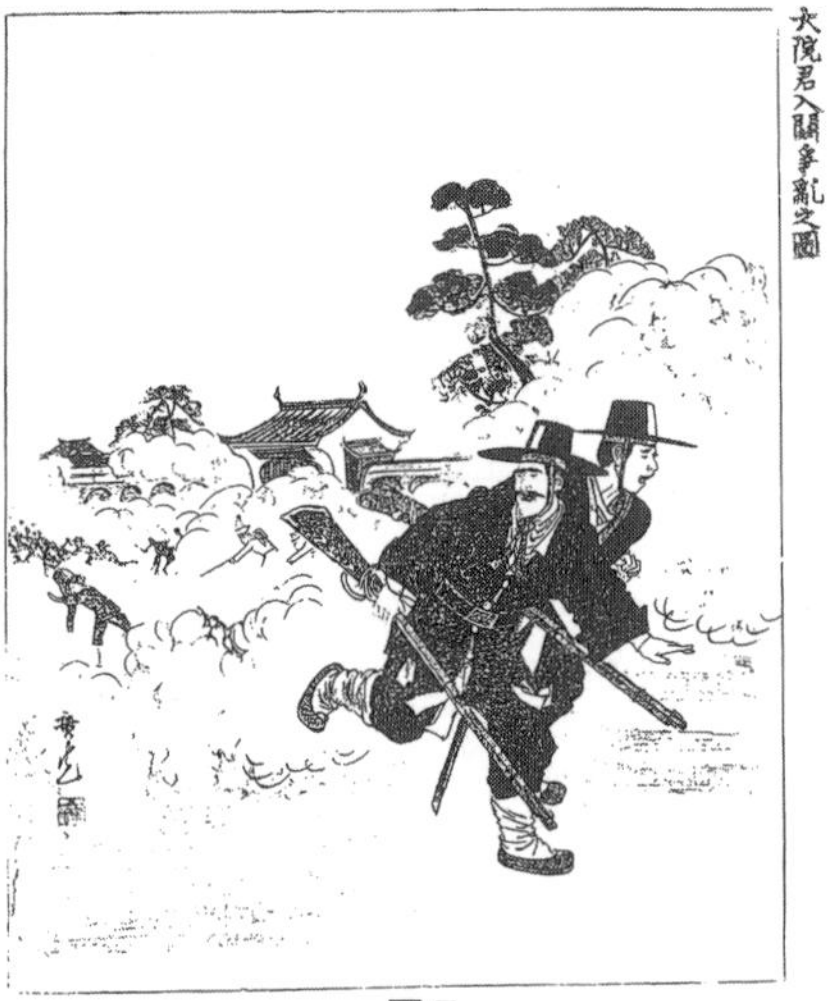

図F

各紙に掲載されるようになる。それを全面的に検討することは、ここでの課題ではないので、別稿を準備しなければいけないが[14]、一点述べておく。各紙は、二通りの報道をしたのである。一つは、真実に近い現地特派員の報道をそのまま掲載した新聞、もう一つは参謀本部ないし大本営が発表した作為のある記事を掲載した新聞である。徳富蘇峰の『国民新聞』は後者だった。地方紙には前者のほうが多いように観察している（金沢の『北國新聞』、熊本の『九州日日新聞』など）。

後者のグループに、これら錦絵も加わることになる。石版画で王宮占領事件を伝えた『風俗画報』も、後者である。検閲はおこなわれていたが、十分ではなく、錦絵や地方紙などと、中央紙は、検閲の熱心さが異なったと結論づけておきたい。

（3）武士イデオロギーと戦争場面

清国との戦争ということから、相手が女真族だと強調する役割を、錦絵は果たした。画面に頻繁に馬が登場する。特に、日本人将校と馬、のセットが多い。女真族は、言うまでもなく騎馬民族であり、騎馬の扱いには慣れていた。〝皮の軍服に軽く身を固め、槍や剣を振るう女真族に、日本人将校が勇敢に戦い、圧倒する〟、絵師や記者は、現実にそのような場面を目撃していないが、〈勇敢な日本人将校〉を強調する場面を、多数描いた。

G　小林清親画　成歓ニ於テ日清激戦我兵大勝図　三枚続（筆者蔵）
H　廣光画　喇叭卒之図　一枚物（筆者蔵）
I　作者不詳　威海衛陸上砲台攻撃之光景　三枚続（筆者蔵）

Gは、最初の日清の戦闘である成歓の戦いを、清親が描いたものだが、〈勇敢に戦う日本軍〉の傍らに、命乞いする清国兵をかたちどる。Hは、成歓の手前の安城渡で戦死したラッパ卒を描いている。Iは、北

図G

図H

図Ｉ

洋艦隊の根拠地である威海衛を攻略する砲兵隊を描く。

これらの絵で検討したいのは、馬と刀である。GもIも砲兵隊を描きながら、指揮官は馬上にいる。Hでは、安城渡で戦死して美談の主となった、木口小平を表現しているのだろうが、歩兵の一等卒でありながら、馬上である。馬が異常に強調される場面となっている。この傾向は、王宮占領、成歓の戦い、平壌の戦い、などの戦闘場面でも共通して強調される。これは、戦いの相手が、騎馬民族である女真族であることと、騎馬＝武士という観念を表現していると考えられる。そうした武士イデオロギーは、海戦場面でも描かれているのを確認できる。

Ｊ　小林清親画　黄海之戦我松島之水兵臨死問敵艦之存否　三枚続（筆者蔵）

Ｊは、「未だ沈まぬや沈遠は」という軍歌になって有名になった、軍艦松島の水兵を描いたものだが、清親はこの将校に剣を持たせている。海戦の指揮に刀は不要のはずだが、将校＝武士的精神＝刀、という連想の産物ではないか。

戦争は生死をかけた戦いであり、人間の攻撃性が強調され、賞賛される。日本の文化は、攻撃性が強いと、野田正彰氏は指摘しているが(15)、その文化はどこに由来するものだろうか。一つは、軍隊のイデオロギーとして武家道徳が採用され、軍人訓戒や軍人勅諭などに盛り込まれたことが、近代における由来として指摘されてきた(16)。我々は、ここにもう一つ付け加えることができよう。戦争の描き方のなかに、武士イデオロギーを強調するものが頻繁に登場し、広く人々の目に触れ、話題になり、心性となっていった、このことである。これは、錦絵という絵師のなかから浮かび上がってくるものだったから、可能だったとも言える。想像された戦闘場面に、馬と刀を添えることにより、軍隊は「武士」のように、勇敢で男らしいものでなければならなくなった。

これらの錦絵の分析は、部分的なものである。美談など描き方、清親ら作家の問題など未解明の分野は多いが、次の課題としたい。

図Ｊ

むすびにかえて

戦争が終わった。国民は、新聞を通じて伝えられる戦争の実況に感動した。新聞には、たくさんの文字と並んで、挿し絵も数多く掲載されていた。巷には、錦絵も多数出回っていた。正月を迎える準備の一つに、日清戦争や戦争一般を題材にした双六も買えた。帝国議会が、あっという間に「挙国一致」を現出したのには及ばなかったが、国民もそれに近い精神状態となり、国家＝国民の図式に十分酔っていた。この経験からすれば、日露戦争は延長でしかなかった。日清戦争で台湾を植民地として確保するという歴史的経験がなければ、日露戦争の講和をめぐって「日比谷焼き討ち事件」などの国民感情の発露はなかっただろう。

ここで取り上げた錦絵作家たちの作品は、日々民衆の目に触れ、人々の共感をよび、「新しい国民」を作り上げていった。従軍作家たちのなかには、別の活動をした者がいた。浅井忠は、占領後の旅順を題材にした「旅順戦後の捜索」（東京国立博物館蔵）と「樋口大尉小児を扶くる図」を油絵で、「戦場の天長節祝宴」を水彩画で、ほかにスケッチ「軍馬輸送」などを描いた。山本芳翠も、油絵「吉田少尉部下の二十七勇士を率いて金州城壁を登る図」など二〇点以上を描いた。これらは、ほとんどが宮内省に納められ、御物となった。芳翠の絵のうち数点は、伏見宮家に献上された。芳翠の絵は、まったく外に出なかったが、浅井忠の数点は、日清戦後の一八九五年第四回内国勧業博覧会（京都市）で公開され、「旅順戦後の捜索」で黒田清隆の「朝妝」などとともに、妙技二等賞を受けた(17)。久保田米僊親子の作品数点も、一八九八年の明治美術展に出品された（前掲山本書、三九頁）。つまり、天皇とその一族の戦勝記念品として、宮中に納められたのである。欧米風に油彩で描かれた戦争画の最初の役割は、御物であった。その点では、一九世紀的な「国王の戦争」の意味を深めるものでしかなかった。日清戦争の結果形成された「国民」は、天皇と「戦勝」を共有する国家の一員ではなかったのではないか。

【注】

（1）酒井直樹「序論」（酒井直樹ほか編『ナショナリティの脱構築』柏書房、一九九六年、所収）。
（2）近代日本の最初の海外出兵は、一八七五年の台湾出兵であるが、ここでは「戦争」に限って述べた。
（3）「第四十八章　民政其他ノ施設」一四〇～一頁（参謀本部編『明治廿七八年日清戦史』第八巻、一九〇七年）。
（4）原島陽一「解題」、国立史料館編『明治開化期の錦絵』。東大出版会、一九八九年、iv頁。
（5）吉田暎二「日清戦争」、『浮世絵事典』中、画文堂、一九七七年。
（6）「横浜絵」が示しているものやイメージ、象徴されているものなどについては、拙稿「近代への描き方――錦絵をめぐって」（原田敬一編『幕末・維新を考える』思文閣出版、一九九九年、所収）。
（7）以下の伝記的記述は、次の文献に基づく。
Nathan Chaikin『The Sino-Japanese War（1894～1895）』臨川書店
吉田暎二「明治の浮世絵版画」、『季刊浮世絵』第三四号、一九六八年秋日号
原島陽一「絵師略伝一覧」、国立史料館編『明治開化期の錦絵』、東大出版会、一九八九年。
（8）前掲原島、vii頁。
（9）「閣議案竝決定」、市川正明編『日韓外交史料』（4）日清戦争、原書房、一九七九年、二九～三〇頁。
（10）「陸奥外務大臣ヨリ朝鮮国駐剳大鳥公使宛」電信、同右二八頁。
（11）檜山幸夫『日清戦争―秘蔵写真が明かす真実』四四頁（講談社、一九九七年）。
（12）日朝戦争（王宮占領事件）の真実を明かす史料『日清戦史草案』の発見と、内容分析については、中塚明『歴史の偽造をただす――戦史から消された日本軍の「朝鮮王宮占領」』（高文研、一九九七年）が詳しく、唯一の研究である。
（13）参謀本部編『明治廿七八年日清戦史』第一巻、一一九～一二〇頁。
（14）『九州日日新聞』（熊本市、一八八二年創刊）が、事実に近い報道をしていることについては、拙稿「国権派の日清戦争――『九州日日新聞』を中心に」（『文学部論集』第八一号、一九九七年三月、本書第5章）でふれている。
（15）野田正彰『戦争と罪責』岩波書店、一九九八年。
（16）梅溪昇「近代日本軍隊の性格形成と西周」（『明治前期政治史の研究』未来社、一九六三年、所収）。本書第12章でも検討している。
（17）『文化財講座・日本の美術』４絵画（明治～昭和）、五〇頁、第一法規出版、一九七八年。

第8章

軍隊と日清戦争の風景——文学と歴史学の接点——

「社会文学」を旗印に文学と社会の関わりを追究するグループの一人、西田勝は「今こそ日本の文学者、特に近代以降の文学者が戦争に対して、どのような態度をとってきたか、あるいはとりつつあるかについての、厳密であると同時に組織的な究明が、なされねばならない時はないといえる」と述べ、同編『戦争と文学者』（三一書房、一九八三年）をまとめている。文学をフィクションとして孤立させないで、社会意識の反映としてとらえようとする貴重な問題意識であり、同書も西田の序「近代日本における戦争と文学者」以下、北村透谷、泉鏡花、国木田独歩、木下尚江、志賀直哉、広津和郎、青野季吉、太宰治、佐多稲子、武田泰淳、大岡昇平、江藤淳ら一二人の文芸作品を検討している。市井の民としての観察をもとに、作家が戦争や軍隊を描くことも、庶民の感想や随想と同じレベルで再検討されて当然である。ここでは、西田らの文芸論の視角からの議論から離れ、歴史学の視点から文学者の描いた軍隊と戦争を考察したい。もちろん近代日本全体に目を配るのは無理なので、日清戦争期にしぼって考える。

1　泉鏡花の「戦争文学」

鏡花は、一八七三年一一月四日に金沢市下新町二三番地に生まれた。父は金沢生まれの彫金師、母は江戸下谷生まれで葛野流の鼓師の娘。市内の養成小学校、金沢高等小学校、北陸英和学校に学び、一八九〇年一一月二八日家を出て、陸路敦賀に向かい、そこから汽車で上京した。まる一七年間を北陸金沢の町で過ごした鏡花が、ようやく目的の尾崎紅葉に面会を許され、門下生として住み込むのは、一年後になった(1)。後期硯友社の一人で、牛門の四天王と呼ばれるようになる、作家泉鏡花の出発点である。彼の処女作は、一八九三年五月『京都日出新聞』に連載した「冠弥左衛門」であり、同年中に計三作、翌年には八点の作品を発表した。このごく初期の作品群に日清戦争に取材したものがいくつか含まれている。

泉鏡花が、日清・日露戦争や軍人を題材にしたものを、発表順に初出誌とともにあげれば、次の一〇編と言われる(2)。

「予備兵」　一八九四年一〇月一～二四日　『讀賣新聞』署名「なにがし」
「海戦の余波」　一八九四年一一月二六日　『幼年玉手函』第一一編（博文館）
「琵琶傳」　一八九六年一月四日　『国民之友』第二七七号
「海城発電」　一八九六年一月五日　『太陽』第二巻第一号（博文館）
「勝手口」　一八九六年一一月二〇日＆一二月五日　『太陽』第二巻第二三号＆第二四号
「凱旋祭」　一八九七年五月　『新小説』（第二次）第二年第六巻（春陽堂）
「きぬぐ〳〵川」　一九〇二年五月　『新小説』（第二次）第七年第五巻（春陽堂）
「軍人の留守宅見舞の文」　一九〇四年三月　『日露戦誌』第一巻第一号＆第二号（錦文館）

「外国軍事通信員」　一九〇四年七月　『文藝倶楽部』第一〇巻第一〇号（博文館）
「柳小島」　一九〇四年九月　『文藝倶楽部』第一〇巻第一二号（博文館）

文学論としてこれらを検討したものには、蒲生欣一郎「兵役拒否と鏡花（3）」がある程度だと三浦は述べている。

蒲生は兵役拒否を取り上げ、三浦は「鏡花の戦争観」を問題にしている。それらは興味深いテーマであるが、ここでは鏡花の目に映った「日清戦争」はどんなものだったのかをたどることから、彼の「戦争観」に迫りたい。

この一〇編のうち、「軍人の留守宅見舞の文」（岩波全集版では「留守見舞」、巻七）・「外国軍事通信員」（巻九）・「柳小島」（同）の三編は、日露戦争を題材にしているので、今回の分析対象とはしない（4）。

2　兵士の眼

百万石の城下町であった金沢に名古屋鎮台に属する歩兵第七聯隊が設けられたのは、四鎮台が六鎮台に改組された一八七三年一月だった。一八八八年鎮台が廃止され、師団編制になった際、第七聯隊は第三師団（名古屋）歩兵第六旅団（金沢）に第一九聯隊（名古屋）とともに配属された（5）。日清戦争時の金沢市には、この第七聯隊と歩兵第六旅団本部が駐屯していた。「金沢の兵営は旧藩主前田侯の居城」（「豫備兵」）である。金沢城の西下、西内堀と西外堀に挟まれて、南北に長く町屋が並び、江戸時代以来の金沢の繁華街を形成していた。繁華街は、武蔵ケ辻から香林坊をつなぎ、犀川を越えると北国街道につながっている人馬の通行の多い町だった。兵営と繁華街は、極めて近かったから、兵士の姿は市民にはなじみあるものだっただろう。演習に隊伍を揃えて元気に通る部隊、用足しにやって来た当番兵、会議や折衝に出掛ける将校たち、などの光景が想像される。

第七聯隊誕生の年、金沢に生まれた鏡花も、そうした軍隊の姿を見慣れていたはずである。加えて、鏡花は、一八九三年八月脚気病のため一〇月まで帰郷し、翌年も一月父が亡くなったため九月中旬まで金沢に帰っている(6)。あたかも日清戦争が勃発したときであり、第七聯隊に動員が下令されるのは八月四日である。葬儀後の慌ただしいなかにも、鏡花は社会を見つめていたようである。後始末をして上京した直後、一〇月に発表された「豫備兵」で鏡花は兵士に注目して軍隊を描いている。「豫備兵」の舞台は、一八九四年七月から八月末までだった。

多くの兵士は農民出身で、日々の労働に鍛えられていると言っても、重装備での訓練は仮借ないものだった。鏡花は「近い所が、此旅団の兵士さんだ、御覧なさい、此まあ恐ろしい土用の炎熱《あつさ》に、四五貫もあらうといふ背嚢《ランドセル》を担いで、鉄砲を持つてさ、おまけに戎装《じうそう》が冬服だ、聞いてさへ酷《ひど》からうぢやないか」と、七月に始まった日清戦争が冬季に入ることを予想しての、冬服での演習風景を記録している。その上に「日がな一日演習だ、行軍だと立働て、夜も綽々《おち》寝られるのぢやないとさ。真箇《ほんに》その苦労といふものは、尋常《なみ》大抵の事ぢやありやしないよ」と描かれる、分刻みの時間表でさまざまな行動をせねばならない兵士は、農民出身であれ、職人出身であれ、新しい難しい体験だった。「きいてさへ酷」く「尋常大抵の事ぢやありやしない」との評価は、兵士の苦しみに同調している。

兵士への共感を持つ鏡花は、小説のなかに、兵士と将校を対立させる構図を作った際、兵士の側から描き、将校は抑圧者ないし無理解者として描かれる。結末は兵士に哀れなものとなり、ハッピーエンドではないが、そう描いた例が「琵琶傳」である。

幼なじみのお通の結婚により余儀なく別れた従兄謙三郎が「征清の出師ありし頃、折はあたかも予備後備に対する召集令の発表」により「予備兵」として「一週日以前既に一度聯隊に入営」したものの、どうしてもお通と再会したく、脱営してしまう。結果「出征に際して脱営せしと、人を殺せし罪」により謙三郎は銃殺刑になる。その銃殺刑に立ち会わされたお通は夫を殺して、自分も夫の猟銃で果てる。お通をめぐって、兵士（謙三郎）と将校（夫）は対立しており、お通の愛は、夫にはなく、謙三郎にあった。この兵士は、脱営は個人の「名誉」問題と言うより「国民の義務が欠けます」との明確な認識をもちながら、お通に会うため「三晩の間、むかうの麻畑の中に隠れておいでなすつて、めしあがるものといっちゃ、一粒の御飯もなし、内にゐてさへひどいものを、ま、蚊や蚋《ぶよ》でどんなだらうねえ」という辛酸を厭わず、「逢ひたくッて、実はね、私が」と心から絶叫する。「名誉」や「国民の義務」より、一兵士の愛を上位におく作品が、三国干渉以後の『国民之友』に掲載されたというのは、民友社の思想を考える場合無視されてはならないだろう(7)。

「きぬ〴〵川」は、同年一月に発表された「女仙前記」に続くもので、幻想的な「麗人《たおやめ》」に山中で出会う物語だが、鏡花は、そのなかでも同じ構図を用いている。「殿様」の屋敷に「師団長とやら、旅団長とやら、万歳とやら、何とやら、わあ〳〵といふお客の騒」という「園遊会」のあった夜、偶然通りかかった雪ともと騎兵が知り合い、山中に逃げ込む羽目になり、雪の夫である「殿様」が執事・巡査(8)・軍曹を追っ手に派遣するのだが、「お妾を一人ならず、二人も三人も御寵愛なさいます」夫は、ここではコキュの立場に置かれている。雪ともと騎兵は偶然の出会いであり、愛や男女の関係《なか》はないと思われるが、騎兵が軍隊を放逐されたいきさつが問題である。兵営で上官が部下に「汝達《きさまたち》は戦争に出て死ぬことができるか」と問うた際、皆は「唯戦《いくさ》のないのが残念でございます、口で申すよりは」と答えたが、この騎兵は静かにこう言った。

私は唯凶器の動かないことを望みます、其は私が大切に思ひます或女性《にょしょう》が、平和を望んで居りますから。しかし其美しい婦人のためにならば楯になって倒れます。

彼はたちまち同僚の兵士によって打ち倒され、靴で踏まれただけでなく、「軍隊への見せしめと言つて、故《わざ》と越度を拵へるやら、濡衣を着せるやら、酷いことの烈しい時は、倒さまにして打《ぶ》ったさうな。牢へ入れたことが、十幾度、」と虐待され、事情を聞いた愛する婦人は行方不明になる。この婦人が何者か明らかにはされないが、「都に名高き侯爵の娘」であるかも知れない。「殿様」の屋敷の主賓は、彼女を娶ろうとして失敗に終わった人物と説明され、さらに、その主賓のお供の軍曹が、車夫になっているもと騎兵に出会い、「向脛を蹴折つてやつた」と園遊会の場で報告すると、主賓と殿様は「それは愉快ぢや」と褒め、取り巻きたちが「軍曹万歳」と叫ぶ場面が描かれているから。

騎兵は、上官から戦争にかける態度が問題とされ、虐待され、郷里の金沢に戻り、零落した生活をおくっている時に、偶然お雪と知り合うのである。もと騎兵のぎりぎりの生活を「車夫」稼ぎで描くなど、鏡花の底辺社会への眼差しは、もっと注目されるべきである。

３　「豫備兵」のモデルをめぐって

「豫備兵」については、弦巻克二(9)が、前半に登場する「女丈夫」風間直子のモデルとして山本直子を捜し出している。弦巻氏の根拠は、『北國新聞』一八九四年分の博捜によって、「女子従軍を願ふ」（同年七月五日）、「山本直子」（同年七月八日）、「女丈夫従軍を督促す」（同年七月二六日）の三つの記事を発見したことによる。それらの記事によれば、山本直子は、旅費自弁で看護にあたる従軍願いを出し、所持金二〇〇円の献金をおこない、離縁した養子がいるなど、「豫備兵」のあら筋に酷似している。

しかし、鏡花の風間直子は「年紀五十三」で「旧藩士の老寡婦」と描かれており、山本直子は「今年五十八」で、出自は明確ではない。もう少し金沢の歴史を調べると、山本直子に先行する「女丈夫」を発見できる。一八四〇年五月生まれで日清戦争時には五四歳、出自も二〇〇石の加賀藩士河島良左衛門の三女という、小川直子である。年齢と出自の点で風間直子に近い。しかも、小川直子は、墓碑に「貞烈義勇忠誠の女丈夫」と刻まれ、「生涯を愛と教育にささげた烈女(10)」と評価されるほどの人物である。尊王攘夷派の志士として奔走していた夫小川幸三が、禁門の変で捕らわれ、斬首されたのは一八六四年一〇月だった。直子が幸三のもとに嫁いだのは一八六三年九月。幸三の死後、自宅蟄居の処分を受けたが、学に志し、一八七三年金沢女学校で教師となり、日清戦争の前年一八九三年六月品川弥二郎の推薦で、明治天皇の娘たち、常宮昌子内親王と周宮房子内親王の御用掛となった。二人への進講は一九〇三年末まで続いた（一九一九年九月没）。このことは金沢の町ではよく知られていたと思われる。鏡花は、山本直子と小川直子を合体させて「風間直子」像を作り上げたのではないか。

実はこの作品には、もう一つ金沢での実説が取り込まれている。歩兵第七聯隊の出征風景と出征にまつわる事件である。第七聯隊は、一八九四年八月四日午前一一時、桂太郎第三師団長から第一充員召集の電報を受け取り、「直チニ出師準備ニ従事(11)」した。応召の下士官・兵士は「尤モ神速ナルモノハ下令当日午後一時ニ入隊シ」、五日後の「八日午前十時ニハ野戦隊ノ充員全ク結了」したというから、事前の予想はあったものの慌ただしい市中の様子がうかがえる。『紀要』は

> 予後備下士卒ノ召集ニ応ズルヤ皆意気軒昂、親戚朋友旗織ヲ翻ヘシ喊声ヲ揚ゲ以テ其行ヲ送ル、送ル者往々雲従シテ営下ニ至リ、街頭ニ立テ演説一番別辞ヲ叙テ奨励スル者アリ、人心ノ奮起実ニ名状スヘカラズ

と、興奮が高まった市内を描写している。鏡花の筆でも

> 箇《こ》は抑恁麼《そもいかに》、金沢の市街は此日午後より暴《にはか》に騒然として不穏の色を表せり。須臾《みる〱》塵煙四方に起りて、人車東西に奔走し、鼎の沸くが如き紛擾と、潮の寄するが如き喧噪とは、夕《ゆふべ》に薄《せま》りて益々甚しく、

> 夜に入りて愈々劇《はげ》しくなりぬ。（中略）やがて一群又一群、或は両三箇、七八箇、向鬮巻《むこうはちまき》したる者、襯衣《しゃつ》ばかりに偏担《かたはだぬぎ》たる者、裙《すそ》を端折りたる者、赤児を負ふもの、踊《よろぼ》ひつゝ、杖《つえつ》くもの、病みて人の肩に倚《か》ゝるもの、絡繹《らくえき》として麕集《きんしふ》し、哭く声、喚く声、継いで陸軍万歳の声と共に、各々一群の中《うち》より身を抽《ぬ》く壮丁は、前後を争ひて兵営の門に入《い》る。再び起る万歳！　の唱声《さけび》、天地も為に震動せり。其夜十時を過ぐるまで金沢市中は実《げ》に活修羅の巷なりき。人々安き心も無く、今にも敵や襲ふかと、壮者は狂し、婦女は戦《をのゝ》き、父老《ふろう》は危み且憂ひぬ。

とあって、より騒然とした金沢の町を見ることができる。

　鏡花の軍隊は、「明治二十七年八月中旬、暁天」に金沢城南門を出発して、「征師烈々」として進んだ。ところが「此日一天快晴」に恵まれ、「熾日赫々として炎輝燬《や》くが若し。正午より午後四時に至る迄、寒暖計は華氏の九十五度より七八度の間を昇降せり」という灼熱の日になった。兵士たちは「半冬半夏の服装」で「背嚢《ランドセル》を負ひ、小銃を肩にし、外套を担ひ、銃剣《サアベル》を帯び、弾薬を携へ」ていたため「汗流れ、息喘ぐ」辛い状態になった。ようやく手取川に着いた時、主人公の野川清澄少尉が「朽木の如く横様に卒倒」した。日射病のためだった。軍医が手当をする間もなく、野川少尉はそこで死ぬ。看護卒が手当のため、剣を離そうとすると、野川は「之を棄てて戦闘力を失ふことは、軍人たるものの義務が容さぬ。此の儘死なして下さい。本望だ！」と叫んだため、旅団長敷島国臣（「敷島」は日本国のことであり、大和にかかる枕詞。「国臣」はまさに国家と臣下の合成語）はじめ全軍は「臨終の忠烈なる言行」と称えて、小説は終わる。前半の「破廉恥、無気力、無神経、卑屈野郎」と辱められ、天誅を加えられようとした医学生野川清澄のどんでん返しで、主人公野川少尉が、「立派な小隊長」として「敵の首を提げて」「金鵄勲章」でも取り、「実名は新聞紙上で名乗」るような手柄を立ててこそ、劇的な結末を迎えるはずなのに、鏡花は主人公の死で終わらせる(12)。中途半端な結末になっているのはなぜか。それが鏡花の取材の結果だと見る理由である。

『紀要』の記録による現実の歩兵第七聯隊は、八月二七日の旅団命令によって、鉄道の通じている福井県敦賀町まで一六〇キロを陸行することになり、八月二九日午前六時三〇分金沢城を出て、松任町から美川町を経て小松町に至る三六キロを第一日の行軍とした。ところが「連日暑気焚クガ如ク、日射病ニ罹ル者頻々発生」する惨状となった。患者運搬のための人力車が足りないため、荷車や戸板まで使っても「意ノ如クナラス」、患者のある者は兵営に到着したのが翌日午前二時ということにもなった。行軍初日に日射病で亡くなったのは、三人になった。九月一日に敦賀に到着したが、それまでに日射病患者一二五九名、その死者五名（九月二日にも一名）という有り様である。残念ながら、現存の『北國新聞』はこの年八月から一一月の全部が欠けているし、『紀要』巻末には「戦死者」一覧しかないため、日射病の死者のなかに将校がいたかどうかは不明だが、この患者数の多さから見て、死亡した野川少尉のモデルはいたと考えられる。こうした点を見ると、文学史として「鏡花の最初の本格的現代小説(13)」という評価も一層当を得ていると思われるが、それ以上に現実と意外に近い場所に鏡花が立ち、日射病で出征前に死亡した将校に寄せた情感に気が付くのである。日射病で惜しくも亡くなった将校に寄せる思いは、嘲笑であるはずはなく、熱い「忠烈心」への期待であり、ここに鏡花のナショナリズム評価の材料の一つが見いだされる。

4　戦争熱

近代国家最初の対外戦争として、日清戦争の国民は排外主義に燃えている。おそらく勝敗如何の不安を持った、確信の無い単純な排外主義であるが。鏡花の筆によっても、国民の戦争熱は日清戦争の始まる前から、高まっていた。「豫備兵」では、一八九四年七月牙山の戦いが終わったころ（大島混成旅団が牙山を占領したのは七月三〇日）、風間直子が「所有の田地を売払ひ」て得た「二百余金」を「即日之を挙げて恤兵部に献じたり」と献金を記録している。直子のこの挙は金沢市民を驚かせた。「目敏き老女《ばば》の為に眠を覚されし市下の新聞社は、二号文字に特筆大書して此義挙を称賛すれば、市民は忽ち同じて、国民の亀鑑よ、未曾有の女丈夫よと、名声嘖然として石川県下に揚りぬ。之が為に刺戟せられたる富豪の輩は慌て忙き、土蔵を開き、弗箱を撈り、我劣らじと恤兵せり」。このモデルについては前述したが、同様の献金熱は全国各地に生まれている。

国民の戦争支援は、献金だけにとどまらず、自ら義勇団となって従軍する意志表明となって現れた。高知市の練武館という武道道場が八〇〇人以上の義勇兵を組織し(14)、旧水戸藩と旧須坂藩の士族二六八人が抜刀隊を編制した(15)のも特異な例ではなかった。大阪市では、剣客半田弥太郎が五〇〇余人の門弟を率いて従軍を志願したが(16)、不許可になっている(17)。栃木県でも旧宇都宮藩士五〇〇人が渡韓を申請した(18)。日清開戦の可能性が高まった六月以降、各地で義勇兵志願が広がっているのである。恐らく八月段階で執筆されたと思われる鏡花の「豫備兵」に、風間直子の献金と並んで義勇団成立を記すのは、こうした状況を反映したのである。それは「黒地に青く蜻蛉を染め抜きたる木綿袴を一様に穿做《はきな》して、手に手に日本杖《やまとづゑ》を提《ひつさ》げたる、これなむ蜻蛉組《とんぼうぐみ》とて、老勇婦直子を慕へる義勇団の壮士なりけり」として登場する。さらに鏡花の筆は、

我忠勇義烈なる国民は、抜刀隊或は義勇団を組織して所々に蹶起せるほどに、名古屋第三師団の分営を置かれたる石川県下金沢にも血気の輩凡一百名の同盟より、這般の団体は成立ちたり

と国民の戦争熱を肯定的に描写したかのように見える。

しかし、義勇団の構成員を見る目は厳しい。

却説《ここに》或時は壮士となり、或時は強請《ゆすり》となり、一変して演説家となり、首尾好くばその頃の巡査ともなりぬ可き浮浪《ふろう》の壮佼《わかもの》聚《あつま》りて、恁麼《いかん》の目的ありてか、常に撃剣を学べる一団体あり。

「壮士」や「演説家」と描かれているのは、民権家の系譜を持った人々という意味であろう。かつて自由と民権を高唱していた若者たちが、その後国権論に転じ、日清戦争を好機として政府支援の論陣を張り、義勇団運動にも参加していたのも、全国的に見られる事実である(19)。彼らの国権論についても、鏡花は描いている。

　躍然手に唾して義勇兵を組織し、鴨緑の流鞭絶つ可し、支那人《ちやん〱》斬る可し、北京取るべし、豚《とん》尾《び》十《と》條《すじ》を一束にして、両手に五束づゝ、挈《ひつさ》げて帰るべしと、扼腕して気競《きほ》ひつゝ、一《いつ》飛《ぴ》渡韓せむと企つるもの、百余名ぞ顕れける

一八九四年一二月八日、神戸市最初の「戦勝祝賀会」が開かれたとき、会費を支払って入場した者三五〇〇余人、それを取り巻く見物人数万人となったが、そこで述べられた周布公平県知事の祝文は「惟ふに北京を陥れ城下の盟《ちかい》を為さしむるも亦遠きにあらざるべし、豈人生の一大快事ならずや」と、首都北京を攻略し大国清国の降伏にまで追い込む期待をあらわにしていた(20)。そこでおこなわれたアトラクションも、仮設した北京城を模擬大砲で総攻撃し、炎上させて「凱歌を挙げ」るというセンセーショナリズムであった。

鏡花が、こうした国権論とセンセーショナリズムを克明に次のように描く時、

　時事を談じ、兵略を説き、放言壮語喧々《けん〱》囂々《がう〱》として、さながら浴場の夕にも似たりけり
忠君愛国の大和魂其光を日月と争ふべき志士一漢子《いつかんし》あり。仇名を爆裂弾《ダイナマイト》といふ
爆裂弾曰「苟も日本国民として、此際戦争の事を口にせん者が何處に在るか。乞食の輩に至るまで、会へば必ず帝国の万歳を唱ふ、その今日、寝惚《ねぼ》けた面をして、此日清間の大衝突、国家危急の大事件を（中略）我輩志士が如斯《かくのごとく》心血を灑《そそ》ぐ所の、愛国の義挙（中略）」
「今や我国民は億兆の心を一にして、千挫屈せず、百難是排する所の、敵愾の精神を固めねばな

らんのである。」

実はそれとは離れた地点に身を置いていたのではないか。こうした「愛国の志士」たちに対して、一人の下士官に

そりや敵愾心は結構だ。義勇兵も可《い》いさ。けれどもが、我日本帝国には精鋭なる陸軍といふものがある。（中略）一朝国家事あるの際は其責に任じて、君等《きみたち》に心配を懸けまい為の陸軍ぢやないか。（中略）支那征伐は陸軍に委せておいて、君等《きみら》は昼寝でも為《し》て待つてゐ給へ、今に平壌を取つて御覧に入れるから。

と反論させる時、鏡花は国家の側に信を寄せるというより、国家＝軍隊の果たすべき責任を求めていたのではないか。主人公の野川が非難の言葉として浴びせられる「非国民的呑気」こそ、鏡花の憧れであっただろう。

蜻蛉組のような国民の熱い義勇兵志願も、政府の拒否によって立ち消えになった。一八九四年八月七日「義勇兵に関する詔勅」が出たのである。

朕ハ祖宗ノ威霊ト臣民ノ協同トニ依リ我忠武ナル陸海軍ノ力ヲ用ヰ国ノ威稜《みいつ》ト光栄トヲ全クセンコトヲ期ス、各地ノ臣民義勇兵ヲ団結スルノ挙アルハ其忠良愛国ノ至情ニ出ル事ヲ知ル、惟フニ国ニ定制アリ、民ニ定業アリ、非常徴発ノ場合ヲ除クノ外臣民各其定業ヲ勉ムル事ヲ怠ラズ、内ニハ益《ますます》生殖ヲ勧メ以テ富強ノ源ヲ培フハ朕ノ望ム所ナリ、義勇兵ノ如キハ現今其必要ナキヲ認ム、各地方官朕ガ旨ヲ体シ示論スル所アルベシ(21)

日清戦争の先例があったためか、日露戦争ではこの義勇兵熱はなかったが、逆に言うと国民の日清戦争への関心を示す尺度として、全国でどれだけの義勇兵志願があったかを集計することも必要である（本書九二〜九三頁、表6―1参照）。

5　軍夫

義勇団を見る鏡花の目は、厳しかった。それは、軍夫という特殊日清戦争的集団をも見つめていた。「海城発電(22)」は、看護員と軍夫が主人公である。十数名の軍夫のなかに「一人逞ましき漢《おとこ》」がいて、「年配三十八九、骨太なる手足飽くまで肥へて、身の丈もまた群を抜けり」と描写される。彼は、軍夫の取り締まりにあたる「百人長」の海野である。海野は、軍夫たちから「親方」とは言われない、「先生」と呼ばれる。なぜか。鏡花は「海野は老壮士なればなり」と説明しているから、民権家の晩年を意味していると思われる。ほかの軍夫が「漢語」に嫌悪感を表しているなかで、海野は赤十字社の看護員を論理的に詰問する役目を果たしている。海野は、自分たち軍夫を「父母妻子をうつちやつて、御国のために尽さうと謂ふ愛国の志士」と表現する。鏡花が「海城発電」で作った構図は、人道主義の看護員を、愛国主義の軍夫が「国賊」と非難し追及する、というもので、結末のイギリス紙特派員の電報内容から言って、鏡花は看護員擁護の立場をとっている。

軍夫たちが「浅黄の半被《ハッピ》股引」を身にまとい、百人長が「太き仕込杖を手に」している、など、鏡花が現実の軍夫ないし軍夫報道を取材したことを推測させる。

ここに登場する軍夫とは何か。軍隊は戦闘部門だけでなく、兵站を担当する非戦闘部門が不可欠である。しかし日本の陸軍は技術一般に対する評価が低く、なかでもこの兵站への差別的待遇は大きかった。兵站を担当する部門は、正規兵の輜重兵と雑卒の輜重輸卒だが、一八八四年の定員は輜重兵一一八人に輜重輸卒一万五〇〇〇人にすぎず、さらに「輜重輸卒が兵隊ならば、蝶々やトンボも鳥のうち」などと揶揄されて、二等卒の下に輸卒が位置づけられていた(23)。日清戦争では、

各師団の行李は駄馬編制で、辛じて既教育輸卒を充当し得たが、輜重の要員は全然不足した。止

むなく軍夫を募集し、徒歩車輌をもって編成した(24)。と言われるように、多数の軍夫が採用されている。公式の戦史である『明治廿七八年日清戦史』は、国際法上の日清戦争（一八九四・七・二五～一八九五・五・八）に、台湾征服戦争（一八九六年二月初旬まで）を加え、参戦した将校・下士官・兵士の合計を二四万六一六名と算定している(25)。同時に、「其他各部隊ノ編制上及補充ノ為メ竝ニ戦地ニ於ケル臨時ノ必要ニ因リ内地軍夫」を「傭役」したとして、一五万三九七四人をあげている(26)。戦闘部隊一〇〇に、軍夫六四の割合になる。相当の数と言わねばならない。それなのに彼ら軍夫の被害数は不明のままである(27)。

実は、国木田独歩にもこの軍夫を登場させた作品がある。一九〇〇年一二月号の『太陽』（博文館）に発表された「置土産」がそれで、翌年三月に刊行された独歩の初めての創作集『武蔵野』に収載されている。吉次という「油の小売を小まめに稼ぎ親もなく女房もない気楽者」が、「二十七年の夏も半を過ぎて盆の十七日踊の晩」、お絹という女性に「軍夫となりて彼地に渡り一稼大きく儲けて帰り、同じ油を売るなら ば資本《もとで》を下して一構の店を出したき心願」を打ち明けようとして果たせなかった。この時期にはすでに軍夫志願は格段のことではなく、「若い者の遽《にわか》に消えて無くなる、此頃は其幾人といふを知らず大概は軍夫と定《き》まり居れば」吉次がいなくなったことも忘れられていった。翌年三月の末、吉次が「彼方《あっち》で病死した」と叔父から伝えられる。吉次は、お絹と叔父に二〇〇円という大金を遺していた。鏡花には、一八九五年四月の『文芸倶楽部』に掲載された「夜行巡査」という作品があるが、主人公の巡査は月給八円である。巡査のほぼ二年間にあたる収入は、巡査の月給が安いとしても相当な額であろう(28)。国民の義務とされた徴兵による兵士ではなく、戦争を労働機会の一つととらえ、有給の軍夫として従軍し、できればそれを踏み台に新しい人生を設計する。ここにも日清戦争のもたらした国民思想の再検討がなされねばならない理由がある。

むすびにかえて

泉鏡花と国木田独歩という二人の作家の一部の作品を取り上げただけだが、彼らの民衆を観察する鋭い眼は、軍隊と戦争をも見逃してはいなかった。しかも鏡花の場合、このテーマが初期の作品であっただけ、その後の創作活動にまで長く影響を及ぼしたと考えてよいだろう。島村抱月が、「観念小説」と命名した「夜行巡査」（一八九五年四月発表）、「外科室」（同年六月発表）の二作と、抒情小説と呼ばれる「照葉狂言」（一八九六年一一～一二月に発表）の間に、「琵琶傳」と「海城発電」が発表されるのである。

従来、日清戦争に関する研究はあまりにも等閑視されてきた。社会史としての究明の必要は、別稿でも述べた(29)。特に軍夫問題は、軍が無視し、ある意味では隠してきたものであったため、それを明らかにすることによって新しい研究の可能性が広がる。

以上に述べてきたことだけでも、近代日本のナショナリズムを考察するうえで、日清戦争をまず検討しなければならない必要が見える。義勇団運動の全国的展開、祝勝会の異常な排外主義、愛国主義と人道主義の対立、労働機会としての戦争、などは日清戦争においてすでに歴史の舞台に登場していたのである。これらをより詳細な史料とともに再検討すること、それが日清戦争一二〇年にして我々に課せられている。

【注】

（1）「泉鏡花年譜」、『鏡花全集』第一巻所収、一九四二年、岩波書店。
（2）三浦一仁「泉鏡花――反軍小説家として」、西田前掲書所収。
（3）『鏡花文学新論』一九七六年、山手書房。
（4）以下、『泉鏡花全集』岩波書店版、全二八巻と別巻一、一九四二年刊行、別巻のみ一九七六年三月刊行、を底本として使用する。
（5）参謀本部編『明治廿七八年日清戦史』第二巻付録第一七、陸軍省編『明治二十七八年戦役統計』上巻、などによる。
（6）前掲「泉鏡花年譜」

（7）従来民友社文学として取り上げられるのは、国木田独歩や徳富蘆花に集中しており、宮崎湖処子に注目しなければならないと強調したのは、山田博光（「故郷と都市の現実―民友社の文学」、『民友社文学集』一所収、一九八四年、三一書房、など）だが、そこでも泉鏡花は無視されている。初期総合雑誌としての『国民之友』を考えるならば、鏡花のような人物も視野に入れる必要があるだろう。
（8）明治期、有産者の申告により屋敷などに設置された請願巡査と思われる。
（9）『豫備兵』の素材など―観念小説への道」、『光華女子大学研究紀要』第二一集、一九八三年一二月。
（10）「小川直子」、北國新聞社編『加能女人系』上、所収、一九七一年、北國新聞社。
（11）歩兵第七聯隊編・刊『歩兵第七聯隊／明治廿七八年征清紀要』、石川県立図書館蔵。以下『紀要』と省略。
（12）弦巻克二氏は「『予備兵』の構想―兼六公園での恥辱を少尉になってから犀川畔で雪ぐという四章と九章に書かれた〈清澄〉の復讐劇の挿入」と四章と九章で話は完結していると見ているが、それでは一〇章・一一章が付け加えられて、主人公野川少尉が死ぬのが、ますます蛇足になる。
（13）村松定孝「鏡花小説・戯曲解題」二四頁、同編『泉鏡花事典』所収、一九八二年、有精堂出版。
（14）『時事新報』一八九四年六月二六日。
（15）『時事新報』同六月二九日。
（16）『大阪毎日』一八九四年六月二五日。
（17）同一八九四年八月一〇日。
（18）同一八九四年七月一日。
（19）一八八四年一二月の甲申事変の際も、義勇軍結成運動が広く展開し、三府二四県までになった。しかもその担い手は、旧藩士と旧自由党員とされる。山田昭次「対朝鮮政策と条約改正問題」『岩波講座日本歴史』第二次第一五巻所収、岩波書店、一九七六年。
（20）『大阪毎日』一八九四年一二月一一日。
（21）『大阪毎日』一八九四年八月九日。
（22）「海城」は清国の地名で、日清戦争の際、激戦がおこなわれ、歩兵第七聯隊は参加している。
（23）秦郁彦編『日本陸海軍総合事典』七〇五頁、一九九一年、東大出版会。
（24）編集委員会編『追憶／金沢輜重兵連隊』二頁、金沢輜重兵会刊行、一九七六年。
（25）『日清戦史』第一巻六五頁。
（26）『日清戦史』第一巻七四頁。
（27）このテーマでの唯一の先行研究者であり、一九九三年度文部省科学研究費一般研究（C）での共同研究者である大谷正氏は、参謀本部編『明治廿七八年日清戦史』、陸軍省編『明治二十七八年戦役統計』、『（大本営野戦衛生長官部）明治廿七八年役陣中日誌』などに基づいて、「最低に見積もっても七〇〇〇人を越えることは確実」(「『文明戦争』とその矛盾—日清戦争の軍夫問題に関する覚書」、石村修・小沼堅司・古川純編『いま戦争と平和を考える』所収、一九九三年、国際書院)と推定しているが、これも実態調査を踏まえてのものではないため、今後の各地での史料発掘などが必要である。

(28) 引用は、岩波文庫版、一九三九年初版、一九六九年三五刷。

(29) 拙稿「日清戦争の史料二、三について」、『佛教大学総合研究所紀要』第一号。

(付記) 本稿は、注(29)の論文とともに一九九三年度文部省科学研究費一般研究(C)「日清戦争の社会史的研究」に基づく研究成果の一部である。

参考・〔第三師団構成図〕

第三師団(師団長・桂太郎中将)

- 歩兵第五旅団(名古屋)
  - 歩兵第六聯隊(名古屋)
  - 歩兵第一八聯隊(豊橋)
- 歩兵第六旅団(金沢)
  - 歩兵第七聯隊(金沢)
  - 歩兵第一九聯隊(名古屋)
- 騎兵第三大隊
- 野戦砲兵第三聯隊
- 工兵第三大隊
- 大架橋縦列
- 小架橋縦列
- 弾薬大隊 — 歩兵弾薬縦列2箇 — 砲兵弾薬縦列3箇
- 輜重兵第三大隊 — 糧食縦列3箇・馬廠
- 衛生隊
- 野戦病院 — 第一・第二
- 野戦電信隊

(出典) 参謀本部編『明治廿七八年日清戦史』第二巻、付録第一七。
陸軍省編『明治二十七八年戦役統計』上巻。

第9章　戦争を受けいれる社会はどのように創られたのか

1　「明治維新」の世界史

〈明治維新〉とは何だったのか、そのことを世界史のなかで考えたい。明治維新の約一〇〇年前、一八世紀末に起きた二つの革命、アメリカ独立革命とフランス革命について、トマス・ペイン『人間の権利』（一七九一〜九二年刊）は、次のように意義を語っている。

事実の多くは、それ自体が原理だった。例えば、人間の自然権を認め、圧制に対する抵抗を正当化したアメリカ独立宣言や、フランスとアメリカの間に結ばれた同盟条約がそれである。（中略）今日、アメリカおよびフランスでの革命以来、全世界に見られるものは、事物の自然の秩序の革新であり、真理や人間の存在と同様に普遍的で、政治的幸福および国民的繁栄と道徳的幸福および繁栄とを結び合わせる一つの原理体系なのである。（西川正身訳、岩波文庫、一九七一年、一一四〜一一五頁）

日本で「アメリカ合州国の独立戦争」と言われているものはAmerican War of Independenceが原語表記となるが、これは英国の表現であり、アメリカ合州国ではそう表現せず、American Revolution、

Revolutionary Warとする。直訳すればアメリカ独立革命、革命戦争となる。これは帝国のなかにおける本国と植民地の間の歴史認識問題である。

一七七六年のアメリカ独立革命、一七八九年のフランス革命、一八世紀末から一九世紀にかけてのラテンアメリカ諸国の独立、一八四八年の二つの革命（フランスとドイツ）という七〇年間に連続した世界的な変革の動き。これらを〈環大西洋革命〉の七〇年間と捉えるのは西洋史学の提言である。

現代日本では「アメリカ独立戦争」という用語で語られる一七七六年のアメリカは、本国イギリスの王政支配から離脱するものであり、アメリカの統治形態を変える革命だった。「戦争」ではなく、「革命」と捉えることが重要である。いわゆる「アメリカ独立宣言」（一七七六年七月四日）である「アメリカ合州国一三州全会一致による宣言」は次のように述べている。

われわれは以下の原理は自明のことと考える。まず、人間はすべて平等に創造されており、創造主から不可譲の諸権利をあたえられており、それらのなかには生命、自由、幸福追求の権利がある。次に、これらの権利を保障するためにこそ、政府が人間のあいだで組織されるのであり、公正なる権力は被治者の同意に由来するものである。さらに、いかなる形態の政府であれ、この目的をそこなうものとなった場合は、政府を改変、廃止して、国民の安全と幸福とを達成する可能性を最も大きくするとの原則に従い、しかるべく機構をととのえた、権力を組織して新しい政府を樹立するのが、国民の権利である。（金井光太朗訳、歴史学研究会編『世界史史料』第七巻、南北アメリカ　先住民の世界から一九世紀まで、岩波書店、二〇〇八年三月）

この宣言の一二年後、一般にフランス人権宣言と呼ばれる「人および市民の権利宣言」（一七八九年八月二七日）は、二年後の一七九一年フランス共和国憲法の前文となる。それは一五〇年後の一九四八年、国連「世界人権宣言」に引き継がれ、次のようになった。

第一条　人間は、自由で権利において平等なものとしてうまれ、かつ生き続ける。社会的区別は、共同の利益にもとづいてのみ設けることができる。

第二条　あらゆる政治的結合の目的は、人間のもつ絶対に取り消し不可能な自然権を保全することにある。それらの権利とは、自由、所有権、安全、および圧制への抵抗である。

第三条　すべて主権の根源は、本質的に国民のうちに存する。いかなる団体も、またいかなる個人も、明示的にその根源から発してはいない権限を行使することはできない。

第一六条　いかなる社会であれ、権利の保障が確保されておらず、また権力の分立が定められてもいない社会には、憲法はない。

第一七条　所有権は、神聖かつ不可侵の権利であり、したがって、合法的に確認された公的必要性からそれが明白に要求されるときであって、かつ予め正当な補償金が払われるという条件でなければ、いかなる者もその権利を剥奪されえない。

（瓜生洋一訳、歴史学研究会編『世界史史料』第六巻、ヨーロッパ近代社会の形成から帝国主義へ、岩波書店、二〇〇七年三月）

もちろん原型の一七八九年人権宣言に限界があるとの指摘は、同時代にすでに存在している。作家オランプ・ド・グージュ（一七四八〜九三）という女性が、一七九一年に「女性及び女性市民の権利宣言」を発表して、人権宣言が男性中心思想を脱していないことを追及した。ただマリー・アントワネット処刑の二週間後に、反革命の罪で処刑されたため、この追及はその後の歴史のなかではあいまいになってしまった。アメリカ独立革命にしろ、フランス革命にしろ、時代的限界はあるものの、人類に普遍的な理念を打ち出し、それを広げる方向性で支持されたことが重要である。

一方日本ではどうなのか。幕末政争のスローガンは、「攘夷」から「尊王攘夷」へ、さらに「万国対峙」

となったが、いずれも押し寄せる欧米諸国にどう向き合うかという点でのスローガンに過ぎない。西欧は、すでに政治革命・産業革命を経ており、それへの後追いが日本の課題となった。一九世紀半ばまで七〇年間の〈環大西洋革命〉の渦は同時代の日本にまで到達していた。そのためには、漸進的改革ではなく、急進的改革の路線が必要だというのが討幕派の認識となり、戊辰戦争という内戦をも経験することになった。ユーラシア大陸の東端という辺境の革命だった。

採用された急進政策には、対立や矛盾が生じるわけで、そのほころびを縫う役割を天皇（討幕派の隠語で言う「玉」）に持たせたため、新たな天皇制と天皇像を創造することになった。中国から学んだ易姓革命や禅譲説では、天皇に意味はなかった。

徳川政権の意味を、新しい君主制と位置づけ、天皇制を相対化した、新井白石の「読史余論」は、〈天下九変五変説〉といわれる。ケイト・W・ナカイ『新井白石の政治戦略――儒学と史論』（東大出版会、二〇〇一年八月）も、新井白石の所為を、将軍を国王として作り直す努力として再検討している。そのなかからいくつか紹介しておく。儒学者の立場からは、支配者は権威の名と実を一体化させたものであり、それは江戸時代には徳川家が保有していたと考えると、白石の論理は一貫していた。権威の実は徳川家だが、名は天皇が持っていたとする、いわゆる〈幕政委任論〉は、王政復古を夢想する国学者たちが考えた論理であり、そのため彼らは白石を強く批判している。頼山陽は、白石を「逆を為す者」と反逆者並みに扱った。「読史余論」は一七一二年にまとめられ、将軍家には献上されたものの、刊本として広まったのは幕末の一八五八（安政五）年だった。国学者たちが、幕政委任論や王政復古を打ち出すなか、白石の〈天下九変五変説〉は天皇制を相対化し、徳川王朝を再定置するものとして幕臣らには迎えられた。

幕末に提案された新政治構想は、赤松小三郎、坂本龍馬など数点まとまったものが遺っている。それらは、〈環大西洋革命〉とリンクするものというより、天皇と朝廷・徳川将軍と幕府・諸大名の間でどのように権力を分有するのか、という当面の政治計画でしかない。幕末のいわゆる〈植民地化の危機〉論は、討幕派の政治抗争の一論でしかなかった。欧米が狙っているのは広大な中国市場であり、それに比較すると日本の市場も位置も、強大な軍事力を派遣してまで獲得する冒険を犯すほどの価値はなかった（芝原拓自『日本近代化の世界史的位置——その方法論的研究』岩波書店、一九八一年）。第二次アヘン戦争以来約三〇年間、東アジアで軍事紛争が起きていない事実に、より注目すべきである。

2　日清戦争で登場したキーワード

二度のアヘン戦争により軍事的侵出を果たした英仏など欧米列強も、それ以上の軍事的冒険はおこなわなかった。朝鮮への二度の来寇（一八六六年の丙寅洋擾はフランス極東艦隊七隻、一八七七年の辛未洋擾はアメリカアジア艦隊五隻）があったが、いずれも撃退された。またフランスとアメリカも、それ以上の軍事行動を続けなかった。要塞など拠点を占領することはできても、それを拡大するための大きな軍事力を東アジアに進出させることは、蒸気船や植民地の力を利用しても無理だった。

欧米列強のできなかった朝鮮の開国という事業に、同じように軍事力を使ってこじ開けたのが、明治維新直後の日本だった。徳川慶喜は、大政奉還直後の政治的実権再掌握の試みのなかで、丙寅洋擾に対して、朝鮮とフランスの仲介役を果たしたいと朝廷に申し出て、対馬藩主の宗氏に、仲介に動くように命じているから、一八六七年一二月の王政復古がなければ、軍事的こじ開けではなく、朝鮮開国が実現されていたかもしれないが、歴史はそうは動かなかった。一八七五年、日本海軍の雲揚号が朝鮮沿岸で挑発的行動を繰り返した結果、江華島砲台と交戦し、占領することで、朝鮮王朝と交渉に入り、翌年日朝修好条規の締結、朝鮮の開国となった。近年の研究で江華島事件を報告した艦長井上良馨の史料が明らかになり（鈴木淳「『雲揚』艦長井上良馨の明治八年九月二九日付江華島事件報告書」、『史学雑誌』二〇〇〇年一二月号）、それを詳細に分析した中塚明『日本人の明治観をただす』（高文研、二〇一九年二月）も公刊された。中塚氏の分析によれば、井上良馨の正式報告書は一日に起きた事件としているが、原案の報告書では三日間朝鮮の領土を占領していた。これでは「国際公法上許すべからざることだ」となり、井上が改竄した報告書を作成したという（一九二四年五月、海軍大学校談話会で井上自身が話した内容）。「対外戦争での日本軍隊の行動を記述するのに用いられた「改竄」の手法第一号が、江華島事件の報告書だった」のであり、「日本近代史における朝鮮侵略の第一歩から、日本の軍事行動はウソの話に改ざんされていた事実」を中塚氏は強調している。確かに、中塚氏が一九九四年に明らかにされたように（「『日清戦史』から消えた朝鮮王宮占領事件――参謀本部の「戦史草案」が見つかる」、『みすず』第三九九号、一九九四年六月）、一八九四年七月二三日に日本軍が起こした朝鮮王宮（景福宮）占領は、日本軍と朝鮮軍の戦闘であり、宣戦布告なき戦争だった。そこで私は「七月二三日戦争」と名付け、和田春樹氏は「第二次朝鮮戦争」（第一次は秀吉の朝鮮侵略）と命名している。「国際公法」の名で示されているのは、欧米列強の国際政治である。その承認の範囲でアジアでの権益を獲得する方向を進んだ近代日本は、公文書の改竄や事実の隠蔽を繰り返している。そのことは一九四五年に敗戦で終わる〈五〇年戦争〉全体を貫いている。

一八六〇年以来三〇数年の間をおいて、東アジアで戦争が起きた。それが日清戦争である。この戦争でも、政府（伊藤博文内閣）は、列強からの干渉を跳ね返し、国際法順守によって欧米並みの近代国家であることを誇示するよう努力した。そのことは、日清戦争後陸奥宗光外相がまとめた天皇への日清戦争外交の報告書『蹇蹇録』に細部にわたるまで記録されている。しかし、ここでも国際法順守は完遂されなかった。旅順虐殺事件が、欧米の従軍記者たちによって報道され、伊藤や陸奥はその対処に追われることになった。アメリカの上院では、日米通商条約の批准にあたり、旅順虐殺事件が問題となっていた。隠蔽できなくなった伊藤内閣は、激戦のなかでの混乱、という言い訳で押し通した。

国際公法という国際的権力関係のなかで、近代日本は隠蔽や改竄などを使いながら、侵略戦争を続けた。そのことは事実の正しい認識である。だが、当時の国民の多くは、そうした隠蔽や改竄を知らなかった。当時の学問的究明が、隠蔽や改竄を疑わせても、その確証や追及は、大日本帝国憲法下ではできなかった。

では国民は、対外戦争という近代国家の持ち込んだ矛盾に対してどのように納得していたのか。それを論証するには、言論社会の実態や個人の日記・手紙などの史料を収集し、分析しなければならない。その余裕がないので、ここでは、国家がどのように国民を説得していたかを、詔勅と勅語から考えてみたい。

詔勅は、天皇の名で発表されるが、宮内省と政府の合議により文章化されるものであり、天皇個人の意思というより国家の意思表明として捉えることができる。勅語も成立過程は同様である。国家としては詔勅が最も重みがあり、勅語は天皇個人の言葉として位置づけられる。勅語のなかで教育勅語だけが詔勅並みの重さを持っているが、教育に関する勅語は例外の扱いである。初期の起草者として西周や井上毅などが遺した史料から推定されている。

以下の詔勅や勅語は村上重良編『近代詔勅集――正文訓読』（新人物往来社、一九八三年四月）を使うが、原文のカタカナを平仮名に変えて引用する。傍線は原田が引いた。

【史料1】日清戦争開戦の詔勅　一八九四年八月一日

「朕か即位以来、茲に二十有余年、文明の化を平和の治に求め」「以て東洋全局の平和を維持せんと欲し」「以て東洋の平和をして、永く担保なからしむるに存するや、疑ふへからす」「速やかに平和を克復し、以て帝国の光栄を全くせむことを期す」

いわゆる宣戦布告だが、相手国への交付もなく、実態は国民に、戦争開始の宣告をしたにとどまる。しかし、新聞各紙に掲載され、国民はこれを読んで戦争の意味を理解するしかなかった。ここに「東洋全局の平和」・「東洋の平和」という言葉が出てくる。侵略戦争を合理化するための常とう句とだけ捉えていては実態を見損なう。

次に下関条約締結後の詔勅である。

【史料2】講和条約締結の詔勅　一八九五年五月一〇日

「顧《おも》ふに、朕か恒に平和に眷々たるを以てし、竟《つい》に清国と兵を交ふるに至りしもの、洵《まこと》に東洋の平和をして永遠に鞏固《きょうこ》ならしめむとするの目的に外ならず」

ここにも「東洋の平和」が登場する。常に「東洋の平和」を望んでいた天皇と日本政府は、それを回復するために清国と開戦し、勝利して「東洋の平和」を回復することができた、という勝利宣言である。

次に日露戦争開戦の詔勅。

【史料3】日露戦争開戦の詔勅　一九〇四年二月一〇日

「惟ふに文明を平和に求め列国と友誼を篤くして以て東洋の治安を永遠に保持し各国の権利利益を損傷せすして永く帝国の安全を将来に保障すへき事態を確立するは朕夙《つと》に以て国交の要義と為し旦暮敢て違はらむことを期す」「若し満洲にして露国の領有に帰せん乎、韓国の保全は支持するに由なく極東の平和亦素より望むへからす」「朕は汝有衆の忠実勇武なるに倚頼《いらい》し速に平和を永遠に克復し以て帝国の光栄を保全せむことを期す」

天皇と日本政府は、常に「東洋の治安」を維持することに努めてきたが、ロシアが韓国に干渉し、ロシアの領有の可能性が出てきた、それでは「極東の平和」が壊れるので汝ら忠臣は出でて戦え、という宣戦布告である。ここでも東アジアの治安や平和が登場する。

ようやく日露戦争が終わり、ポーツマス条約が調印され、講和が成立した時の詔勅。

【史料4】講和成立の詔勅　一九〇五年一〇月一六日

「朕東洋の治平を維持し帝国の安全を保障するを以て国交の要義と為し夙夜懈《おこた》らす、以て皇猷を光顕する所以を念《おも》ふ、不幸客歳露国と釁端《きんたん》を啓《ひら》くに至る、亦寔《まこと》に国家自衛の必要已むを得さるに出てたり」

開戦と同様に「東洋の治平」を維持することが天皇と日本政府の外交方針であり、そのための自衛戦争だったと日露戦争の意義を位置づけなおしている。「自衛」は戦争を合理化する。

戦争だけでなく、「東洋の平和」維持者としての天皇と日本政府という使われ方が出てくるのが次の詔勅。

【史料5】韓国併合の詔勅　一九一〇年八月二九日

「朕東洋の平和を永遠に維持し帝国の安全を将来に保障するの必要なるを念ひ」「而して東洋の平和は之に依りて愈々其の基礎を鞏固にすへきは朕の信して疑はさる所なり」

「東洋の平和」を常々思ってきた天皇は、韓国の併合が「東洋の平和」を強化するための一段階である、との宣言を、日本国民に向けておこなった。「東洋の平和」は明治天皇と政府の大原則であり、それを維持強化するためには、隣国の合併も辞さないとの帝国主義的宣言である。この論理は、大正天皇時代にも引き継がれた。

3　大正天皇・昭和天皇のキーワード継承

【史料6】ドイツへの宣戦詔勅　一九一四年八月二三日

「朕は深く現時欧州戦乱の殃禍を憂ひ専ら局外中立を恪守し以て東洋の平和を保持するを念とせり」「帝国及予国の通商貿易為に威圧を受け極東の平和は正に危殆に瀕せり」「(朕は) 恒に平和に

眷々たるを以てして而かも竟に戦を宣するの已むを得さるに至る、朕深く之を憾《うらみ》とす」

開戦以来局外中立の立場にあった日本が、なぜ「欧州戦争」とこの段階では世界的に思われていた戦争に参戦せねばならないのか、を国民に対して「極東の平和」の危機論で合理化する。世界戦争がようやく終わり、一九一九年六月ヴェルサイユ平和条約が調印され、翌年一月天皇が批准し、それを国民に伝えた詔勅では、開戦時にはあった「極東の平和」論が姿を消し、「和平」一般となる。「東洋の平和」・「極東の平和」は開戦時の説得用語としては重要だが、終戦となるとそれは不要になったということか。言葉の政治は暴力の政治の言いかえでしかない。

【史料7】ヴェルサイユ平和条約批准の詔勅　一九二〇年一月一〇日

「朕は永く友邦と偕《とも》に和平の慶に頼り、休明の沢を同じくせんことを期し」

明治天皇時代・大正天皇時代と引き継がれた「東洋の平和」論は、それを維持するだけの軍事力を保持しているのが、東アジアの日本であるという論理だった。日露戦争後、メディアと政府が高唱した「一等国」論も、国民にそのような優越意識を持たせるのに一役買っていた。昭和天皇は、柳条湖事件以後の満洲事変に出動した関東軍へ、敢闘を讃えた勅語を伝達させた。謀略を仕掛けた関東軍参謀たちも、それを後押しした参謀本部も、この勅語で事変が正当化され、将兵の意気が上がると喜んだことだろう。ここでも伝統の「東洋の平和」論が使われていた。

【史料8】関東軍への勅語　一九三二年一月八日

「汝将兵、益々堅忍自重、以て東洋平和の基礎を確立し、朕が信倚《しんい》に対《こた》へんことを期せよ」

満洲事変以降の軍事行動は、中華民国の訴えによって国際連盟で取り上げられ、リットン調査団の派遣、連盟総会での審議と採決に進んだ。満場一致を原則とする国際連盟の会議原則から言えば、満洲事変に関する採決は成立しなかったのだが、孤立した日本は脱退の道を選んだ。そのことを天皇の詔書として国民に示したのが次の史料。

【史料9】国際連盟脱退の詔書　一九三三年三月二七日

「今次満洲国の新興に当り、帝国は其の独立を尊重し、健全なる発達を促すを以て東亜の禍根を除き世界の平和を保つの基礎なりと為す」「然りと雖も国際平和の確立は朕常に之を冀求《ききゅう》して止ます、是を以て平和各般の企図は向後亦協力して渝《かわ》るなし」

満洲事変以後の日本の行動について、リットン調査団の報告は、日本の特殊権益を認める一方で、満洲国の成立を認めなかった（中国主権下の自治政府は認めた）。国際連盟の創立経過からみても、またその後のワシントン体制から言っても、加盟国であり第一世界大戦の戦勝国である中華民国の国境を変化させることは認められなかった。その論理を日本国内で壊すのが、「東洋の平和」論を発展させた「世界の平和」・「国際平和」論だった。このすり替えは、中国の現状維持を決めた九ヵ国条約との関連だろう。中国の国境変更を意味する満洲国の建国を合理化するには、紛争の種の満洲国を「東洋の平和」論で説明しきれない。そこで東洋に若干の紛争の種を蒔いたとしても、それは「世界の平和」のために必要なことだという論理で説明したのである。以後、昭和天皇時代、つまり十五年戦争下では「東洋の平和」論と「世界の平和」論が絡みつつ、国民に説明されることになる。

十五年戦争が盧溝橋事件によって日中全面戦争に拡大し、その予算確保や国債額決定、国家総動員法提案などの課題を持った第七二回帝国議会の開会にあたって、天皇は貴族院に開会の勅語を伝えた。事実上の国内向け宣戦布告となる。

【史料10】第七二回帝国議会開院式の勅語　一九三七年九月四日

「帝国と中華民国との提携協力に依り東亜の安定を確保し、以て共栄の実を挙くるは是れ朕か夙《しゅく》夜軫念《やしんねん》措かさる所なり、中華民国深く帝国の真意を解せす濫《みだり》に事を構へ遂に今次の事変を見るに至る、朕之を憾とす、今や朕か軍人は百艱を排して其の忠勇を致しつつあり、是れ一に中華民国の反省を促し速に東亜の平和を確立せむとするに外ならす。朕は帝国臣民か今日の時局に鑑み忠誠公に奉し和協心を一にし参襄以て所期の目的を達成せむことを望む」

昭和天皇と日本政府は「東亜の安定」を心がけてきたが、中華民国はそれを理解せず、「濫に事を構へ」たので日中戦争になってしまった、わが日本軍は中華民国に反省させ、「速に東亜の平和を確立」させよ、とやはり「東亜の平和」を担う日本という位置づけが示されている。

反省しない中華民国は「積年の禍根」であり、それを断つことが「東亜の安定」をもたらすという論理で、盧溝橋事件一周年にあたり、天皇の勅語として示される。日中両国が提携すれば、両国の「共栄」につながり、「世界平和の確立に寄与する」と「世界平和」論が日中戦争下では初めて現れる。「共栄」と言うが、それは大日本帝国の自存が前提条件のものだったということはアジア太平洋戦争での戦略目標の立て方などで明確になる。

【史料11】支那事変一周年に当り内閣総理大臣近衛文麿への勅語　一九三八年七月七日

「惟《おも》ふに今にして積年の禍根を断つに非ずむば東亜の安定永久に得て望むべからず、日支の提携を堅くし以て共栄の実を挙ぐるは是れ世界平和の確立に寄与する所以なり」

日中全面戦争開戦半年後には中華民国の首都南京が陥落し、日本軍が占領した。そのなかで南京大虐殺事件が起きるのだが、そんなことにはまったく触れることもなく、帝国議会開院式の勅語は作られた。

【史料12】第七四回帝国議会開院式の勅語　一九三八年一二月二六日

「朕か将兵は克《よ》く艱難を排して已に支那の要域を戡定《かんてい》したり、然れとも東亜の新秩序を建設して確保せんか為には実に国民精神の昂揚と国家総力の発揮とに俟《ま》たさるへからす」

南京占領を「克く艱難を排して」成し遂げたと讃える一方、「東亜の新秩序」を建設確保するためには、国民の奮闘と「国家総力の発揮」が必要だと国民を鼓舞する。「東亜の平和」は首都の占領で見えてきた（と思ったのは日本政府や天皇、そして日本国民だけだった）ので、それを発展させる「東亜の新秩序」建設確保に向かって、一層奮闘せよという指示と受け止められただろう。

日中全面戦争第三年の一九三九年秋にはヨーロッパで第二次世界大戦が起きる。やはり南京占領では日中戦争は終結しなかった。中華民国の抵抗は、抗日統一戦線の構築へ向かい、国共合作も実現してしまう。日中戦争を終わらせることのできない日本は、ドイツ・イタリアの枢軸国との同盟をめぐり、迷走が始まる。政治スローガンであった「東亜の新秩序」は、一九三九年の勅語では姿を消し、再び「東亜安定」が課題だと示すことになる。

【史料13】第七五回帝国議会開院式の勅語　一九三九年一二月二六日

「偶《たまたま》欧洲に禍乱勃発し世界の情勢複雑を極む、宜く宇内の実情を審《つまびらか》にし国力の充実を計り以て帝国の所信を貫き東亜安定の実を挙ぐるに遺憾なきを期すべし」

ソ連や英米との対応についての日本陸海軍の思惑の相違など、迷走が続いたが、結局対米英戦争を回避できるという思い込みから日本は日独伊三国軍事同盟へ踏み切る。そのことを国民に伝えた詔書では、世界平和をもたらすための条約であり、その道は「前途甚だ遼遠」であるので、国民はいっそう努力せよと督戦体制である。末尾の「天壌無窮の皇運を扶翼せよ」は、教育勅語の一節と同じであり、国民には慣れ親しんだ文章でありながらも、一度使った文言を再使用するという手法は、国民に浸透させることを最も重視した結果と思われる。「大義を八紘に宣揚し坤輿を一宇たらしむる」という難しい文言は、「皇祖皇宗の大訓」と説明されても、教育勅語にも軍人勅諭にもないもので、一九四〇年前後から頻繁に使用される。「あめのした」と訓読みする「八紘」と「坤輿」は世界を意味する。「一宇《いちう》」は一つの家であるから、世界を一つの家となし、その盟主は天皇であるという思想を表明したものとして日蓮宗系の団体である国柱会で使われていたものを、気宇壮大ということで頻用されることになった。流行語的にも使用され、紀元二六〇〇年の国家式典をおこなうことになった時、宮崎県は奉参行事として「日向国に八紘一宇の塔を」として、全国から、また世界へ広がった移民などから世界の石を集め、高さ三六メートルの「八紘之基《あめつちのもと》柱《はしら》」を建設した（敗戦後は「平和の塔」と称する）。

【史料14】　日独伊三国条約締結の詔書　一九四〇年九月二七日

「大義を八紘に宣揚し坤輿を一宇たらしむるは実に皇祖皇宗の大訓にして朕が夙夜眷々措かざる所なり（中略）惟《おも》ふに万邦をして各々其の所を得しめ兆民をして悉く其の堵に安んぜしむるは曠古の大業にして前途甚だ遼遠なり、爾臣《なんじ》民益々国体の観念を明徴にして深く謀り遠く慮り協心戮《りく》力《りょく》非常の時局を克服し以て天壌無窮の皇運を扶翼せよ」

アジア太平洋戦争の開戦詔書は、「東亜の安定」が「世界の平和に寄与する」という、【史料11】日中戦争一周年に際しての勅語と同じ論理が使用された。日本の意図を妨害するのが中華民国であり、援助している米英両国である、米英はそれ以上の企図として「東亜制覇」の野望を持っており、それを許すとここまで四年間戦ってきた成果が水泡に帰し、それでは「帝国の存立」が危機に瀕する、そのため「自存自衛の為」総決起する、という筋道で説明されている。

日中戦争の成果が水泡に帰することがなぜ帝国の存立の危機なのか、国民はよくわからなかったのではないか。内閣や政府大本営連絡会議の議論を見てみると、そこでは日清・日露戦争以来大陸に築いてきた権益の喪失が最も恐れられていた。権益喪失の結果、日本の経済力も失われる、というような計算ではなく、国民の信頼を一挙に失う恐れだった。ここまで確認してきた国民説得の論理が逆に政府を縛っていたともいえる。「東洋全局の平和」から始まり、「東亜の安定」などの用語で、大陸での権益獲得を、日本だけの利益ではなく、東アジアの平和と安定のためだと広く説明してきた。それを担保させたのは東アジアの軍事強国としての振舞だったのだが、国民は手段と結果をないまぜにしてしだいに信じていった。その源である政府と天皇は、東アジアの軍事強国としての地位を失うことを最も恐れた。

【史料15】米英両国に対する宣戦の詔書　一九四一年一二月八日
「抑々《そもそも》東亜の安定を確保し以て世界の平和に寄与するは丕顕なる皇祖考丕承なる皇考の作述せる遠猷にして朕か拳々措かさる所（中略）中華民国政府曩に帝国の真意を解せす濫に事を構へて東亜の平和を攪乱し遂に帝国をして干戈を執るに至らしめ茲に四年有余を経たり（中略）米英両国は残存政権を支援して東亜の禍乱を助長し平和の美名に匿れて東洋制覇の非望を逞うせむとす（中略）斯の如くにして推移せむか東亜安定に関する帝国積年の努力は悉く水泡に帰し帝国の存立亦正に危殆に瀕せり、事既に此に至る、帝国は今や自存自衛の為蹶然起つて一切の障礙《しょうがい》を破砕するの外なきなり」

同じ日に陸海軍に下した勅語には、「世界の平和」は消え、率直に「自存自衛」と「東亜永遠の平和」に絞られている。「ABCD包囲陣」やハルノートなど、アメリカの強硬姿勢が日本をやむなくアジア太平洋戦争の開戦に踏み切らせた、という俗説がいまだに横行している。この詔書と二つの勅語は、アメリカではなく、中華民国を屈服させることがアジア太平洋戦争開戦の意図だったことを明瞭に述べている。

【史料16】米英両国に対する宣戦に際し陸海軍軍人への勅語　一九四一年一二月八日
「是に於て朕は帝国の自存自衛と東亜永遠の平和確立との為遂に米英両国に対し戦を宣するに決せり」

【史料17】第八四回帝国議会開院式の勅語　一九四三年一二月二六日
「而して帝国と友邦との盟約は益々固きを加へ興亜の大業日を逐ひて進む」

ミッドウェー海戦の敗北以降、日本の劣勢が政府と陸海軍の指導層に明確になってきた時期の開院式の

しかなかった。

勅語には、戦争の推移よりも「興亜の大業」、新しいアジア建設の進展がことさらに示されている。戦局の推移の説明ができず、国民を引っ張っていくには、やはり〈アジアの指導者〉としての日本を誇示する

【史料18】第八六回帝国議会開院式の勅語　一九四四年一二月二六日

「而して大東亜の建設日に進み友邦との締盟亦益々固し、朕深く之を懌《よろこ》ふ」

【史料17】と類似の文言で、いったいその間にどれだけの進展が見られたのか、勅語で説明することではないが、しだいに無味乾燥になっていった文言だった。

【史料19】終戦の詔書　一九四五年八月一四日

「抑々帝国臣民の康寧を図り万邦共栄の楽を偕にするは皇祖皇宗の遺範にして朕の拳々措かさる所、曩に米英二国に宣戦せる所以も亦実に帝国の自存と東亜の安定とを庶幾するに出て他国の主権を排し領土を侵すか如きは固より朕か志にあらす」

遂に敗戦の日が来た。【史料14】三国軍事同盟締結の際の詔書に在った「大義を八紘に宣揚し坤輿を一宇たらしむるは実に皇祖皇宗の大訓」は抹消され、新たに「皇祖皇宗の遺範」として示されたのは、国民の「康寧」と「万邦共栄」だった。アジア太平洋戦争も「帝国の自存」と「東亜の安定」を願ったからであり、侵略戦争は昭和天皇（と政府）の意志ではなかった、と言いぬけようとした。責任追及を免れるための言い訳ではあるが、ここでも「東亜の安定」という一八九四年以来使われた文言が再登場している。やはりこれが国民を戦争へと引っ張っていくキーワードだった。

「東亜の安定」など頻繁に使用されたこのフレーズは、時どきの情勢において意味する内容は異なった。清国の朝鮮政治介入、ロシアの満洲占領、米英の中華民国支援、さまざまだった。しかし、「東亜の安定」に責任のある日本、という認識には、「アジアの盟主」観が支えとなっている。この優越感を国民が共有

することが、五〇年戦争を支持し続けた日本国民の実態だった。

【史料20】第八八回帝国議会開院式の勅語　一九四五年九月四日

「朕は終戦に伴ふ幾多の艱苦を克服し国体の精華を発揮して信義を世界に布《し》き平和国家を確立して人類の文化に寄与せむことを冀《ねが》ひ日夜軫念《しんねん》措かす」

敗戦後最初の帝国議会に対し、昭和天皇は、「国体の精華を発揮して」、つまり天皇制を維持して「平和国家を確立」し、「人類の文化に寄与」しようと呼びかけた勅語である。軍事強国としてアジアに位置を占めるという日本近代の路線は敗戦により否定されたが、天皇制の維持に昭和天皇の政治力が発揮されていく。

ここまでで、戦前の日本でなぜ戦争を人々が受け入れたのか、に関する考察は終わるが、戦後へもう少し足を踏み入れておきたい。

むすびにかえて

日本国憲法草案は、帝国議会両院の審議にかかり、激論が交わされるのだが、それは天皇の発議によるという大日本帝国憲法の規定により、次の勅書が発表された。

【史料21】帝国憲法改正の勅書　一九四六年六月二〇日

「朕は国民の至高の総意に基いて基本的人権を尊重し国民の自由と福祉を永久に確保し民主主義的傾向の強化に対する一切の障害を除去し進んで戦争を抛棄して世界永遠の平和を希求しこれにより国家再建の礎を固めるために国民の自由に表明した意思による憲法の全面的改正を意図しここに帝国憲法第七十三条によつて帝国憲法の改正案を帝国議会の議に付する」（全文）

これにより帝国議会の審議が始まる。この勅書はカタカナ交じりだが、同日に「第九〇回帝国議会開院式の勅語」が発表され、それは平仮名交じりとなっている。憲法改正の発議といい、勅語が平仮名交じりに変わるといい、国民は戦後の出発を意識しただろう。

そして五ヵ月後、昭和天皇は新しい憲法を公布することになった。このなかには、「人類普遍の原理」、「自由と平和」や「文化国家」が登場している。

【史料22】日本国憲法公布の勅語　一九四六年一一月三日

「本日、日本国憲法を公布せしめた。

この憲法は、帝国憲法を全面的に改正したものであつて、国家再建の基礎を人類普遍の原理に求め、自由に表明された国民の総意によつて確定されたものである。即ち、日本国民はみづから進んで戦争を抛棄し、全世界に、正義と秩序とを基調とする永遠の平和が実現することを念願し、常に基本的人権を尊重し、民主主義に基いて国政を運営することを、ここに、明らかに定めたのである。

朕は、国民と共に、全力をあげ、相携へて、この憲法を正しく運用し、節度と責任とを重んじ、自由と平和とを愛する文化国家を建設するやうに努めたいと思ふ。」

こうして戦後は、軍事強国としての路線を放棄し、平和国家へと歩み始め、それは【史料22】にあるように、「日本国民はみづから進んで戦争を抛棄し」たとする憲法前文と第九条の役割が大きい。

東アジアの軍事強国としての路線を放棄した時、「アジアの盟主」観も捨てられた。克服する契機が日本国憲法の制定なのだが、それだけで自動的に実現するものでもない。戦後アジアとの関係をどのようにつくり直し、戦前の「アジアの盟主」観を克服するのか、二一世紀の日本ではいっそう重要な課題として残っている。

第10章 軍夫の日清戦争

国木田独歩に「置土産」という作品がある。『太陽』一九〇〇年一二月号に発表され、翌年三月に刊行された独歩の最初の創作集『武蔵野』に収載された。主人公の吉次は、一八九四年八月下旬ごろ軍夫として日清戦争に加わり、翌年三月末「彼方《あっち》」で病死した。吉次の遺した二〇〇円というお金が、ある女性と叔父に渡された。半年程度の軍夫活動で、二〇〇円という大金を遺す、これは何だ、というのが私の最初の感想だった。『帝国統計年鑑』によれば、一八九四年の日雇い賃金は二一銭。つまり一〇〇〇倍（約三ヵ年になる）の金が半年で遺されたことになる。戦争で儲けるのは財閥と軍部、とはプロレタリア文学のテーマだろうが、ここには戦争で「儲けた」民衆がいた。かけがえのない命を的に「儲けた」民衆と、その周囲の人々は、「戦争」をどのようなものと認識したのだろうか。それが「軍夫」をてがかりに究明できないだろうか。

日清戦争時の「軍夫」について究明した論文には、次のようなものがある（発表順）。

乾　照夫　「軍夫となった自由党壮士――玉組を中心に」（『地方史研究』第一七七号、一九八二年六月）。

大谷　正ａ　「福岡日日新聞と日清戦争報道」（『専修大学人文科学研究所月報』第一四三号、一九九一年一一月）。
大谷　正ｂ　「日清戦争時の「軍夫」関係資料調査旅行の記録」（上）・（下）（『専修大学人文科学研究所月報』第一四七号・第一四八号、一九九二年五月・六月）。
大谷　正ｃ　「『文明戦争』とその矛盾――日清戦争の軍夫問題に関する覚書」（石村修・小沼堅司・古川純編『いま戦争と平和を考える』所収、国際書院、一九九三年一月）。
西岡香織　「明治初期の陸軍後方――会計部、軍夫、輜重輸卒に関する一考察」（『軍事史学』第二八巻第三号、一九九三年六月）。
原田敬一ａ　「軍隊と日清戦争の風景――文学と歴史学の接点」（『鷹陵史学』第一九号、一九九四年三月、本書第８章）。
原田敬一ｂ　「日清戦争の史料二、三について」（『佛教大学総合研究所紀要』創刊号、一九九四年三月）。
原田敬一ｃ　「日本国民にとっての日清戦争」（『歴史地理教育』第五二一号、一九九四年八月、本書第１章）。
原田敬一ｄ　「日本国民の参戦熱」（大谷正・原田敬一編『日清戦争の社会史』所収、フォーラム・A、一九九四年九月、本書第６章）。
北原糸子　「都市東京と軍夫」（同右）。
大谷　正ｄ　「『文明戦争』と軍夫」（同右）。
原田敬一ｅ　「国権派の日清戦争――『九州日日新聞』を中心に――」（佛教大学『文学部論集』第八一号、一九九七年三月、本書第５章）。

表題に「軍夫」を掲げた乾照夫氏の論考は、近年の研究の初期のものとして特筆されるべきだが、その意図は自由民権運動研究の一環であって、「徴用人夫」と「みずから志願した『玉組』軍夫たちとは性格を異にする」（五九頁）など、「軍夫」という特殊な制度についての認識をもたないままであった。戦争についての平易な読み物作家であった棟田博氏の『兵隊百年』（清風書房、一九六八年）にも、「軍夫」という章があるが、その実態については不明とされた。「軍夫」は、長く忘れられた存在だったのである。

その後、一九九〇年代に入って急速に研究の展開があったことがこの論文一覧で分かると思う。本稿は、それらの研究史を前提にして吸収しつつ、新しい成果も紹介したい。

1　軍夫の出身について

（1）義勇軍運動

日清戦争が国民の目に見え始めた一八九四年六月、全国で義勇軍運動が燃えていた。それは、一道三府四三県で五二件が確認される〔本書、表6―1〕。それらの従軍願いや渡韓願いは、八月七日に「義勇兵に関する詔勅」が出されたため、実現の道がなくなった。そこで彼らはどうしたのか。

彼らは、軍夫に志願して、とにかく朝鮮半島に渡ろうとした。この意志が明らかに確認できる一つの地方は、東北地方である。第二師団が、東北各県に軍夫募集を依頼した時、各県庁は、郡役所と町村役場の業務として募集事務をおこなわせた。それに人々は積極的に応えていった。岩手県東磐井郡藤沢村では、郡役所吏員が軍夫二〇名の募集をおこなったところ、二五才から三五、六才の「好漢意気壮」なものが二五、六名応募したため、「村の壮丁為めに殆んど尽く」ことになった（民間新聞『巖手公報』一八九四年一〇月六日）。

「神奈川県自由党の体制再編をめざすべく設けられた地域壮士団の連合組織体」（乾、四六頁）であった神奈川県青年会の機関誌『新潮』は、

凡そ人の尊ふべきは名誉と利益の外に立ち、義勇公に奉ずる純情献身的行為を以て最も善しとするが故に、義勇兵志願者は続々人夫となって、以て資糧運搬の神使となるべし
（『新潮』第八号、乾論文より再引用）

と義勇兵志願者が軍夫志願者となることを推奨した。事実、義勇軍運動をおこなっていたこの青年会から、二〇名が軍夫を志願している。

（2）軍夫の募集と志願

軍夫の志願は、義勇軍運動の延長にあった彼らだけではなかった。東京市、大阪市、名古屋市では、行政ルートではなく、請負業者による募集が積極的におこなわれ、それぞれ大倉組、有馬組などと集団を作って、野戦師団や兵站部とともに大陸へ渡っていった。もちろん、彼らも個々に師団の軍医の検査を受け、合格したものだけが組に採用された。一般軍夫は体格検査だけだが、小頭クラスでは「重罰経歴なし」「兵役なし」などの点で町村の証明を出している（熊本組の史料、熊本県立図書館所蔵）。

請負業者の募集に応じたのは、それぞれの都市住民が多かったと考えられている（北原）。それ以外にも、岡部牧夫氏が発掘された植松小三郎のような例もある。植松は、「日記の内容と書きぶりから察するに自作ないし自小作の中堅農民」と推定され、居住村である長野県諏訪郡落合村からはるばる広島市にむかい、そこで軍医の検査を受け、第四師団の軍夫となっている（岡部牧夫「征清随行日記――一農民の中国体験」『創文』第一〇六号〜第一〇九号、一九七二年）。検査の結果、植松は「身ノ丈ケ足ラザル為済〔岡部注……採〕用ニナラズ、因テ官吏ニ向ッテ」次のように述べた。

私シハ《ママ》元国ヲ出立以来国家之為メヲ思ヒ来リシ者ナリ（中略）此近傍ノ者や人誘メニ（岡部注……応じて）来リシ者ニハアラズ　二百四五拾里以上自費ヲ以テ国家ノ為ヲ思ヒ来リシ者ナリ
（『創文』一〇六号）

と「強情張リ」、軍夫に採用されている。

植松も含めて、このような応募者は、いわゆる一旗組、一山当てたい願望の持ち主が多かったと思われる。東北地方とは全く異なった軍夫像である。

(3) 二つの問題

この二つの軍夫像からは、やはり二つの問題の考察が必要である。

第一は、なぜ日本人が朝鮮問題にこのように熱くなったのか、という問題である。本稿では詳論する余裕も筆者の能力もないが、宮地正人氏が示した柴四朗の例を紹介しておきたい（宮地正人「日本的国民国家の確立と日清戦争――帝国主義的世界体制成立との関連において」、比較史・比較歴史教育研究会主催『第三回東アジア歴史教育シンポジウム――自国史と世界史――報告集・日本語版』、一九九四年八月）。

幕末段階では、日本のナショナリズムは攘夷主義の形をとった。清朝の英仏連合軍との戦い（一八五八年～六〇年）や朝鮮の二度の洋擾（米と仏の侵略撃退、一八六六年）に、日本は強い共感をもった。東海散士たる柴四朗の「佳人之奇遇」（一八八五年一〇月から一八九七年一〇月までに全八編を刊行）にも、アイルランド、ハンガリー、エジプトなどの解放運動への連帯感が記されている。

こうした事実を発掘する宮地氏の歴史認識の底には、「ペリー来航から日清戦争までは、小国主義か大国主義かは別として、ナショナルな課題が、何といっても基本です」（宮地氏の発言、「鼎談・『公論』世界と国民国家――日本における近代」『思想』第八三一号、一九九三年九月）がある。

しかし、この意識も日清戦争が始まると同時に、日本の中国支配当然論や歴史的正当性の主張となり、清朝首都の北京陥落まで戦うべきだとの意見にまで無限に拡大し続ける。その例の一つをあげると、福地桜痴の「支那問罪／義経仁義主汗」執筆である(1)。この小説は、一八九四年九月一五日から一〇月一九日まで二九回にわたり、『国民新聞』に連載された。これは、源義経が渡海し、一二〇六(建永元)年正月に斡難河《オナン》で即位したというもので、成吉思汗＝源義経説の主張だった。明らかに、日本の中国支配に歴史的根拠を示すものとして執筆され、公表されている。ここには、弱小国の自立という小さなナショナリズムが、無限にその範囲を拡大していくさまがみえる。「ナショナルな課題」は、条件さえ整えば帝国主義に転化していったのである。

第二は、軍夫の階層である。二層に分かれる。第一グループは、一定の読み書きもでき、理解力や実務能力もある軍夫たち。東北地方の応募者の多くは、これに属する。また、泉鏡花「海城発電」に描かれている軍夫百人長の海野は、「老壮士」であり、知識も考えもあるとされ、このグループに含まれよう〔原田a〕。植松小三郎は、ある清国人による

我国ハ有筆ハ百人ニ一人カ二百人ニ一人ニテ其後ハ不残無学ナレ共日本国ハ小国ト云共軍人モ沢山有又学文〔岡部注……問〕之進ミタ〔同……ル〕ハ不分、人夫等ニ至ル迄無筆ナル者ハ更ニナシト(『創文』第一〇八号)

との言を記録している。植松が、体格検査の際「官吏」に向かって「強情張」ったというすでに引用した発言も、どこまで真意か分からないが、咄嗟に「愛国者」としての自分をアピールし、それを記録し、故郷への手紙にそれをおそらく書いていよう。そうした文筆能力をもった人物として認められるから、植松も第一グループである。

日清戦争に従軍した兵士と軍夫の日記は、二二種類発見されている〔大谷dの表1〕。そのうち軍夫の

ものが三種類ある。つまり、将校――兵士――軍夫の三層がそれぞれ自分たちの日清戦争を記録しているわけで、どの層にも日記を書く能力があったことになる。
「石黒（注……忠悳）野戦衛生長官旅の記」に、普通の軍夫ではないと思ったら、士族だったという記述がある。

十一月十六日　晴　朝平壌三十度、朝赤十字社派遣看護夫〇〇《ママ》二氏の葬儀あり　二氏共に久しく此地に在りて看護に従事し病没せし者なり　余為に会葬す、該社員医士高木末松氏祭文を朗読し、次に愛知組の役夫長某碑前に向ひて和歌を朗読す、曰く「唐国の土となるとも丈夫の名をすめ国に残す玉垣」と、余其通常役夫にあらざるを察し、後其名を問へば曰く、京都府士族高城則見なりと、

（『日清戦争実記』第二四編、博文館、一八九五年四月一七日）

一八九四年一〇月、まだ広島にいた第一師団弾薬大隊第二縦列第四小隊第八分隊の「人夫にて梶山亀吉」の「吟詠」が新聞『中国』に紹介された。

（日本刀）人薙に四百余洲や日本刀
（菊酒）　類ひなき風味や扨も菊の酒

『中国』は、これを次のように評価している。

乱暴狼籍を働きて市内を横行するには実に困る〇〇と言ふ軍役夫の中にも斯る優しき者のあるにや

（一八九四年一〇月二日）

彼らも、第一グループに属する。
軍夫集団に設けられた責任者たち、千人長・百人長・五十人長は、どんな人集めの過程を経たとしても、リーダー的素質で選んだと思われる。行政が大きく介入した第二師団の場合、千人長には県の吏員が派遣されている（宮城県）。彼らは、いったん辞職しているが、凱旋後もとの吏員に戻っているから、事実上

休職扱いだったようである。昇進はしていないが。百人長や五十人長には、教員（訓導）や警察官、吏員などが、新聞紙上では自発的に参加したと記されている。千人長を県の責任で選んでいる以上、百人長や五十人長にもなんらかの県からの誘いがあったと考える方が素直であろう。

第二グループは、まったく体力だけを頼りに参加した人たちである。「海城発電」では、弁明する看護員に、一人の軍夫が

> へむ、しらばくれはよしてくれ。その悪済ましが気に喰はねえんだい。赤十字社とか看護員とかツて、べらんめい、漢語なんかつかいやあがつて、何でえ、躰《てい》ヨク言抜けやうとしたつて駄目だぜ。
> （岩波文庫版）

と攻撃する場面があるが、この台詞に第二のグループの軍夫像が象徴される。東京の民衆であり、「漢語」への反発から見て知識層ではない。北原糸子氏の調査では、東京府区部出身の軍夫の居住地は、第一位が神田区（七五八名中九九名）、第二位が浅草区（同八八名）で、その他下町居住者が多い（東京都公文書館所蔵史料の分析、前掲大谷・原田編『日清戦争の社会史』所収）。

2　軍の出征と軍夫採用

（1）軍夫の起源

軍夫を、近世以来の陣夫役からとらえる有力な見解がある。大谷正氏は、

> 近代軍隊の中で江戸時代の陣夫役的な人夫労働を強制された輜重輸卒と、さらに諸般の事情でそれを代替させられた軍夫
> （大谷d）

とまとめ、陣夫→輜重輸卒→軍夫、の時間系列で肩代わりがおこなわれたとする。確かに、実態としては

その系列で押さえられるが、輜重輸卒と軍夫の関わりは、氏がいわれるほど直接的ではないと、本稿は考える。以下、説明する。

（2）輜重兵・輜重輸卒の制度化

西南戦争の陸軍では、戦闘部隊はほぼ近代化されていたが（士族による別働旅団は例外とする）、兵站部門は、江戸時代以来または幕末内乱以来のものを継承した〔西岡。また参謀本部『征西戦記稿』一八八五年、一九八七年青潮社復刻〕。つまり、戦闘地域周辺の民衆を、非戦闘員の陣夫として徴用する形態を取ったのである。しかし、西岡論文が明らかにしたように、それは膨大な経費を必要とするものであり、戦闘と関わりのない後方でしか兵站に従事させられないという欠陥をもったものだった。実際の戦場では、大砲へ砲弾を運び、火線の兵士に弾薬を補充するなど前線で働く人々が必要だった。そこから、陸軍は、その後、近代軍隊に陣夫は不必要と考えたのではないか。

西南戦争後の一八七九年一〇月二七日の徴兵令改正（太政官布告第四六号）は、

　第三条　輜重輸卒看病卒并《ならび》ニ職工ハ各其志願者ヲ徴募スト雖モ、若シ不足スルトキハ壮丁ノ身幹定尺ニ満タス、又ハ銃器ヲ執ルニ適応セサル者或ハ合格ノ者ト雖モ各自ノ職業ニ依リ便宜ヲ以テ諸兵ト同シク徴集シ該役ニ服セシムルヿアルヘシ

　第一項　輜重輸卒トシテ徴集スル者ハ六ケ月間常備軍役ニ服セシメ役終レハ予備軍ニ編入シ五年六ケ月ノ後後備軍ニ編入ス

　第二項　看病卒并ニ職工トシテ徴集スル者ハ服役諸兵ト異ナルヿナシ

となっていて、輜重輸卒・看病卒・職工の新設を決めている。これにより、翌一八八〇年度から毎年一万五〇〇〇名の輜重輸卒が、常備軍に徴兵されることとなった〔西岡〕。この時期は、鎮台制度で常

備兵役七年制だったから、毎年の徴兵を続けていれば、戦時には、戦列兵一二万六〇〇〇名（一鎮台二万一〇〇〇名）、輜重輸卒九万名（一鎮台一万五〇〇〇名）の編制が可能になったのである。この数字から言って、陸軍は陣夫に頼らず、軍人としての輜重輸卒を兵站部門の主力としていたと考えられる。

（3）軍隊と兵站

この時点での軍隊の構成は次のようになる（表10―1参照）。この表を、輜重兵を中心に説明してみよう。まず、前線各部隊のほとんどに、輜重兵・輜重輸卒が配属されていることである。部隊への直接補給を担当する大行李（衣糧など）・小行李（弾薬など）は、師団から大隊までの各部隊司令部（本部）に属し、原則として戦線とともに移動する。戦闘隊への支援部隊である工兵大隊の行動には、その材料が必須で、それを運搬する大小の架橋縦列が属し、弾薬大隊（歩兵と砲兵への弾薬補給）と輜重兵大隊（全部隊への糧食の補給）も戦闘隊と共同行動する。後方にある兵站部にも兵站糧食縦列があり、輜重兵・輜重輸卒が担当するが、戦闘隊にも多数の輜重兵・輜重輸卒が付随していることが明らかである。こうして弾薬・糧食は、兵站部→弾薬大隊・輜重兵大隊→大行李・小行李→戦闘隊、というルートで補給を続けることになる。兵站司令部とは、兵站線の各地点に置かれた点検・検査・調整機構であり、少数の将校と下士官・兵しかおらず、それ自身が補給力をもつものではない。

また輜重兵・輜重輸卒は、駄馬を使用して運搬することになっていた。戦場の想定が、日本国内と中国だったからだろう。その二国ならば、駄馬通行可能の道があった。

（4）駄馬の使用不可

ところが一八九四年、日清の衝突が確実視されるようになり、戦場が中国ではなく、朝鮮半島と見えて

第三師団　司令部＋大行李・小行李

歩兵第五旅団 司令部＋大行李・小行李		歩兵第六旅団 司令部＋大行李・小行李	
歩兵第六聯隊 本部＋大行李・小行李 歩兵第一大隊 本部＋大行李・小行李 歩兵中隊四個 歩兵第二大隊 本部＋大行李・小行李 歩兵中隊四個 歩兵第三大隊 本部＋大行李・小行李 歩兵中隊四個	歩兵第十八聯隊 本部＋大行李・小行李 歩兵第一大隊 本部＋大行李・小行李 歩兵中隊四個 歩兵第二大隊 本部＋大行李・小行李 歩兵中隊四個 歩兵第三大隊 本部＋大行李・小行李 歩兵中隊四個	歩兵第七聯隊 本部＋大行李・小行李 歩兵第一大隊 本部＋大行李・小行李 歩兵中隊四個 歩兵第二大隊 本部＋大行李・小行李 歩兵中隊四個 歩兵第三大隊 本部＋大行李・小行李 歩兵中隊四個	歩兵第十九聯隊 本部＋大行李・小行李 歩兵第一大隊 本部＋大行李・小行李 歩兵中隊四個 歩兵第二大隊 本部＋大行李・小行李 歩兵中隊四個 歩兵第三大隊 本部＋大行李・小行李 歩兵中隊四個

騎兵第三大隊 本部＋大行李・小行李 騎兵中隊二個
野戦砲兵第三聯隊 本部＋大行李・小行李 砲兵第一大隊 本部＋大行李・小行李 砲兵中隊二個 砲兵第二大隊 本部＋大行李・小行李 砲兵中隊二個 砲兵第三大隊 本部＋大行李・小行李 砲兵中隊二個 工兵第三大隊 本部＋大行李・小行李 工兵中隊二個 大架橋縦列 小架橋縦列

弾薬大隊 本部＋大行李・小行李 第一歩兵弾薬縦列 第二歩兵弾薬縦列 第一砲兵弾薬縦列 第二砲兵弾薬縦列 第三砲兵弾薬縦列	輜重兵第三大隊 本部＋大行李・小行李 第一糧食縦列 第二糧食縦列 第三糧食縦列 馬廠 第三野戦電信隊	衛生隊 予備砲廠	第一野戦病院	第二野戦病院

兵站部 本部＋大行李・小行李		
兵站監部 憲兵 法官部 監督部 金櫃部 糧餉部 軍医部 兵站電信部	兵站輜重 野戦砲廠　二 野戦工兵廠　二 砲廠監視隊　二 輜重監視隊　四 衛生予備員　二 衛生予備廠　二 患者輸送部　三 兵站糧食縦列　二	兵站司令部

（注１）　の部分に軍夫が雇用された。
（注２）『日清戦史』第二巻、付録第一七「第一軍戦闘序列」のうち第三師団部分から作成した。

表10－1　戦時編制における軍夫雇用状況（日清戦時）

来た段階で、問題が出てきた（2）。

朝鮮内地ハ馬匹ノ運動困難ナルニ因リ諸部隊ノ行李ハ駄馬ヲ用ヒス輜重輸卒及軍夫ヲシテ運搬セシメン為メ其多数ヲ属セサル可ラス、又弾薬糧食ノ諸縦列ヲ編成セス、朝鮮国内ニ於テ軍夫ヲ徴募シ其運搬ニ任セシメントシ為メニ多数ノ監視兵ヲ要シ随テ特種ノ輜重隊ヲ編成スル必要アリ

（『日清戦史』第一巻、第六章日本国軍ノ情況、九六頁）

朝鮮国内の道路事情から、大行李・小行李には馬匹の使用は無理で、「輜重輸卒及軍夫」という人間によって運搬する。また後方の兵站部に所属する弾薬縦列と糧食縦列は編成されず、輜重監視隊を編成して、朝鮮で軍夫を雇用し運搬を負担させることになった。

（5）朝鮮人人夫の想定

この軍夫として、だれを想定していたかが問題だが、『臨時編制／明治廿七年六月起』という混成第九旅団（最初に派遣された部隊）の編制を記録した文書に、「六月五日裁」の「臨時輜重隊編制表」があり、その「編制ノ要領」に「軍需輸送ノ基幹トナルヘキモノニシテ兵卒アルノミ輸卒ナシ、土人ヲ用フル積リナリシ」と注記されている（防衛研究所図書館史料）。現地で朝鮮人を雇用することを考え、期待していたのである。しかし、戦争が始まると、事態は軍事官僚が机上で考えていたようなものではなかった。例えば、大島義昌旅団長の名で参謀総長宛に発信された「混成旅団報告第五号」（六月二一日付）は、

一　井水日ニ乏キヲ告クルヲ以テ百方手ヲ尽シテ穿井及ヒ貯水及ヒ貯水ノ事ニ従フ貯水運搬ノ為メニスル人夫ハ一昨日来特ニ不足ヲ告ク（近傍ニ数多ノ穿井シテ水ノ出テザル空穴ヲ見テ土人ハ地雷ト誤解シ夜ニ乗シテ遁レタルモノ多キ、本日領事ニ命シ安民ノ事ヲ朝鮮理事司ニ照会セシメタリ）又下肥排棄ノ為メニモ数多ノ人夫ヲ要スル等預想外ノ出来事多シ

と、海外派兵された軍隊の生活に「預想外ノ出来事」が起きていると報告している。朝鮮で雇用できると安易に考えていた軍夫も、なかなか確保できなかった。かつようやく確保できた朝鮮人人夫も、流言飛語でたちまち雲散霧消することが多かった。『日清戦史』には、一八九四年七月牙山・成歓に向かって南下する混成第九旅団が、「徴発ノ朝鮮人馬行軍ノ苦悩ニ懲リ概ネ〈歩兵第二十一聯隊第三大隊及野戦病院ハ一二頭ヲ余シ其他悉皆〉逃亡」したため、前進予定が果たせなかったと記されている。そのため二七日午前五時、第三大隊長古志正綱が引責自殺するという事件になった（第一巻、一三二頁〜一三三頁）。釜山や仁川などに守備隊を残した第九旅団は、旅団・歩兵聯隊・歩兵大隊、騎兵大隊、野戦砲兵聯隊・砲兵大隊、工兵大隊の各部に所属する大行李・小行李と、糧食縦列一個・歩兵弾薬縦列半個が付属しており、「行李輜重ニハ輜重卒及同輸卒ノ外数多ノ軍夫、韓人夫竝ニ韓地徴発ノ牛馬多数ヲ混セリ」（同一三〇頁）であった。行李と縦列に従事した「軍夫」は、内地から派遣されたのではなく、仁川などの居留地から急遽集められた日本人である。それだけでは足らず、朝鮮人人夫も雇用された（数は不明）が、従軍状況には大きな不安があった。先に紹介した「六月五日裁」の「臨時編制表」で想定した軍夫の現地採用は、困難であることが、七月末の牙山作戦前後に明らかになったのである。

（6）輜重の臨時編制

陸軍省編『明治廿七八年戦役統計』（以下『戦役統計』と略す）の「動員及復員」の章を見ると、各師団の動員と動員結了について、三つの指示が見える。時間的に並べる。

一八九四年　七月二六日制定ノ臨時編制（ここでは編制Aとよぶ）
　同年　一二月八日制定ノ制式輜重車輌編制（同じく編制Bとよぶ）
一八九五年　七月一七日制定ノ臨時編制（「野戦砲兵第二聯隊第一大隊ヲ山砲編制、行李・輜重ヲ人夫編制ニ改ム」）

編制Aは、次の「陸軍省、送乙第一七九二号」によるものだと考えられる。

今回海外派遣ノ軍隊ニ限リ戦時編制附表第八号同第九号同第十一号同第十三号同十六号同第十七号同第二十五号及同第四十六号別紙ノ通リ改正セラル

明治二十七年七月二十六日　陸軍大臣伯爵　大山巌

第八号（大架橋縦列編制表）以下の附表を見ると、輸卒と車輛の編制が示されている。附表第一三号戦時輜重兵大隊編制表では、一個輜重兵大隊で輸卒一九八一名、車輛五六六と記されているから（馬はなし）、一車輛を輸卒三名でけん引するものだった。その「備考」欄には、

（四）輸卒及馬卒ハ雇役ノモノヲ以テ之ニ充ルヲ得

とあって、正規の軍隊教育を受けた兵卒ではなく、「雇役」が認められている。ただし、この「雇役」がそのまま民間人を「軍夫」として雇用することを意味しなかった。

一八九四年八月六日に動員結了した第六師団について、

次テ八月四日動員ノ際徴発シタル輜重駄馬ハ一時之ヲ解傭スルコトトナリ（『戦役統計』）

とあって、まず駄馬を徴発し、一頭の駄馬を一人の輜重輸卒がひくという通常の制度にしたがっていたが、八月四日になって駄馬を解雇したにも関わらず、「軍夫」採用の記事はない。

（7）第六師団の要請

八月初旬（日付不明）第六師団の師団長は、師団管下の「各地守備隊ノ行李駄馬ニ換ルニ傭人夫ヲ以テセン「」」を電報によって陸軍省に申請した。陸軍省が却下したため、第六師団参謀長と同監督部長は、「多額ノ費用ヲ要スル駄馬ヲ常繋セシヨリ臨時人夫ヲ傭役セハ経費上ノ利益極メテ大ナルヲ見ルヘシ」との八月

一二日付意見書を送付した。この時、参謀本部は、一一日付で、初旬の電報申請を「軍費ヲ省略スルコト必要ト存候」と認め、陸軍省へ協議を申し入れていた。参謀本部の意見は、省部で一致することになり、一五日付で陸軍省に「臨発第三一九号」を伝えた。陸軍省が各師団長らに発した「朝密第二八六号」（一六日）は、

守備隊中一地ノ固定防禦ニ使用セル諸隊ノ行李駄馬召集ニ関スル件左ノ通定メラル

一　動員ノ際行李駄馬ハ召集セズ人夫若クハ車輛ヲ適宜ニ雇役シテ之ニ代フ

二　既ニ動員セシモノハ其駄馬ヲ解雇ス

三　前二項ノ通リ行李駄馬ニ代フルニ人夫若クハ車輛ヲ以テスルモ輜重兵下士兵卒同輸卒ハ動員ノ際召集シ既ニ動員セシ者ハ其儘使用ス

として、動員済みの駄馬を解雇して、人夫に変えることを指示した。

（8）師団輜重の改正

この指示は、五日後の二一日、第三師団の編制にまで影響した。参謀本部から陸軍省への協議文書（臨発第三三九号）には、「戦略上海外ニ派遣スル軍隊ニ属スル師団輜重ハ駄馬ノ編制不適当ナルヲ以テ曩《さき》ニ之ヲ車輛ノ編制ニ改正セラレタリ、然ルニ作戦ノ方針ニ変化ヲ生シ、従テ軍ノ運動セントスル地域変化セシヲ以テ已ムヲ得ス第三師団ノ編制ニ左ノ改正ヲ為スヲ要シ候間及協議候也」との前文があり、主文に

三　兵站輜重（兵站糧食縦列ヲ除ク）行李及材料ハ凡テ徴発セシ人馬材料ヲ以テ運搬スル規定ナリト雖モ軍ヲ発送セント欲スル土地ハ人烟稀疎且運搬材料ニ乏シキヲ以テ本邦ヨリ傭役輸卒三千五百人車輛千輛ヲ兵站監ニ属シ軍需品運搬ノ一部ニ充ツルヿ

と、作戦地域を理由として駄馬を「傭役輸卒」に代えることとした。「傭役輸卒」は、徴兵制度に従うものではなく、民間人を軍人たる「輸卒」として雇うのである。しかし、二六日野戦監督長官野田豁通の名

で出された「経第二〇四号」は、「第三師団兵站部輸卒代用人夫ニ要スル人員三千五百人分ニ対スル三ケ月分糧食品準備方」を承認しており、ここでは「輸卒代用人夫」に三変している。

この時期から、各師団は「輸卒代用人夫」を大量に雇うことになる。それを『戦役統計』によって、時間順で並べてみよう。各師団は、いずれも八月下旬以降に「人夫」の大量採用をおこなっている。

第六師団兵站部　師団残部出発ノ際兵站輜重〈兵站糧食縦列ヲ除ク〉ニ人夫二千三百人車六百六十輛ヲ付属シタリ

第三師団兵站部　八月二十一日ニ至リ更ニ定規ノ駄馬編制ニ復シ之ト同時ニ兵站輜重〈兵站糧食縦列ヲ除ク〉ノ為ニ人夫三千五百人車千輛ヲ兵站監ニ付属シ、次テ兵站司令部四箇ヲ増設スルコトト為リタリ

第一師団兵站部　九月十八日ニ至リ兵站輜重〈兵站糧食縦列ヲ除ク〉ニ人夫二千八百人車八百輛ヲ付属シ次テ二十九日定数ノ外兵站司令部二箇ヲ増設スルコトト為リタリ

第二師団兵站部　明治二十七年十月二日動員結了ス。其ノ他ハ総テ第一師団ニ同シ

第四師団兵站部　十二月四日動員結了ス、然ルニ明治二十七年度動員計画中兵站部員、野戦砲廠、砲廠監視隊ノ外編成ヲ闕キタリシカ、臨時ニ野戦工兵廠、輜重監視隊二隊、衛生予備員、衛生予備廠、患者輸送部、兵站糧食縦列〈徒歩車両編制〉二箇ヲ編成スルコトトナリ、孰《いずれ》モ野戦師団ト共ニ動員シ、又兵站輜重〈兵站糧食縦列ヲ除ク〉ニ人夫二千八百人車八百輛ヲ付属シタリ

近衛師団兵站部　其ノ後十二月二十七日ニ至リ兵站糧食縦列ヲ臨時編制〈徒歩車輛〉ニ換ヘ二十八日兵站輜重〈兵站糧食縦列ヲ除ク〉ニ人夫二千三百人車六百五十輛ヲ付属スルコトトナリ其ノ人夫ハ翌二十八年三月作戦地決定ノ際傭入レタリ

(9) 兵站と軍夫

以上をまとめると、軍の発想は、輜重輸卒の充員召集→輸卒の雇用→人夫の雇用、と変化したことになる。その結果日清戦争には、次のような膨大な数の軍夫が採用された。

其他各部隊ノ編制上及補充ノ為メ竝《ならび》ニ戦地ニ於ケル臨時ノ必要ニ因リ内地軍夫十五万三千九百七十四人ヲ傭役シ此外朝鮮、清国及台湾ニ於テ傭役セシ土人ヲ挙クレハ其延人員実ニ二千二百十一万人余ニ達セリ

（『日清戦史』第一巻、七四頁）

3　戦場の軍夫

軍夫は、刀などで武装して戦地に向かった。後方勤務の場合それらが役に立つ場面は少なかったが、戦闘をおこなう場合もあった。彼らが戦闘隊に加えられるのは、守備隊が少数の場合である。一八九四年一一月の金州城防衛にその記録が見える。

昨二一日に金州に来襲せし敵は約八千人計なりしが我守備隊の数之に比して遙に寡少なりしも或は兵站電信隊に分捕小銃を携へしめ或は人夫に日本刀を帯せしむる杯種々の手段を盡して城内を防禦し

（「野田野戦監督長官日記」前掲『日清戦争実記』第二〇編、一八九五年三月七日）

第一軍が鴨緑江に向けて進軍を開始し、朝鮮人の人夫雇用も可能になると、一部の日本人軍夫の役割が変化した。彼らは朝鮮人人夫の監督者の位置を獲得する。野戦部では相変わらず日本人軍夫のみだと思われるが、兵站部では輜重隊（軍人、将校──下士官──輜重兵──輜重輸卒）──日本人軍夫（臨時軍属、監督）──朝鮮人人夫という三層構造が生まれることになった。百人長や五十人長でない、一般の軍夫でも日本人であれば中国人や朝鮮人人夫の監督としての立場を獲得するものがうまれたのである。

（一一月三日）馬に跨りて兀山に向ふ、糧食を運輸する韓人陸続群をなして、道路為に白し、抑糧食を陸送するに、専ら之を韓人に托すれば、或は休み或は睡《ねむ》り、甚しきは糧を負ふて遁《のが》れ行く所を知る可らざるに至る、故に本邦人夫をして其中に混じて之を監督せしめ、韓人十人若くは二十人に本邦人夫一人を配当し、之に棒又は鞭を持たしめて督責せしむるを見る、但し通常本邦人夫二人にて運搬するものを、韓人一人にて容易に運搬するものなり、

（「石黒野戦衛生長官旅の記」『日清戦争実記』第二一編、一一八頁、一八九五年三月一七日）

鴨緑江を渡り、東三省に入ると、戦闘部隊と兵站部との連携ある共同行動は、困難になってきた。一八九四年一一月二二日、第五師団は、西島（助義歩兵大佐・歩兵第一一聯隊長）支隊の編成を命じ、九連城―香炉溝嶺―寛甸県―賽馬集と進み（図10―1参照）、立見混成旅団と共同して、賽馬集付近の掃討作戦をおこなうこととした（『日清戦史』第二巻、四五九頁～四六〇頁）。この支隊は、歩兵第一大隊・野戦砲兵第五聯隊第二大隊（第四中隊を欠）・騎兵二分隊・臨時編成の糧食一縦列（第二砲兵弾薬縦列）から編制された。二五日には、本隊は大水溝に到着し、宿営したが、糧食縦列の「一半ノ失踪」という事件に遭い、「支隊ハ是日（注＝二五日）ヨリ給養上大ニ困難ヲ嘗メ」た。行方不明になった「一半」は、「軍夫約二百名、駄馬約十頭」だから、相当部分が到着しなかったことになる。失踪の理由は、次のような事情による（同、四六九頁）。

支隊ノ糧食縦列ハ二十五日午後七時三道溝ヲ前進中敵ノ斥候ニ遇ヒシニ因リ警戒ヲ厳ニシツヽ行進中遂ニ路ヲ失シテ本道ノ右ニ入レリ、時ニ降雨甚シク暗夜且ツ道路強悪ナル為メ縦列ノ中央ヨリ両断シ互ニ相失セリ

この後、行方不明になった縦列の一部は、二七日になって目的地のはるか手前の香炉溝嶺の守備地にたどり着き、一分隊の護衛をつけてもらい、二八日午後四時二〇分「辛ウシテ寛甸ニ到著シ」縦列本隊に復

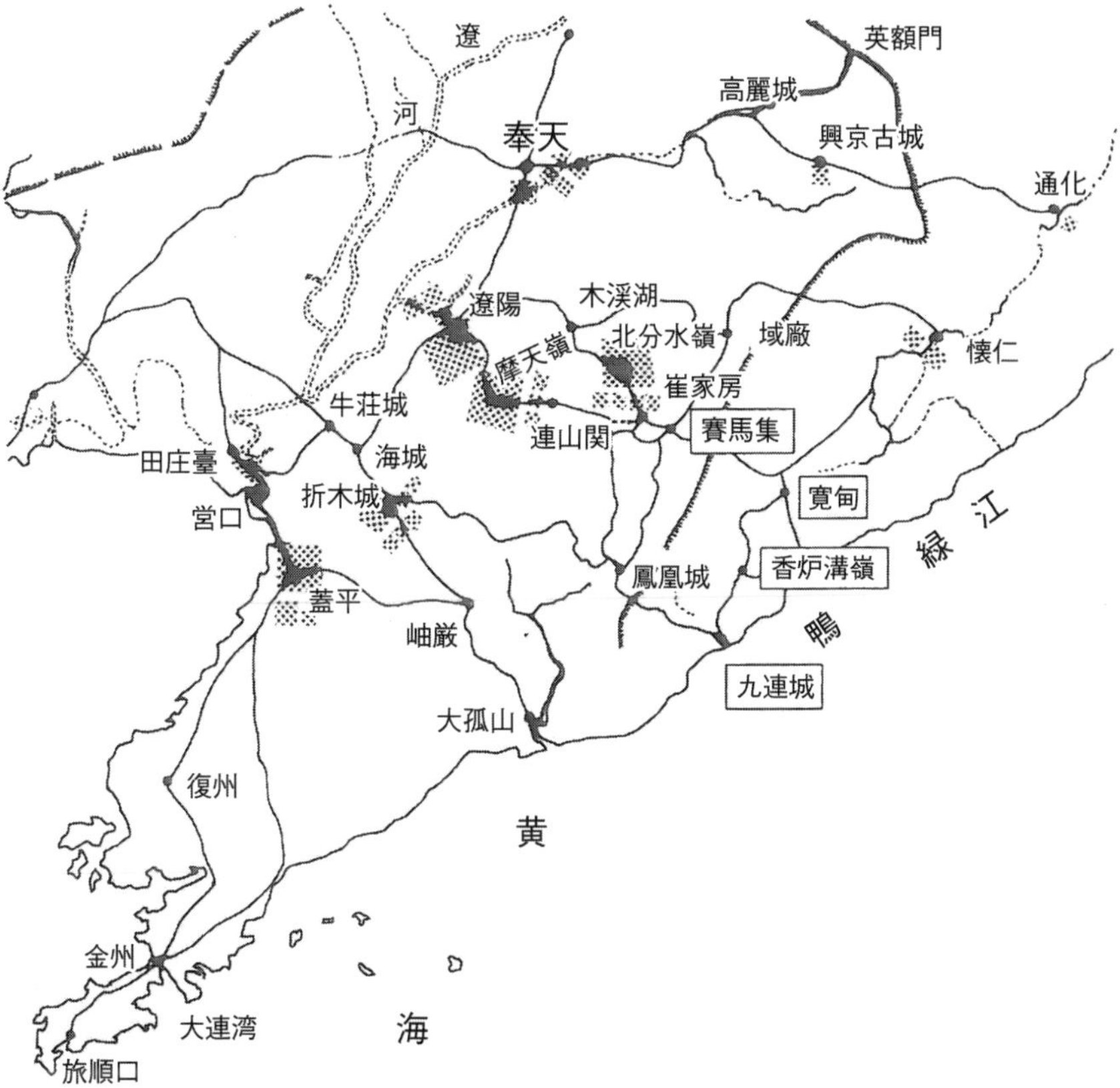

（注１）網の部分は清国軍を示す。最大の四角形は一万人。
（注２）『日清戦史』第二巻、第一七章挿図第二をもとにした。

図 10－1　清国での戦闘図

帰した（同、四七〇頁）。『日清戦史』は、「失踪」としか記していないが、『日清戦争実記』には、別の伝聞が掲載された（第一六編二四頁。以下『実記』と略す）。

前日寛甸県に赴く当支隊に跟従せる糧食縦列は、夜間迷ふて道を失し、山中に入り、逡巡の際、土民の襲ふ処となりしと云ふ。

糧食縦列にも若干の兵士がついていたはずだが（一分隊の護衛を付けたところから、一〇人以下で、数人だと思われる）、「敵ノ斥候」ぐらいの規模でも避けなければならなかった。『実記』の言うように住民に襲われた可能性は高い。

同じころ、立見混成旅団でも、糧食縦列が危機に陥っていた。一一月一〇日、連山関に向かった歩兵大隊（長＝今田唯一少佐）への増援として、さらに一個大隊（長＝安浦伸愛少佐）と、指揮官として富岡三造歩兵中佐（歩兵第二二聯隊長）の派遣を決めた（『実記』第一四編、四頁）。しかし、一二日、合流を果たした富岡隊は、連山関より手前の草河城に有力な清国軍を発見したため、連山関から撤退して、より有利な地形の草河口で布陣することにした。ところが、その移動中襲撃された。

富岡中佐の一隊は草河口方面の敵を追撃して、草河城の左側一里の地に至りしが、敵の為に其縦列を襲はれたり　（同、七頁）

この損害は、

其損害を蒙ること甚だ鮮く、僅に下士兵卒各々一名及び一軍夫の殺傷せられたるのみ（同、八頁）

と『実記』にはあるが、『日清戦史』の当該部分には被害の記録がない。

旅順攻略の意図で編制された第二軍司令部でも、軍夫の戦闘が報告された。『実記』の原文は次のような手紙である。

令息幸雄氏事、支那金州柳樹屯に渡り滞陣中なりしが、去る十一月廿一日の夜、支那兵の襲撃に逢ひ、之に応戦して追撃し、廿二日朝三十里堡の近傍にて、散兵二百余名に出合ひ、渥美少尉以下幸雄氏共に僅々十名にて、暫時、戦闘をなし、(此の戦ひ中普通人の従軍者は幸雄氏一人なり)、小隊長佐竹軍曹の馬側にありて、軍曹と共に敵中に打入り、生駱駝一頭及び軍旗等を分捕し、一先づ引上げ朝食をなす内、又た〳〵二百余の敗兵、司令部を襲ひしを以て、幸雄氏は直に軍夫を指揮し、洋刀を以て、敵の一人を切り倒し、鉄砲を分捕りし、尚ほ山間に追行く内、又た〳〵岩間に潜め尾《ママ》る支那兵一人を、熊本県人長野某と、共に打ち倒して生擒《いけどり》したり。

(『実記』第一四編、一八九五年一月七日、一一一頁)

主人公は、村上幸雄で、徳島県知事村上義雄の三男である。一九才の若者で、東京で修業中だったが、第二軍が広島で募集した軍夫に応募し、その活躍談を、第二軍の渥美少尉が父親に知らせたものである。この応募と通信経過からして、幸雄は第二軍兵站司令部付きの軍夫だったようだ。

この時期、第一師団と混成第一二旅団からなる第二軍は、旅順口攻略のため一七日金州城から旅順口へ移動し、攻略作戦を開始している(旅順口攻撃は二一日)。第二軍兵站監は、第一師団の前進とともに兵站司令部を街道各地に開設し、一一月一三日以降は柳樹屯を兵站主地としていた(『日清戦史』第三巻、六八頁)。ところが、一二日の前後は、遼東半島の東北部からの新しい敵の来襲や、旅順口からの敗兵の通過で、金州城を中心とする兵站線は危機に陥った。そのなかに、軍夫村上幸雄がいたのである。二一日は、明け方前から大小架橋縦列に所属する工兵に、兵站主地の防御工事をおこなわせ、「兵站監部ノ馬卒、輸卒約六十名ニ鹵獲「モーゼル」銃ヲ支給シテ臨時一二部隊ヲ編成シ」(『日清戦史』第三巻一八八頁)た。馬卒や輸卒という「雑卒」は、村田銃は装備されず、単に輸送の監督をおこなうだけだったが、危急の際には「兵士」としての役割を期待された。

「雑卒」であっても、彼らは「軍人」だったが、軍夫は「軍人」ではなく、民間人で、鴨緑江渡河以後は「臨時の軍属」という扱いだったから、危急の際でも「兵士」としての機能はなかった。しかし、「兵士」役を果たしたという実例の一つが、軍夫・村上幸雄である。『日清戦史』では、二一日には柳樹屯への来襲はなかったとされる（第三巻一八九頁）。三〇里堡では、二一日夜から二二日未明にかけて、「騎兵十五六」や「幾多ノ敗兵ハ或ハ三々五々相携ヘ或ハ数十乃至数百ノ群ヲ成シ陸続トシテ来リ」（同一九一頁）という状況だった。それらを撃退したのは、「兵站司令部員及兵站輜重員等」や「守備隊及輜重員等」（同）だと『日清戦史』は述べている。この「等」に、村上義雄は入るのではないか。清兵一人を生け捕りにした際の「熊本県人長野某」も、その書き方からして軍夫だと思われる。義雄は、「軍夫を指揮し、洋刀を以て」戦ったと渥美少尉の手紙は語っていたではないか。

病気になった軍夫は、野戦病院で手当てを受けたと思われるが、次のように、そうではないと判断される史料がある。筆者の宮川経輝は、基督教第二軍慰問使で、一八九五年二月一一日宇品を出港して、一六日旅順に到着した。彼の二二日付けの手紙が『実記』第二一編に掲載された。

実に市中は大破壊にて、清国人の帰来して修覆を加へ候家屋甚だ多く見受けられ候。行政署の事務も大に整頓せしと見え、近々放尿を防かん為め、辻便所を設置するの計画も之あり、又伝染病発生の兆候も之れあり候間、軍役夫並に清人の為めに、慈恵病院を建設するの必要相迫り居申候。目今近郊に累々たる屍骸取片付中にて、漸く汚穢なる場所も一掃せらるべしと存候。

（『実記』第二一編、一一二頁、一八九五年三月一七日）

一八九四年二月金州城の南、蘇隊屯に駐屯中の稲垣三郎騎兵副官からの私信に、冬の軍夫の惨状が伝えられている。

茲に注意すべきは、軍役人夫なり、彼等は雇主の不届きより、未だ単衣の者あり、此寒天争《いか》でか之に堪ふるを得ん。故に病者の多きは、縦列の人夫を以て甚しとす。之れが為め彼等が民家の衣類毛革の如きものを掠奪し、着用する者あるも無理ならず、而して其行進を見れば、実に種々異様にして、服装全く支那人の如くなり。（『実記』第一四編、九九頁、一八九五年一月七日）

寒さにもかかわらず、防寒の準備をしていない軍夫たち。彼等が「略奪」するのも無理がない、という軍夫の立場になった、珍しい文章である。この将校は、軍夫の作業にも目を配っている。

殊に道路は本邦に比して、非常に悪しく、従て僅か二三俵を積載したる車も、殆と人夫三人が必死大困難を以て、日々僅か五六里を行進する位に過ぎず、実に出征軍中人夫程可憐《あわれむべき》の者無し、寒気の為め凍死するものありたりとは、縦列中に於て屢々《しばしば》耳にする所なり。後来作戦の進歩に従がひ、兵站係（ママ）の延長するに従ひ、最も此点に関して一大考慮を要すべきなり。（同）

4　軍夫の位置づけ

「出征中」の軍夫は、一日五〇銭、千人長一円五〇銭などの給与が与えられた〔原田d〕。これらの軍夫給与について、石黒忠悳《ただのり》大本営陸軍部野戦衛生長官が次のように語っている。

人夫は元自ら願て募集に応したる者にして、其給料も兵卒に十倍し随意の衣服を用るも妨なければ（「従軍者の家族に告ぐ」『実記』第一七編、七九頁、一八九五年二月七日）

石黒は家族に対して慰安の意味でその待遇をことさら高くして話したが、軍は厳しい目で軍夫たちを見ていた。

一〇月三日第一師団と第六師団を基幹として編制された第二軍は、二四日盛京省花園口に上陸し、旅順攻略へと進む。第二軍司令官大山巌は、それに先立つ一〇月一五日次の訓示を発した。

我軍人ハ平素此等ノ教示ヲ受ケ善ク会得セルコトナレハ不法非議ノ挙動ナカルヘシト雖モ人夫等

ニ至テハ予メ教養ヲ経タル者ニ非サレハ特別ニ注意シテ規律ニ服従セシムルヲ要ス、若シ違ヒ犯ス者アラバ厳罰ヲ以テ之ヲ処分シ決シテ宥赦スヘカラス　（『日清戦史』第三巻、付録第四六）

正規の軍事教育を受けた兵士たちと、「教養」と「規律」に欠ける軍夫たちという対比は、翌一一月の旅順攻略の際の虐殺事件(3)で前者の虐殺遂行という実態があらわに出るが、ここでは軍夫たちをそうした類型でとらえていたことを確認できればよい。

第一軍も一〇月二四日鴨緑江を渡り、清国領内に侵入し、義州攻撃となるのだが、その直前の一〇月二二日第一軍司令官山縣有朋は、

長駆シテ清国ノ内地ニ入ルハ実ニ今回ヲ以テ始メトス、乃チ厳ニ部下ノ士卒竝ニ役夫ヲ警戒シテ大ニ其省慮ヲ要スルモノ有り（中略）最モ恐ル丶所ハ則チ我軍ニ属スル役夫ニシテ、彼等ハ固ヨリ教育アル者ニ非ス、又規律ニ馴ルル者ニ非ス、唯丶賃銭ヲ目的トシテ従軍シタルニ過キサルナリ、而シテ真数ヲ問ヘハ則チ数万ノ多キニ及ヘリ、是寔ニ軍隊ノ累ナリト雖モ已ニ我軍隊ニ従ヒ来リ軍属ノ部ニ列スル以上ハ其素行ハ則チ我軍隊ノ恥辱ニシテ又我国家ノ恥辱タリ、総テ軍人ノ非行ト同一ノ結果ヲ生セサルヲ得ス、故ニ役夫ニシテ家屋ヲ焼棄シ財物ヲ剽掠シ婦女ヲ羞辱《しゅうじょく》スルカ如キ者アルニ於テハ之ヲ厳罰ニ処スルコト勿論ナレトモ之カ監視ノ任ニ当ル者モ亦同シク之ヲシテ其責ニ任セシムヘキナリ　（『日清戦史』第二巻、付録第二九）

と訓示し、規律欠如どころか、「唯丶賃銭ヲ目的」とする烏合の集団といい、「軍隊ノ累ナリ」と断定している。軍夫は実際に地域住民と摩擦を起こしており、「文明の軍隊」を標榜している日本軍としては、軍夫統制にやっきになっていたのだろう。また『日清戦史』に言うように、朝鮮人・清国人軍夫の雇用も大量に実施しており、それらがこの厳しい訓示の後景にありそうである。

むすびにかえて

軍夫の資料発掘と再検討は、まだまだ続くが、ここで一応欄筆する。日清戦後の軍夫などの課題にも触れるべきだっただろう。軍夫の死者数は、〔大谷d〕でも試みられているが、まだ検討の余地はある。

以上の叙述からまとめると、軍夫は限りなく軍隊に近いと言える。となれば、派兵数は、将校と下士卒を合計した一七万四〇一七人に、軍夫一五万三九七四人を加えて三二万七九九一人としなければならない。これは、清国軍の事実上の常備軍であり戦線に派遣された練軍・勇軍三五万人にほぼ等しい。となると、

日清戦争に動員された兵士は二四万、海外に出征した兵士は一七万で、日露戦争とは比較にならぬほど小規模な戦争であったが、

（藤村道生「日清戦争と天皇制」、宇野俊一編『日本史　七』近代二、有斐閣、一九七八年、九二頁）

と過少評価することによる戦争認識の問題が見いだされることになる。

日清戦争の社会史的研究はまだ始まったばかりと言ってもよい。私は、五〇年戦争論(4)に立つものとして、その最初である日清戦争について、とりわけ深刻なものがあると考える。これまでの日清戦争研究の主流は、外交史であり、とくに開戦外交史だった。それは近代国家、主権国家が何を求めて、何をしたのかを考えていくうえで不可欠の課題でもあった。しかし、それらをふまえてのことだが、戦争そのものを検討しないで、日清戦争研究にはならない。

我々は、日清戦争をあまりにも倭小化してとらえているのではないか。もう一度日清戦争そのものを見直す時期ではないのか。それには、「戦史」的な事実（実際には公刊戦史から排除されているものもあるが）にもこだわって再検討することが必要であろう。一九九四年九月、中国・威海の国際シンポでは、中国側には軍事史の報告が一分科会分あったが、日本側の一九九四年・九五年シンポにはなかったこともや

やショックだった(5)。

いずれにしても、戦争を総合的に研究する必要がある。そのためには、社会史的研究はぜひ必要である。図像や文学、音楽（軍歌と唱歌など）も含め、多様な分野が、それに加わらねばならない。

滋賀県栗東町歴史資料館の一九九三年の「戦争展」に、八幡神社寄贈の「清国軍衣」があった。数年前に、水野明氏（愛知学院大学）が愛知県のお寺から「清国軍衣」を発見され、『日本史研究』に調査結果を発表された。籠谷次郎氏は、それらが日清戦争の分捕り品として、正式に「陸軍戦利品委員会」（長……陸軍少将）によって配布されたものであることを明らかにしている(6)。それらを全国に分配し、展示することで、当時の日本人の戦争観、アジア観が形成されていったのである。日清戦争について、多くのことが忘れ去られている。もしかすると、忘れていったのではなく、忘れさせられているのではないか。

【注】

（1）桜痴に先だって、内田弥生八訳述『義経再興記』（上田屋、一八八五年）、清水米洲編『通俗義経再興記』（文事堂、一八八六年）などがあるが（島津久基『義経伝説と文学』大学堂書店、一九三五年初版〔一九七七年再版〕一二四頁）、未見で比較作業をおこなっていない。

（2）朝鮮半島だけでなく、八月四日の第三師団の動員発令にあたって、「其目的地タル旅順半島ノ地形ヲ顧慮シ」て徒歩車輌編制に改めたという記述（参謀本部編纂『明治廿七八年日清戦史』第二巻、東京印刷株式会社、一七頁。以下『日清戦史』と略す）もあり、いずれにしても駄馬では困難であるから、人間を活用しようという計画だった。

（3）大谷正「旅順虐殺事件の一考察」（『専修法学論集』第四五号、一九八七年三月）、同「旅順虐殺事件再考」（『ヒストリア』第一四九号、一九九五年一二月）、井上晴樹『旅順虐殺事件』（筑摩書房、一九九五年一二月）を参照。

（4）日清戦争を「日中五〇年戦争」の「第一次戦」と位置づけたのは、藤村道生『日清戦争―東アジア近代史の転換点』（岩波新書、一九七三年）である。

（5）その後、拙著『日清戦争』（シリーズ戦争の日本史一九、吉川弘文館、二〇〇八年七月）を上梓することができた。

（6）籠谷次郎氏の論文は、大谷・原田編『日清戦争の社会史』（フォーラム・A、一九九四年）に収録されている。

III

日清戦後の日本社会

第11章

「嘗胆臥薪」論と日清戦後社会

以前から気になっていたことの一つが、三宅雪嶺の論説「嘗胆臥薪」とその影響だった。この論説と経緯はよく知られているが、どのように実証されているのか、が不明だった。当事者である三宅雪嶺の『同時代史』(1)もその記述は抑制的である。

其の失敗にて、戦役中に屈従せる反政府熱が反発するの機会を得、世論の沸騰を期待せるが、失敗は失敗とし、要するに国力問題に帰し、国力が他国の干渉を抵排するに堪ふれば、何等屈従を甘んずべきことなく、今後努めて国力を培養せざるべからずとて、臥薪嘗胆が頓に起る。必ずしも軍部の専用ならず、寧ろ一般の憤激が軍部を激励し、干渉の主動者なる露国と戦ふの準備に専らならんとす。（第三巻六五頁）

また『伊藤博文関係文書』を読み進めているうちに、次のような書簡を発見した。

一般之気勢は既に頓挫して遼東半島還付は将来之経済上却而《かえって》得策なりとするの説は政党之内外に多数を占候次第に御坐候。

これは清国で下関条約の批准書交換を終えた伊東巳代治が、伊藤博文首相に送った一八九五年五月二五日付の書簡の一節である。頓挫した「一般之気勢」が何を示しているのかは考えねばならないが、三国干渉の結果として遼東半島の還付は「経済上」却って「得策」だと政党とその周辺に広がっているという伊東の判断は、「嘗胆臥薪」で国民が燃え上がったという説を俗説に落とすだけの根拠となるのではないか。そう考えて日清戦後の日本社会をきちんと調査分析しなければならないと考えた。これが本稿の目的である。

1　三国干渉と論説「嘗胆臥薪」

現行の高校日本史教科書で、三国干渉以後がどのように描かれているのか、確認するのが最初の作業になる。二〇一四年度に文科省の検定に合格し、二〇一五年度に各学校で採択された高校日本史の教科書は、現在授業時間数二単位の「日本史A」が七種類、四単位の「日本史B」が八種類、合計一五種類刊行されている。総採択部数や各社の採択率はそれぞれの教科書名の後に記したので、現場での力関係がわかる。なおこの採択データについては、文科省の発表データを、日本出版労働組合連合会（出版労連）「教科書レポート」編集委員会が整理したものを引用した（『教科書レポート』第五九号、二〇一六年八月）。

〈日本史A〉　総計四三万六〇〇〇冊（五社七点）二〇一六年度

①山川出版社『日本史A』　①・②の二点で二九・〇％

「しかし、遼東半島の割譲は満州（中国東北部）に利害関係のあるロシアを刺激し、講和成立直後にロシアはフランス・ドイツを誘って、同半島の清への返還を日本に要求した（三国干渉）。三国の連合に対抗する力がないと判断した日本政府はこの勧告を受け入れ、同時に「臥薪嘗胆」の標語に代表されるような国民のロシアに対する敵意の増大を背景に、軍備の拡張につとめた。」八二頁

②山川出版社『現代の日本史』

「しかし、満州（現、中国東北地方）に深い利害関係をもつロシアは日本の大陸進出を警戒し、条約調印後まもなく、フランス・ドイツとともに遼東半島の清国への返還を日本に勧告した（三国干渉）。三カ国に対抗する力がないことを知っていた日本政府は、賠償金三〇〇〇万両（約四六〇〇万円）の追加と引き換えに、この勧告を受け入れた②。」

「注②　日本国内では三国干渉に強い反発がおこり、これ以後、「臥薪嘗胆」を合言葉に、三か国、とくにロシアに対する反感が広がった。」

③第一学習社『高等学校　日本史Ａ　人・くらし・未来』二七・〇％

「下関条約の調印直後、満州（現在の中国東北部）進出をねらうロシアは、フランス・ドイツとともに、遼東半島を清国に返還することを日本に勧告した（三国干渉）。これをこばむ力をもたない日本は勧告に応じた。国内ではロシアに対する反感が高まり、「臥薪嘗胆」の合言葉のもとに軍備の拡張がすすめられた。」六一頁

④東京書籍『日本史Ａ　現代からの歴史』二三・一％

「極東にのりだそうとしていたロシアは、日本の影響力を警戒し、下関条約調印の直後、極東の平和を口実としてドイツ・フランスとともに、日本に遼東半島の清国返還を要求してきた（三国干渉）。

日本政府は、賠償金三〇〇〇万両（約四五〇〇万円）とひきかえに遼東半島を清国に返還するとともに、軍事力の増強に力を入れ、鉄道敷設など、朝鮮への投資を進めた。国民のあいだでは、「臥薪嘗胆」という合言葉がはやり、ロシアへの敵意が高まっていった。」七七〜八頁

⑤実教出版『高校日本史Ａ』　⑤・⑥の二点で一二・五％

「しかし、遼東半島の譲渡は、ロシアを刺激し、ドイツ・フランスとともに、遼東半島を中国に返せと日本にせまった（三国干渉）。軍事干渉をさけるため、日本は返還に応じ、返還の代償金を清国から受けとった。」六五頁

「また三国干渉後、日本は「臥薪嘗胆」をあい言葉に、対ロシア戦争にそなえて軍備の大拡張をすすめた。費用には、清からの賠償金と国民の税金があてられた。」六六頁（第三章――第三節日清戦争後の東アジア）

⑥実教出版『新日本史Ａ　新訂版』

「下関条約の調印直後、日本の中国東北部への浸出をはばもうとするロシアは、ドイツ・フランスとともに、遼東半島を清国に返還するよう日本に要求しました（三国干渉）。軍事的な干渉をさけるため、日本は賠償金三〇〇〇万両（約四五〇〇万円）とひきかえに返還に応じましたが、その後、ロシアとの戦争に向けた軍備拡張を急速にすすめました。」四六頁

⑦清水書院『日本史Ａ　最新版』

「しかし、遼東半島への進出をめざしていたロシアは、フランス・ドイツを誘って、同半島の返還を日本に要求した（三国干渉）。日本政府はこの圧力に屈し、遼東半島を清国に返還したが、これ以後ロシアとの対立がはじまり、「臥薪嘗胆」の合言葉のもと、国民のロシアへの敵意を背景に、さらに軍備拡張を進めることとなった。」七四頁

〈「日本史Ｂ」〉総計五四万一〇〇〇冊（五社八点）二〇一六年度

⑧山川出版『詳説日本史Ｂ』　⑧・⑨・⑩の三点で七一・七％　日Ｂ３０１

「しかし、遼東半島の割譲は東アジア進出をめざすロシアを刺激し、ロシアはフランス・ドイツ

を誘って、同半島の返還を日本に要求した（三国干渉）。三大国の圧力に抗することを不可能と判断した日本政府は、この勧告を受け入れたが、同時に「臥薪嘗胆」の標語に代表される国民のロシアに対する敵意の増大を背景に、軍備の拡張につとめた。」二九一頁

⑨山川出版『高校日本史』

「しかし、中国東北部（「満州」）への進出をめざしていたロシアは、日本の進出を警戒し、ドイツ・フランスをさそって遼東半島を清国へ返還するよう日本に勧告した（三国干渉）。日本はやむなくこれをうけ入れたが、このの ち「臥薪嘗胆」の合言葉にみられるようにロシアに対する敵意が高まり、日本政府は軍事力の増強につとめるようになった。」二三三頁

⑩山川出版『新日本史B』

「しかし、日清戦争で清国が弱体であることを知ったロシアは、中国東北部（「満州〈満洲〉」）への野心を強めて、講和が成立した直後にフランス・ドイツを誘って遼東半島の清国への返還を日本に勧告した（三国干渉）。日本政府は三国の連合に対抗できないと判断し、勧告を受け入れた。国民は「臥薪嘗胆」のスローガンに代表されるようにロシアへの敵意を強め、政府は賠償金の約六〇％を軍備拡張にあててロシアに対抗しようと、軍備拡張につとめるようになっていった」二五八頁

⑪東京書籍『新選　日本史B』一四・四％

「しかし遼東半島については、満州（中国東北部）への進出をねらうロシアが、ドイツ、フランスとともに、返還を日本に勧告してきた（三国干渉）。国力と国際情勢とを考えた政府は勧告を受けいれたが、国民のあいだには、「臥薪嘗胆」を合言葉に、ロシアへの対抗心が高まった。政府も、大規模な軍備拡張を中心とする国力の充実をはかった。」一八七頁

⑫実教出版『高校日本史Ｂ』　⑫・⑬の二点で九・一％
「しかし、遼東半島の譲渡は、ロシアを刺激し、ドイツ・フランスとともに、遼東半島を中国に返せと日本にせまった（三国干渉）。日本は返還に応じ、返還の代償金を清国から受け取った。」一七六頁
「また、三国干渉後、日本は「臥薪嘗胆」をあいことばに、対ロシア戦争にそなえて軍備の大拡張をすすめた。費用には、清からの賠償金と国民の税金があてられた。」一七七頁
⑬実教出版『日本史Ｂ』
「遼東半島の割譲に刺激を受けたロシアは、フランス・ドイツによびかけ、条約締結の直後、日本に対して遼東半島の清への返還を勧告した（三国干渉）。イギリスが日本のために介入する意向がないことを知った日本政府は、勧告を受諾した⑥。三国干渉は多くの国民に屈辱感を与え、政府はこれを背景に大規模な軍備拡張をすすめた。」二五五頁
「注⑥　遼東半島返還のかわりに、清に賠償金三〇〇〇万両（約四五〇〇万円）を追加させた。」
⑭清水書院『日本史Ｂ　最新版』四・〇％
「下関条約の調印直後、ロシアはフランスやドイツとともに、清の首都北京に近い遼東半島を清へ返還するよう日本に勧告した（三国干渉）。第二次伊藤博文内閣は、問題の処理を列国会議にゆだねるべきか、三国干渉を容認して遼東半島を中国に返還するべきかの選択をせまられ、当初は前者を選択した。しかし、陸奥宗光外相の反対で、最終的に後者を採用することとなった。新聞や雑誌は伊藤内閣の責任を糾弾し、三宅雪嶺は新聞「日本」に「嘗胆臥薪」という論説を掲載した。」一八〇頁
⑮明成社『高等学校　最新　日本史』一・八％

「下関条約調印の直後、かねてより極東進出の国策を進め、満州に野心を抱いていたロシアは、清国の働きかけに応え、ドイツ・フランスを誘って遼東半島を清国に返還するよう強く要求してきた（三国干渉）。日本は三国の圧力に対抗するだけの軍事力をもたなかったために、やむなく要求を受けいれて還付し、代償金を受け取ることとした⑥。国民の間には「臥薪嘗胆」が合言葉になり、ロシアへの復讐をさけぶ言論が流行した。三国は干渉をおこなった見返りとして、いずれも清国から利権を獲得した。」二一三〜四頁

「注⑥ 還付の代償金は、三〇〇〇万両（邦貨にして約四五〇〇万円）であった。」

〈二〇一五年度の採択に加わらず、撤退した教科書〉

⑯東京書籍『日本史B』

「下関条約締結後、ロシア・フランス・ドイツは、日本が中国の中枢地域に隣接する遼東半島に勢力圏を拡大したことに危機感を強め、遼東半島を清国へ返還するよう日本に強く迫った（三国干渉）。日本は、三国の勧告を受け入れ、三〇〇〇万両（約四五〇〇万円）の代償を得て、遼東半島を清国に還付した。日本政府は、「臥薪嘗胆」をスローガンにして国民にロシアへの敵愾心を高めさせ、いっそうの軍備拡張を進めた。」二八七頁

⑰三省堂『日本史B 改訂版』

「しかし、条約締結の六日後、ロシアは、遼東半島の日本への割譲を警戒して、フランス、ドイツと、その返還を日本にせまった（三国干渉）。日本はそれをはねかえす力がなかったうえに、イギリスが中立を宣言したこともあり、還付報償金③と引きかえに、遼東半島を清に返還し、ロシアなど三国は清から利権を獲得した。これ以降、日本政府は、国民に対して「臥薪嘗胆」を合言葉にロシアへの敵意をあおり、軍備増強をすすめていった。」二六二〜三頁

「注③　還付報償金は三〇〇〇万両（当時の日本円でおよそ四五〇〇万円）であった。」

⑱三省堂『日本史Ａ　改訂版』

「しかし、条約締結の六日後、ロシアは遼東半島の日本への割譲を警戒して、フランス、ドイツとはかり、その返還を日本にせまった（三国干渉）。日本は三国干渉をはねかえす力がなかったうえに、イギリスが中立を宣言したこともあって、還付報償金三〇〇〇万両（当時の日本円でおよそ四五〇〇万円）と引きかえに遼東半島を清に返還し、ロシアなど三か国は清から利権を獲得した。これ以降、日本政府は、国民に対して「臥薪嘗胆」を合言葉にロシアへの敵意をあおりながら、軍備増強をすすめていった。」五〇頁

⑲桐原書店『高校日本史Ｂ』

「遼東半島の割譲は、東アジアへの南下政策を進めるロシアの利害と衝突した。下関条約調印の直後、ロシアはドイツ・フランスを誘い、わが国に対し、遼東半島を清国に返還するよう要求してきた（三国干渉）。日本は当時、このような強国の干渉を拒む力がなく、やむなくこれに応じたが、政府も国民も憤激して「臥薪嘗胆」を唱え、政府はロシアとの衝突に備えて、ますます軍備拡充につとめた。」三〇二頁

以上19点の教科書の記述をまとめると、次のようになる。文末の番号は右の①～⑲に対応する。

ａ　日本政府は、三国干渉を受けて、対策を練った。

ｂ―１　日本政府は、二つの案（問題の処理を列国会議に諮るか、遼東半島の返還を受諾するか）を考え、最終的に三国干渉の容認・遼東半島の返還を採用した。⑭

ｂ―２　日本政府は、国力と国際情勢とを考え合わせて、勧告を受け入れた。⑪

b—3　日本政府は、イギリスが介入する意向がないことを知り、勧告を受け入れた。（⑬）
b—4　日本政府は、はねかえす力がなく、イギリスが中立を宣言したので、勧告を受け入れた。（⑰、⑱）
b—5　日本政府は、軍事的な対抗力を持たなかったので、勧告を受け入れた。（山川A、実教新A、⑮）
b—6　日本ははねかえす力（または、対抗する力）がなかったので、勧告を受け入れた（①、②、③、⑧、⑩、⑲）
b—7　日本政府は、軍事干渉を避けるため、勧告を受け入れた（⑤、⑥）
b—8　（勧告を受け入れた理由に触れない）（④、⑦、⑨、⑫、⑯）

aは文章そのものは各社ともないが、論理上の前提としてこのように考えられ、共通している。そして三国干渉をうけ入れた理由（b）については、千差万別だった。八種類に分類できる。勧告を受け入れたので、その理由について説明する必要はないと考えているもの（b—8）が五冊もあったのは驚きだった（④、⑦、⑨、⑫、⑯）。一方でb—1、3、4のように国際情勢について具体的に（イギリスの中立化、不介入）書いているものがあったのにも驚く。b—1は、伊藤内閣のなかで実際に検討された二案で、事実ではあるが、こうして細かく説明していくと、「日本史用語集」はますます膨らんでいくのだろう。

本稿で問題としたいのは「臥薪嘗胆」という言葉の位置づけである。煩雑になるので、類型分けを表にしてみる（表11—1）。

この表から教科書の共通叙述が見えてくる。重複は当然ある。

一四点：「臥薪嘗胆」が日清戦後社会の標語（または合言葉・スローガン）となった。
一二点：国民はロシアへ敵意（または対抗心）を持った。
一五点：政府は軍備拡張政策を進めていった。

政府が進める軍拡政策を国民が支持していたかどうかは、明確に記述しているものが三点で、書き方からそう読めるものが一〇点となった。

ここから典型を取り出すと、〈臥薪嘗胆↓国民の対露敵意〉を背景とした〈政府の軍備拡張政策〉というものになる。キーワードは「臥薪嘗胆」である。

高校日本史の教科書で、国民がどのような意識を持ち、政府を支持したのか、という点に触れる機会はあまり多くない。護憲運動や普選運動など社会運動の側や、戦時下の国民意識を記述することはあっても、その反対はほとんどない。果たしてこれらは事実なのかどうか、考えてみる必要がある。

2　下関条約調印・下関条約本文・三国干渉事件

政局の動きと、それが新聞などで報じられ、国民の知るところになるのとはタイムラグがあ

	山川 A	山川 現代 A	一学 A	東書 A	実教 高校 A	実教 新A	清水 A	山川 詳説 B	山川 新B
標語・合言葉・スローガン	○	○	○	○	○	×	○	○	○
国民のロシアへの敵意・対抗心	○	○	○	○	×	×	○	○	○
国民に屈辱感	×	×	×	×	×	×	×	×	×
軍備拡張政策	○	×	○	○	○	○	○	○	○
国民が軍拡政策を支持した	○	×	△	×	△	×	△	△	△

	東書 新選 B	実教 高校 B	実教 B	清水 B	明成 B	東書 B	三省 堂B	三省 堂A	桐原 B
標語・合言葉・スローガン	○	○	×	×	○	○	○	○	△
国民のロシアへの敵意・対抗心	○	×	×	×	○	○	○	○	△
国民に屈辱感	×	×	○	×	×	×	×	×	×
軍備拡張政策	○	○	○	△	×	○	○	○	○
国民が軍拡政策を支持した	△	△	△	×	×	△	○	○	△

表11－1　高校日本史教科書における「臥薪嘗胆」（日清戦後）の使用例

る。特に外交や戦争の場合、政府は故意に時間差を設けて、おもむろに公表していく。本稿に関わることでは、下関条約の調印、つまり日清講和の成立そのものや日清講和条約の本文、さらに三国干渉事件が起きたことなどがそれにあたる。順を追って説明したい。

戦争の推移は、社会が知ることを求めていた重大事だった。戦争を契機に国民が誕生すると言っても言いぐらいである。日本近代においてもそれは例外ではなかった。一八九四年五月ごろから、朝鮮の東学農民戦争が日本の新聞で報道されるようになると、隣国の紛争というレベルで関心が高まり(2)、六月初旬日本が突如出兵すると、清国軍との衝突の不安も報じられ、人々は日清戦争になるのかどうかに関心を引き寄せられていった。戦争の推移自体は本稿では扱わない。拙著『日清戦争』シリーズ戦争の日本史19(吉川弘文館、二〇〇七年)や大谷正『日清戦争』(中公新書、二〇一四年)などを参照してほしい。

一八九五年になると、新聞や日本社会の関心は、講和問題に移っていく。清国が講和交渉に踏み切り、代表を送り込んできたことも関係するが、それが本格的に始まるのは、全権大臣として李鴻章が決定した、という通知が清国政府からあった以後である。そうした動向は新聞各紙が逐一報じていった。

李鴻章がいつ日本に来るか、についての報道もさまざまになされていた。多くは政府そのものが情報元であり、そのいわば「操縦」のもとに戦争報道がなされていた。

一八九五年四月二一日の夜、『官報号外』が同日付の「詔勅」と「宮廷録事」を掲載して、発行された。それには「今ヤ朕清国ト和ヲ講シ既ニ休戦ヲ約シ干戈ヲ戢《おさ》ムル将ニ近《ちかき》ニ在ラムトス」とあり、講和が成立したことを告げていた。それに基づき、東京の新聞各紙は二二日(おそらく午前中)号外を出し、市民に知らせた。『東京朝日』の場合、二面構成で、第一面から第二面に「●講和善後の詔勅」全文、第二面(四段構成)の第一段に「●全権弁理大臣に賜へる勅語」、第二段から第四段に「●全権大臣歓迎会詳報」と題して、二〇日午後五時から広島市水主町公園で開かれた広島市主催の「全権大臣歓迎会」の様子が掲載された。詔勅・勅語の本文は見出しと同じ大活字、歓迎会の記事も「大元帥陛下万歳」と「伊藤全権大臣万歳」も見出しと同じ大活字なので、紙面からはたちどころに講和成立が読み取れる。さらに『官報号外』（四月二二日付）は、「来二十七日大本営ヲ京都ニ移サル」という山縣有朋陸相・西郷従道海相連名の告示を掲載し、事態は一段落したことを示した。

ただし、以後も条約本文が新聞に発表されることはなかった。もっと後になるが、『日本』や『東京朝日』の五月九日付は、「●講和条約の要領」というほぼ一段の記事を掲載したが、これは四月二九日付の『北清日々新聞』（または『北清日報』。上海工部局の刊行する日刊新聞“North China Herald”を日本の新聞はこう呼んでいた。清国滅亡後は『北支那日報』などと呼ぶ）の翻訳・再録である。日清講和条約（いわゆる下関条約）の全文報道ができるのは、批准後である（後述）。

ただ調印した事実と内容は、欧米列強には知られていた。四月二三日、露仏独三ヵ国の公使が、相前後して東京の外務省を訪れ、林董外務次官に面会した。彼らの用務は、本国からの口上書提出だった。これがいわゆる三国干渉である。もちろん東京の林次官から兵庫県舞子で静養中の陸奥宗光外相へ、至急電報で知らされたが、メディアを始め国民には厳重に秘匿された。このことが新聞記事になるのは、三国干渉を受けいれて一件落着となった後である。『東京朝日』五月一五日は次のように『東京日日新聞』を転載する形でしか、四月二三日の出来事を記録することはできなかった。

●三国の勧告と我政府の容諾　昨日の東京日々新聞ハ三国政府の申込、帝国政府の応諾、批准交換の真相として左の如くせり

聞く所に拠れバ四月廿三日露、独、仏の三国政府より各東京駐箚公使を以て我が政府に申込しハ大陸に於ける土地の永久保有を罷まられよと云ふに止り、我が政府ハ数回の廟議を尽し彼と往復せし後、去る四日の決議を以て応諾を与へたるにて清国政府より再度猶予を請ひ来りしハ

露国等の我が応諾に対する意向を窺はんが為なるべく、而して露国等我迅速の応諾に満足せしを聞きしより周章《あわ》て丶批准交換を其の全権委員に命ぜしならん（後略）

『東京日日』がこのような記事を掲載できるのは、社長が伊東巳代治で、政府情報が直接入るからであり、三国干渉受諾後であるから公開も可、となったものだろう。また政府の対応の正当性を主張する意味もあっただろう。『万朝報』などは『東京日日』のことを「官報子」などと揶揄して憚らなかったから、政府の意向を知る材料として、『東京朝日』も見ていたと思われる。

3　果たして国民はロシアへの敵愾心を高めたのか

幕末に定期的に発行される新聞の歴史が始まる。一八六一年、長崎の居留地で“The Nagasaki Shipping List and Advertiser”、横浜の居留地で“The Japan Herald”がその最初で、日本語では濱田彦蔵の『海外新聞』になる。また明治維新後、日本最初の日刊新聞として発行された『横浜毎日新聞』もよく知られている。こうしたことから、情報は新聞を通じてたちどころに人々の手に入れることのできるものになったように考えると、違う。探訪活動にあたる記者はいたが、情報は、入手した人間や機関・団体がどこまで出すかを決めるのであって、そこに新聞記者のスクープ合戦というドラマが生まれる。

本稿では、日清戦争に関わって情報が外に出される（情報公開）ことにこだわってみたい。例えば一八九四年六月五日の大本営設置は、『近代日本総合年表　第二版』（岩波書店、一九八四年五月）にも明記されているが、その根拠は陸軍省編『明治軍事史』である。軍隊のことを確認する史料として『明治軍事史』を使うのは当然だが、それに依拠しても、では当時の人々はいつそれを知ったのか、はわからない。実は公的な発表は結局なされず、いつのまにか新聞に「大本営」という言葉が出るようになった、というのが実相だった。ということは、政治の現実的な動向を追うことと、国民がそれをいつ知ったのかはタイムラグがあるということである。戦争と外交というテーマは、そのことを強く教えてくれる。

三宅雪嶺が論説文「嘗胆臥《マ》薪《マ》」を書き、陸羯南主宰の日刊新聞『日本』に掲載したのは一八九五年五月一五日（「上」のみ）。翌一六日の『日本』は「治安に妨害あり」と発行停止を命じられ、復刊したのは五月二七日。ところがこの二七日号も発行停止になり、次に復刊したのは六月四日。以降は六月、七月、八月と順調に日々発行している。

この年の新聞に対する発刊停止処分は凄まじく、しかもその処分は四月下旬から六月に集中している[3]。遼東半島還付詔勅に関して最初に発行停止の処分を受けた『万朝報』は、復刊された五月二五日号に次のような記事を掲載した。

●同舟同難　遼東還付の詔勅出で、より治安妨害の名目にて発行を停止されたるもの我万朝報を第一として

この文章に続けて、三九の新聞名を列挙している。

江差新報、毎日新聞、東北日報、北のめざまし、中国民報、秋田日々新聞、秋田魁新報、秋田新聞、山梨民報、奥羽日々新聞、若越自由新聞、淡海民報、日本、二六新報、北海、北國新聞、廣島新聞、九州自由新聞、国民新聞、千葉民報、山形自由新聞、福井、因伯時報、大阪朝日新聞、濃飛日報、団々珍聞、香川新報、報知新聞、めざまし、荘内新報、米沢新報、長周日報、東北民論、秋田時事新聞、自由新聞、東北日報、新潟新聞、国会

便宜的に東京で発行されている新聞に傍線を引いたが、九紙になる。これに当の『万朝報』や『東京経済雑誌』、『東京日日新聞』を加えると一二紙誌。東京で発行停止にならなかったのは『東京朝日新聞』や『時事新報』、『読売新聞』、『都新聞』など数紙しかないという状況になった。この記事は次のように評論している。

斯の如き多数の一時に停止されしハ我邦新聞社会未曾有の事にして特に近頃の停止ハ一日乃至三日間長きも五日に過ぎざるに我社の如きハ実に十日の長きに亘り漸く昨日を以て解停の命に接したり。

「新聞社会未曾有の事」が、遼東半島を清に返還することをめぐり書かれた各社の社説や記事に対して猛威を揮ったという大きな事件だった。『万朝報』は、この後、もう一度六月六日から一一日まで発行停止処分を受ける（後述）。

『二六新報』は前後三回の発行停止、黒岩涙香の『万朝報』も六月六日から一一日まで発行停止、伊藤博文の門下生・部下である伊東巳代治が買収して社長となっていたため「半官報」なる政府系新聞の呼称を持っていた『東京日日新聞』も三日間の発行停止、徳富蘇峰の『国民新聞』も二日間の発行停止、田口卯吉の『東京経済雑誌』も第七七三号（四月二二日発行）で発行停止処分を受け、第七七四号を復刊したのは一ヵ月後の五月二三日だった。『東京朝日新聞』や『時事新報』のみが処分を受けることなく発行を続けた。

復刊した『東京経済雑誌』第七七四号の巻頭に掲載された「○発行停止と解停」は、これらの処分を批判し、次のように説いた。

夫れ日清戦争の結局は国家の重事なり。日本社会豈に赤心を蓄蔵するの政治家なからんや、若し十分に之れを発露するを得は立憲の美風始めて我社会に喚起すべし、伊藤内閣たるもの何ぞ早く其顛末を天下に公表して政事家の発論を喚起せさる、若し夫れ有識者をして其意見を表白せしめざるときは、無謀なる壮士忽ち社会に出でん、前例数々之を証せり、是れ廟堂有司の宜く熟慮すべき所なり。

「日清戦争の結局」とは日清講和条約である。条約本文が公表されたのは、五月一三日の『官報』号外だった（後述）。

日刊の『官報』に記載された「告示」や「官庁事項」、「警視庁及東京府公文」などから新聞雑誌の発行停止・解停にされたものを整理すると次の表11—2になる。こうした発行停止処分の嵐について、野村靖内務大臣は「津田三蔵小山豊太郎を押へんが為めなり」と発言し、肥塚龍代議士らが松岡内務次官を訪ねた際にも同様の発言を聞いている（「○新聞雑誌の発行停止」、『東京経済雑誌』第七七六号、一八九五年六月八日付）。これは他の新聞でも報じられており、内務省の公式見解としてもよい。『東京経済雑誌』では、新聞や雑誌の論稿を読んで津田（大津事件）や小山（李鴻章襲撃事件）の暴行が生まれたわけでもないのに「発行停止は論文の矯激を押ふるの手段としては最も無効なるもの」と強く批判している（同号）。

講和交渉は新聞にも公表されたが、下関に派遣した特派員から毎日「●和議観聴録」を掲載した『東京朝日』（四月二三日付）も、四月一七日発の記事で「和約訂了」と大活字で報じながら、「此の日平和条約成り、彼我全権大臣各調印を了す総て十数条、未だ批准を経ざれバ之を公にするを許さず」としておおまかな内容すら発表できなかった。

下関条約の全文が、在京新聞各紙の号外で報じられたのは五月一三日。それは同日に『官報』号外が発行されたことによって可能となった。『官報』号外は全四頁と付図からなり、下関条約・別約・議定書のほかいわゆる「遼東半島還付に関する詔勅」である「詔勅」（五月一〇日付）、天皇の名による「批准し茲に之を公布せしむ」という「勅令」（同日付、下関条約・別約・議定書）下関条約付属地図（遼東半島、縮尺一〇〇万分の一）の三部構成だった。

新聞各紙は、この『官報』号外の記事のうち、一斉に「遼東半島還付」を問題にし、翌日以降の社説や記事で取り上げていった。『万朝報』五月一四日付は第二面にほぼ一段で「●果せるかな　古今未曾有の大段落」「●遼東半島の還付」「●還付に付ての措置如何」「●島嶼ハ如何」という三本の評論記事を掲載した。最初の記事は次のような文章で締めくくられていた。

府県	新聞名	停止号	停止日	官報日付	理由	解停日	官報日付
大阪	新浪華					3月4日	3月5日
東京	日本	2008	3月2日	3月4日	治安妨害	3月5日	3月5日
山形	山形自由新聞	4485	3月11日	3月12日	治安妨害	3月15日	3月15日
北海道	小樽新聞	350	3月14日	3月15日	治安妨害	3月20日	3月20日
新潟	新潟新聞	5376	3月16日	3月19日	治安妨害	3月24日	3月25日
香川	香川新報	1777	3月16日	3月19日	治安妨害	3月24日	3月25日
富山	北陸政論	600	3月16日	3月19日	治安妨害	3月24日	3月25日
秋田	秋田時事新聞	389	3月17日	3月19日	治安妨害	3月25日	3月25日
東京	国民新聞		3月17日	3月22日	治安妨害	3月21日	3月22日
山口	長周日報	647・648	3月17日	3月19日	治安妨害	3月29日	3月29日
山口	防長新聞	3/13第2号外・3022	3月18日	3月19日	治安妨害	3月26日	3月26日
山口	山口新聞	3/13号外	3月18日	3月19日	治安妨害	3月27日	3月29日
秋田	秋田日々新聞	3774	3月18日	3月19日	治安妨害	3月26日	3月26日
徳島	徳島日々新聞	3/13号外	3月18日	3月19日	治安妨害	3月26日	3月26日
高知	高知日報	3598	3月18日	3月19日	治安妨害	3月26日	3月26日
高知	高知毎日新聞	239	3月18日	3月19日	治安妨害	3月26日	3月26日
長崎	鎮西日報	4952	3月19日	3月20日	治安妨害	3月27日	3月27日
秋田	秋田新聞	315	3月19日	3月20日	治安妨害	3月27日	3月27日
北海道	北のめさまし	348	3月22日	3月23日	治安妨害	3月30日	3月30日
東京	絵入日報	83	3月26日	3月28日	治安妨害	3月31日	4月1日
東京	開花新聞	3627	3月26日	3月28日	治安妨害	3月31日	4月1日
東京	めさまし新聞	402	3月26日	3月28日	治安妨害	3月31日	4月1日
広島	芸備日々新聞		3月26日	3月29日	治安妨害	3月29日	3月29日
東京	東京通信	?	3月27日	3月29日	治安妨害	3月31日	4月1日
兵庫	神戸又新日報	3278	3月27日	3月29日	治安妨害	3月31日	4月1日
鳥取	因伯時報	874	3月29日	4月1日	治安妨害	4月6日	4月6日
山梨	山梨日々新聞	6064	3月29日	4月1日	治安妨害	4月2日	4月2日
山梨	山梨民報	331	3月29日	4月1日	治安妨害	4月2日	4月2日
三重	三重新聞	2468	3月30日	4月1日	風俗壊乱	4月7日	4月8日
奈良	新大和	1127	3月30日	4月1日	治安妨害	4月3日	4月4日
三重	北勢日報	692	4月1日	4月2日	風俗壊乱	4月9日	4月9日
北海道	根室毎日新聞	1281	3月28日	4月2日	治安妨害	4月8日	4月8日
北海道	北のめさまし	351	3月31日	4月2日	治安妨害	4月8日	4月8日
香川	さぬき新聞	338	4月4日	4月6日	治安妨害	4月10日	4月10日
鳥取	米子毎日新聞	255	4月5日	4月9日	治安妨害	4月14日	4月15日
鳥取	米子毎日新聞	256	4月6日	4月9日	治安妨害	4月14日	4月15日
秋田	秋田魁新報	1776	4月6日	4月9日	治安妨害	4月14日	4月15日
秋田	東北民論	74	4月9日	4月11日	治安妨害	4月17日	4月17日

表11−2　新聞雑誌の発行停止処分・解停（1）

府県	新聞名	停止号	停止日	官報日付	理由	解停日	官報日付
福島	福島民報	786	4月9日	4月11日	治安妨害	4月17日	4月17日
東京	日本	2049	4月14日	4月16日	治安妨害	4月18日	4月18日
東京	国民新聞	1581	4月14日	4月16日	治安妨害	4月18日	4月18日
東京	朝野新聞	358	4月16日	4月17日	治安妨害	4月18日	4月18日
東京	二六新報	419	4月16日	4月17日	治安妨害	4月18日	4月18日
東京	読売新聞	6363	4月16日	4月17日	治安妨害	4月18日	4月18日
東京	中央新聞	3702	4月16日	4月17日	治安妨害	4月18日	4月18日
東京	国会	1308	4月16日	4月17日	治安妨害		
東京	内外通信	254	4月16日	4月17日	治安妨害	4月21日	4月22日
大阪	二十六世紀	15	4月16日	4月18日	治安妨害	8月1日	7月25日
東京	絵入日報	97	4月18日	4月18日	治安妨害	4月24日	4月24日
大阪	新浪華	827	4月19日	4月20日	治安妨害	4月25日	4月25日
北海道	北門新報	1169	4月19日	4月20日	治安妨害	4月27日	4月27日
東京	東京経済雑誌	773	4月22日	4月24日	治安妨害	5月19日	5月20日
東京	国民ノ友	251	4月23日	4月25日	治安妨害	5月29日	5月29日
北海道	北のめさまし	464	4月23日	4月25日	治安妨害	4月30日	4月30日
東京	東京日々新聞	7054	4月25日	4月27日	治安妨害	4月29日	4月30日
東京	時事新報	4265	4月25日	4月27日	治安妨害	4月29日	4月30日
東京	朝野新聞	364	4月25日	4月27日	治安妨害	4月29日	4月30日
東京	めさまし新聞	424	4月25日	4月27日	治安妨害	4月29日	4月30日
東京	二六新報	426	4月26日	4月27日	治安妨害	4月30日	4月30日
福井	若越自由新聞	1222	4月24日	4月27日	治安妨害	5月2日	5月2日
栃木	下野新聞	2790	4月25日	4月27日	治安妨害	5月1日	5月1日
千葉	東海新聞	1920	4月26日	4月27日	治安妨害	4月30日	4月30日
福岡	門司新報	859	4月26日	4月27日	治安妨害	4月30日	4月30日
大分	大分新聞	1025	4月26日	4月29日	治安妨害	4月30日	4月30日
静岡	静岡新報	641	4月26日	4月29日	治安妨害	5月2日	5月2日
東京	立憲改進党党報	43	4月30日	4月30日	治安妨害	6月25日	6月20日
群馬	上毛新聞	2230	4月27日	4月30日	治安妨害	5月3日	5月3日
秋田	秋田時事新聞	422	4月29日	4月30日	治安妨害	5月7日	5月7日
愛媛	愛媛新報	1950	4月29日	5月1日	治安妨害	5月3日	5月3日
栃木	関東	989	4月29日	5月1日	治安妨害	5月5日	5月6日
福島	福島新聞	3719	4月29日	5月1日	治安妨害	5月5日	5月6日
山形	山形日報	1483	4月29日	5月1日	治安妨害	5月5日	5月6日
高知	高知毎日新聞	273	4月30日	5月1日	治安妨害	5月6日	5月6日
東京	二六新報	427	4月30日	5月2日	治安妨害	5月4日	5月4日
東京	めさまし新聞	426	4月30日	5月2日	治安妨害	5月4日	5月4日
石川	日乃丸新聞	1152	4月30日	5月2日	治安妨害	5月6日	5月6日

表11－2　新聞雑誌の発行停止処分・解停（2）

府県	新聞名	停止号	停止日	官報日付	理由	解停日	官報日付
佐賀	佐賀自由	3194	4月30日	5月2日	治安妨害	5月6日	5月6日
熊本	九州日々新聞	3836	4月30日	5月2日	治安妨害	5月6日	5月6日
山口	長周日報	675	5月1日	5月2日	治安妨害	5月5日	5月6日
東京	精神	58	5月1日	5月3日	治安妨害	7月1日	6月25日
大阪	なには商報	143	5月1日	5月3日	治安妨害	5月28日	5月28日
三重	北勢日報	709	5月1日	5月3日	治安妨害	5月6日	5月6日
鹿児島	鹿児島毎日新聞	1035	5月1日	5月3日	治安妨害	5月6日	5月6日
愛媛	宇和島新聞	369	5月1日	5月3日	治安妨害	5月5日	5月6日
北海道	根室毎日新聞	1303	5月1日	5月3日	治安妨害	5月5日	5月6日
静岡	静岡民友新聞	1057	5月1日	5月3日	治安妨害	5月6日	5月6日
大分	大分日々新聞	445	5月2日	5月4日	治安妨害	5月11日	5月11日
高知	高知日報	3634	5月2日	5月4日	治安妨害	5月8日	5月8日
福井	福井	966	5月2日	5月4日	治安妨害	5月8日	5月8日
岡山	岡山日報	1873	5月2日	5月4日	治安妨害	5月10日	5月10日
北海道	北門新報	1170	5月3日	5月4日	治安妨害	5月11日	5月11日
山形	荘内新報	1226	5月2日	5月6日	治安妨害	5月8日	5月8日
岡山	中国民報	802	5月3日	5月6日	治安妨害	5月7日	5月7日
千葉	千葉民報	374	5月3日	5月6日	治安妨害	5月9日	5月9日
東京	毎日新聞	7330	5月5日	5月6日	治安妨害	5月9日	5月9日
大阪	大阪経済雑誌	50	5月4日	5月7日	治安妨害	6月15日	6月11日
富山	高岡商業新報	853	5月5日	5月7日	治安妨害	5月11日	5月11日
山梨	山梨民報	361	5月5日	5月7日	治安妨害	5月11日	5月11日
秋田	秋田魁新報	1795	5月6日	5月7日	治安妨害	5月12日	5月13日
北海道	小樽新聞	387	5月7日	5月9日	治安妨害	5月13日	5月14日
	精華	41	5月1日	5月9日			
三重	三重新聞	2497	5月8日	5月10日	治安妨害	5月12日	5月13日
福島	福島民報	813	5月8日	5月10日	治安妨害	5月12日	5月13日
東京	二六新報	431	5月9日	5月10日	治安妨害	5月15日	5月15日
新潟	新潟新聞	5417	5月9日	5月10日	治安妨害	5月17日	5月17日
	両羽	671	5月8日	5月11日	治安妨害	5月12日	5月13日
山形	山形自由新聞	4533	5月8日	5月11日	治安妨害	5月12日	5月13日
	二豊新聞	598	5月8日	5月11日	治安妨害	5月12日	5月13日
宮城	東北新聞	1015	5月11日	5月14日	治安妨害	5月14日	5月14日
東京	実業（10日以内）	第4巻第一		5月15日			
北海道	江差新報	229	5月11日	5月15日	治安妨害	5月15日	5月15日
東京	万朝報	734	5月14日	5月15日	治安妨害	5月25日	5月25日
東京	毎日新聞	7336	5月15日	5月16日	治安妨害	5月26日	5月27日
新潟	東北日報	2212	5月15日	5月16日	治安妨害	5月19日	5月20日

表 11−2 新聞雑誌の発行停止処分・解停（3）

府県	新聞名	停止号	停止日	官報日付	理由	解停日	官報日付
山口	徳山新報	3	5月17日	5月17日			
愛知	新愛知	2004	5月11日	5月17日	治安妨害	5月17日	5月17日
北海道	北のめさまし	381	5月14日	5月17日	治安妨害	5月20日	5月21日
岡山	中国民報	809	5月14日	5月17日	治安妨害	5月20日	5月21日
秋田	秋田日々新聞	3819	5月14日	5月17日	治安妨害	5月20日	5月21日
秋田	秋田魁新報	1777	5月14日	5月17日	治安妨害	5月20日	5月21日
秋田	秋田新聞	359	5月14日	5月17日	治安妨害	5月20日	5月21日
山梨	山梨民報	364	5月14日	5月17日	治安妨害	5月17日	5月17日
宮城	奥羽日々新聞	5375	5月14日	5月17日	治安妨害	5月17日	5月17日
福井	若越自由新聞	1235	5月14日	5月17日	治安妨害	5月20日	5月21日
滋賀	淡海民報	325	5月15日	5月17日	治安妨害	5月20日	5月21日
東京	日本	2078	5月16日	5月17日	治安妨害	5月27日	5月27日
東京	二六新報	432	5月16日	5月17日	治安妨害	5月27日	5月27日
北海道	北海	1771	5月16日	5月18日	治安妨害	5月19日	5月20日
石川	北國新聞	644	5月16日	5月18日	治安妨害	5月22日	5月22日
広島	広島新聞	53	5月16日	5月18日	治安妨害	5月20日	5月21日
熊本	九州自由新聞	1831	5月16日	5月18日	治安妨害	5月20日	5月21日
東京	国民新聞	1607	5月17日	5月18日	治安妨害	5月28日	5月28日
千葉	千葉民報	382	5月17日	5月18日	治安妨害	5月25日	5月25日
山形	山形自由新聞	4537	5月17日	5月18日	治安妨害	5月25日	5月25日
福井	福井	978	5月17日	5月18日	治安妨害	5月23日	5月23日
鳥取	因伯時報	913	5月17日	5月18日	治安妨害	5月20日	5月21日
岐阜	第十二濃飛日報	728	5月12日	5月20日	治安妨害	5月20日	5月21日
東京	団々珍聞	1014	5月18日	5月21日	治安妨害	6月15日	6月11日
香川	香川新報	1826	5月18日	5月21日	治安妨害	5月24日	5月24日
東京	報知新聞	6751	5月19日	5月21日	治安妨害	5月30日	5月30日
東京	めさまし新聞	440	5月19日	5月21日	治安妨害	5月30日	5月30日
山形	荘内新報	1235	5月19日	5月21日	治安妨害	5月25日	5月25日
山形	米沢新報	37	5月19日	5月21日	治安妨害	5月26日	5月27日
山口	長周新報	689	5月20日	5月21日	治安妨害		
秋田	東北民論	85	5月19日	5月22日	治安妨害	5月25日	5月25日
秋田	秋田時事新聞	428	5月19日	5月22日	治安妨害	5月25日	5月25日
東京	自由新聞	号外	5月21日	5月22日	治安妨害	5月28日	5月28日
新潟	東北日報	2213	5月21日	5月22日	治安妨害	5月29日	5月29日
新潟	新潟新聞	5422	5月22日	5月24日	治安妨害	5月25日	5月25日
東京	国会	1339	5月23日	5月24日	治安妨害	5月31日	5月31日
兵庫	神戸又新日報	3324	5月22日	5月25日	治安妨害		
秋田	秋田日々新聞	2821	5月22日	5月25日	治安妨害	5月25日	5月25日
大阪	大阪朝日新聞			5月14日		5月26日	5月26日

表11－2　新聞雑誌の発行停止処分・解停（4）

府県	新聞名	停止号	停止日	官報日付	理由	解停日	官報日付
東京	長岡郷友会雑誌	30	5月28日				
東京	日本	2079	5月27日	5月28日	治安妨害	6月4日	6月4日
石川	北國新聞	651	6月1日	5月28日	治安妨害	5月31日	6月1日
宮城	民報	106	6月1日	5月29日	治安妨害	7月1日	6月25日
福井	若越自由新聞	1245	6月1日	5月30日	治安妨害	6月1日	6月1日
東京	二六新報	436	6月1日	5月31日	治安妨害	6月8日	6月8日
山形	荘内新報	1240	6月3日	5月31日	治安妨害	6月2日	6月3日
山梨	峡中日報	2051	6月6日	6月3日	治安妨害	6月6日	6月6日
	陸奥新聞		6月7日	6月5日	治安妨害	6月11日	6月11日
東京	万朝報		6月7日	6月6日	治安妨害	6月12日	6月12日
東京	やまと新聞	2606	6月10日	6月9日	治安妨害	6月15日	6月15日
宮城県	新東北	4	6月12日	6月11日	治安妨害	7月20日	7月18日
東京	毎日新聞	7354	6月15日	6月14日	治安妨害	6月22日	6月22日
秋田県	秋田魁新報	1800	6月18日	6月17日	治安妨害	6月25日	6月25日
東京府	内外通信	305	6月19日	6月18日	治安妨害	6月26日	6月26日
東京府	自由新聞	1094	6月21日	6月20日	治安妨害	6月28日	6月28日
秋田県	秋田魁新報	1824	7月1日	6月29日	治安妨害	7月7日	7月8日
大阪府	おどけ珍聞	2	7月5日	7月4日	風俗壊乱		
東京府	絵入日報	164	7月12日	7月11日	治安妨害	7月19日	7月19日
東京府	万朝報	775	7月15日	7月12日	治安妨害	7月20日	7月20日
新潟県	東北日報	2255	7月18日	7月17日	治安妨害	7月25日	7月25日
秋田県	秋田新聞	403	7月18日	7月17日	治安妨害	7月25日	7月25日
新潟県	東北日報	2259	7月27日	7月26日	治安妨害		
新潟県	新潟新聞	5476	7月29日	7月26日	治安妨害		
新潟県	自由新報	1094	7月29日	7月26日	治安妨害		
新潟県	高田新聞	3578	7月29日	7月26日	治安妨害		
新潟県	越佐新聞	4193	7月29日	7月26日	治安妨害		

表11－2　新聞雑誌の発行停止処分・解停（5）

日本軍人が血を流して得たる彼の遼東半島ハ明かに清国に還付せられたり、豈に古今未曾有の大恩典に非ずや、清国人民ハ定めし我　皇の聖恩の難有きに泣くならん、然り吾人も亦泣く、真に声を放て泣く。

遼東半島還付を日本国の「大恩典」とし、天「皇の聖恩」と讃えつつ、私は泣いている、というのは今で言う褒め殺しで、最大の皮肉だろう。「日本軍人が血を流して得た」という形容詞も加え、還付した政府を強く批判している。この政府批判により「我が万朝報ハ彼の遼東半島還附の事定まるや劈頭第一に発行停止を命ぜられたり」(「当社新聞の発行停止に就て」『万朝報』五月二五日)となったと思われる。

『日本』も、五月一三日の号外に、講和条約・別約・議定書の全文のほか、遼東半島還付の詔勅を掲載したが、その前に、

●詔勅下る　詔勅下る詔勅下る苟くも血あるもの誰か泣て之を捧読せさらんや

という文章をつけた。"泣くべき"ものだという点で『万朝報』と似ているが、『日本』はこの時発行停止にはなっていない。発行停止になったのは五月一六日付の第二〇七八号だった。三宅雪嶺の論説「嘗胆臥薪」が「雪嶺」の記名で掲載されたのは前日の五月一五日付第二〇七七号で、同号に掲載されたその論説も全文ではなく、三回分のうちの「上」だけだった。この論説は世に知られたものとなったが、詳細はあまり考察されていないので、その後現在に至るまでの概説書などが、日清戦後の国民は皆「臥薪嘗胆」で燃えた、などと書き、「臥薪嘗胆」話が一人歩きしていると、私は考えている。

三宅はこの論説を、「太閤豊臣秀吉の朝鮮を伐ち明国と戦てより茲に三百三十年」という文章から説き起こし、読者に豊臣秀吉の朝鮮出兵を想起するよう求める。また日清戦争の過程を「一たび出兵してより以来、戦ふとして勝たざるなく、攻むるとして取らざるなく、我ながら力の大なるに驚く程なりし」と自画自賛し、「現代の東洋は西洋に関連す、事を東洋に起さんと欲せば、固より西洋の状勢を図り、兵力にして以て当るべくは、即ち以て当るの覚悟を為し、縦横の策にして用ゆべくは、即ち之を用ゆるに孜々勉励し、毫も他の来らざるを恃《たの》むべからざるなり」「世界を相手にするの念慮須臾《しゅゆ》も去るべからず、清国に勝たんとせば、清国より大なる者に勝つの覚悟ありて而して後可」と、清を相手の戦争と狭く捉えるのではなく、世界を常に意識して外交政策を進めなければならない、という意見は、伊藤首相や陸奥外相と同類のものであっただけに、強い政府批判となった。しかし、この号は発行停止処分にはなっていない。

では処分を受けた第二〇七八号（五月一六日発行）はどのような記事だったのか。『官報』に掲載される発行停止処分の発表は、該当号数は明記されるが、記事まで示していないため、推測するしかない。

第二〇七八号は縮刷版に現存する。その巻頭論説は「支那人と欧州人　上」で「醇庵」の記名がある。記者の鈴木券太郎のことである。この論説は、「若し夫《か》の支那人の文物制度心性を将《も》ちて欧米人に比するに頗ぶる相肖なるものある歟」と中国人と欧米人の思想制度などを比較して、似ていると判定し、「支那人の欧州人と幹を同じくし源流を一にせざることを」と結んでいる。「上」だけなので論理がこれ以後どのように展開するか、わからないが、少なくともこの論説は「治安妨害」にあたるものではない。この論説と同じ第一面を三段以上（全五段の内）占めているのは正岡子規の「●陣中日記（三）」で、俳句や漢詩の入った情緒的な通信である。この号で政府批判をおこなっているのはいずれも短い記事や投書があるに過ぎない。

たとえば、第三面の最後段に、

●台湾は大丈夫サ　是れ此の英電を見よと掀髯一番藤伯は言へりと聞く、成程遼東半島も始めは大丈夫なりし

●国旗を樹立せよ　区長の厳達に従ひて祝旗を樹てたるは一二三軒点々として数ふへきのみ、此人気を如何ん

●日本ビアンザイ　の声は東京と横浜とを通じてサッパリ聞へぬと報じたるは横浜のヘラルド新聞記者なり

なる記事を掲載し、第七面の第四段に、

●何事も君か為め　平和の為めに日本は清国と開戦したり、而して平和の為めに清国をして遼東半島を割かしめたり、今ま亦た平和の為めに終《つい》に撤兵する事に決したり、平和の為めには如何

なる調子外《はず》つれの事も行ひ得るものと見え、而も日本は如何に平和を保有するに熱心なるか、寧ろ平和の為めに今後一切戦闘をなさゞる事に願ひたしとガゼット記者は冷かせり

●面目と不面目　巳代治朝臣御通過の際大坂はお出迎ひせざりしとて不届千万なりと日々殿に叱らる、朝臣殊の外御気色にて京都に入れば万戸の旭旗翻翻として万歳の声さへひゞけり、そこで又日々殿の御感賞に預かる、京都の面目大坂の不面目此上やあるべき。（本郷小僧投）

という日清戦争そのものや伊東巳代治を揶揄している記事がある。これらは他愛ないものではあるが、遼東半島還付で国民の動向を気にしている政府や内務省では、癇に障ったのかもしれない。

五月二七日発行停止処分が解停になった『日本』は、本紙を従来通り八頁で発行し、それに同判型の「附録」二頁をつけた。内容は、第一頁が鈴木醇庵の「軍備及外政」上中下の一括掲載と「社告」、第二頁が三宅雪嶺の「嘗胆臥薪」の「中」、旅順の「ドンゴリ」記者の評論、芝罘《チーフー》での批准交換の報道と外字新聞二紙の翻訳、という構成だった。三宅の論説には三宅の弁明がついている。

本篇に継ぐに宜しく下篇を以てすべき筈、（中略）『嘗胆臥薪』の語亦既に外政の失を帮助するの良口実と為り畢《おわん》ぬ、吁《ああ》其れ如何ぞ尚ほ斯語を累《わずら》はして下篇を綴るに忍びんや、本篇の若きは実に新聞停止前に成りし者乃ち当初の意を以て茲に掲ぐるのみ。

つまり、続いて下篇を掲載するべきだが、「嘗胆臥薪」という言葉が、政府の外交失策を補ってしまったので、発行停止処分以前に脱稿していた中篇のみを掲載するというのである。中篇は、実は好戦的な論調で、「乃ち我に於て先んじて事を執れば、露は畏るゝに足らず」として、英仏との同盟によりロシアを追い込むこともできるとし、

彼の傲然として倨肆なる者、果して実力の之に称ふあるかは輒く保すべきに非ず、西比利亜鉄道の完成に先ち、急施速行して大に伸潤せば何如。

とあるように、シベリア鉄道の完成によりロシアの軍事力がたやすく東アジアに届く前に、軍事力で対決してはどうか、と提案している。

また鈴木醇庵の「軍備及外政」は、外交の失敗を政府の責任にせず、軍備不足を責めるのは「御用記者」の筆致によるものであり、軍備は財政の範囲内でおこなわれるものであり、その外に出ようとするのは「暴の至り」として非難し、軍備薄弱のために三国干渉は受け容れざるを得ない、というのは「即ち一面に国民を侮蔑し、一面に外政の不能力を現明する者」と政府批判を繰り返す。なぜならば軍備拡大に集中する「実力論」では国力が弱るのは当然だからである。醇庵は次のように断言する。

実力論は虎狼国よりも危険なり、国民に軍備を課して其れをして疲弊して自滅せしめざれば已まず。

醇庵の結論は、政府の責任が問題だ、というにあった。

余を以て今日を見る、時の問題は上下一致にもあらず、軍備拡張にもあらず、臥薪嘗胆にもあらず、実に当局執政者の責任如何と云ふに在り、

醇庵によれば、雪嶺の「嘗胆臥薪」も軍備拡張も否定され、外交に失敗した政府の責任追及こそ必要だった。『日本』の編集部内でも「嘗胆臥薪」は「合言葉」ではなかった。

しかし、雪嶺の好戦的な論説と醇庵の政府攻撃のどちらか、または両方が理由となって、『日本』はまた発行停止処分を受ける。復刊したばかりのこの五月二七日付第二〇七九号で再び発行停止となり、解停となって再復刊されたのは一週間後の六月四日号だった。

さかのぼって、四月二三日に発行された『国民之友』第二五一号が「治安妨害」により発行停止になったのはなぜだろうか。この号には遼東半島還付問題を正面から掲げた評論などはないのだ。巻頭の社論「深憂大患」は朝鮮政策のあり方を論じたものであり、「特別寄書」欄の三編も、井上毅論（追悼文）、日本人の雄飛を求める論（続編）、中国思想論である。遼東半島は出てこない。「時事」欄も、下関条約の内容や

批准について論じているものの、三国干渉も遼東半島還付も登場せず、したがってそれらの可否を論じていない。こうなると、一ヵ月後に復刊した第二五二号の「時事」欄に掲げられた「朝鮮問題」という文章が、

吾人が言禍を得て一ヶ月間沈黙したるものは、四月廿三日の「国民之友」による。識者曰く国民之友の憂ふる所は杞憂にあらずして実に深憂大患也と。

としているので、第二五一号の巻頭社論「深憂大患」が発行停止の原因と考えざるを得ない。「深憂大患」は、朝鮮の独立を清国から確保するために日清の戦争が起きたのだが、勝ってみると「属国にあらず、領地にあらず、名実共に独立にして、助を我に仰ぐの国は決して、長く我国民の堪愈べき所にあらざる也。独り我国の堪へざるのみならず、列国の衰弱実に此に基づく」として属国でも新領土でもない中途半端な関係は日本にとって不利益で、別の道を取るべきだと述べている。具体的にどうするかについては、

然らば即ち朝鮮を如何せん乎。今日は之を開陳すべき機会にあらず。

として結論を述べないが、中途半端な状態を解消すべきだというこの論理は、朝鮮国との関係を絶てという提言ではなく、朝鮮の併合を求めていると考えられる。著者は徳富蘇峰と考えられ、彼の帝国主義的展開は三国干渉の衝撃だと言われているが、それ以前に朝鮮の獲得という方針を持っていたと思われ、三国干渉ではなく、日清戦争の勝利というものが徳富蘇峰の転回をもたらしたと考えるべきだろう。

『萬朝報』五月一四日号が発行停止となり、一週間続いたことは先に述べた。復刊した五月二五日号は、第一面に「●当社新聞の発行停止に就て」や「同舟同難」などの記事で、内務省の新聞発行停止処分を皮肉ったものの、社説欄に「軍人を歓迎せよ」（五月二七日）、「生還者と戦死者」（同二九日）、「頌徳」（同三一日）、「蕭何と韓信」「将校と士卒」（どちらも六月二日）、「生還者と戦死者」（同五日）を続々と掲げ、日清戦後の外交や軍隊、天皇賛美などを論じていた。「生還者と戦死者」は、「世人が凱旋者を歓迎するに急にして夫《か》の戦死者の忠魂を慰むるに冷淡なからんことを戒め」、「故に我れ半島を彼れに還附するに先だち、宜し

く之れが遺骸を帝国に齎《もたら》し、礼を厚ふして之を改葬すべきなり、若し夫れ滴血片骨ハ尽《ことごと》く之れを帝国に齎らさんとするも遂ひに得べからず、嗚呼是れ空しく遼東半島の野を肥して而して已まんのみ」と遼東半島還付に絡ませて政府批判をおこなった。おそらく五日のこの記事が当局を刺激し、翌六月六日号が発行停止となったのではないか。六日号には、このような政府批判記事は見当たらない。社説すらない。解停となり復刊されたのは六月一二日だった。一二日号は、冒頭に「●又解停」とする釈明文を掲げた。

知らず我社治安を妨害する耶、抑も亦治安我社を妨害する耶、我社の今後に於てするハ其従来に於てせしと同じく唯自ら新聞紙たるの職責と認むる所の者を尽すの外に余念なし、職責治安と抵触せんか、即はち発行を停止せられん、職責治安と抵触せざらんか即ち停止せられざらん、停止せらるゝも已むを得ず、停止せられざるも亦已むを得ず、停止せられざるも亦已むを得ざるなり、此の外に云ふべきことなし

「新聞紙としての職責」を果して発行停止になるのもやむを得ないという闘うジャーナリスト宣言である。その後も「遼東還附の報償」（六月一四・一八日）。「近時官民の際」（同二〇日）、「軍備費」（同二二・二五・二七日）などの社説を掲げ、政府批判を続けた。「軍備費」全三回の趣旨は、それぞれの副題が「何れの所に財源を求めん」「政費節減」「積累濫蓄」とあるように、軍備拡張策を取るにしても冗員整理などの行政改革、国民の勤労と倹約を進め、「足らざる所ハ即ち或る種の税率を増加して之を補はんのみ」（下）と、軍備拡張政策の財源について、まずは政府の努力を求めるものだった。

『万朝報』六月二九日付の社説「自由の範囲」は、集会及び政社法の適用による結社禁止を批判したものだが、やはり中間二ヵ所二五行が削られている。これも内務省の言論統制の結果だった。そうした事件もあったが、六月から七月にかけて順調に刊行されていた『万朝報』だった。突然七月一二日号が発行停止になった。「創業以来第十回に当れり」（「●閉門日記」、『万朝報』七月二〇日）という。残っている同日号には、

日本語の社説は初めから掲載されなかったのだが、第一面冒頭の英文エッセイが全文活字抹消の形で残されているので、英文エッセイが発行停止処分の理由だと思われる。残念ながら内容はわからない。その前哨は六月二〇日の社説「近時官民の際」だろう。第一面全二段の社説のうち、約四分の一の行が削られている（冒頭一六行と中間四行を抹消措置）。一つの箇所は「既にして遼東半」の後四行が削られているので、やはり遼東半島還付に関わる政府批判と見てよいだろう。遼東半島還付についての政府批判は、内務省による厳しい検閲が続いていた。

復刊された『万朝報』七月二〇日号は、社説「自由権」を掲載し、「言議の自由を国民に与ふ」ことの重要性を力説し、新聞の発行停止処分を乱発している政府を強く批判した。

4　日清戦後の政策と軍備拡張策

一八九五年はどういう年であったのか。冒頭で検討した高校日本史では、三国干渉で燃えた国民が「臥薪嘗胆」という合言葉のもと、政府の軍拡政策を支持した、という流れで記述されていたことをすでに述べた。

しかし、この年は、まだ台湾征服戦争を続けているのであり、指揮官である樺山資紀台湾総督が、台南占領を告げ台湾の「完全占領」を報告したのは、この年一〇月二一日だった。前年一一月以来、朝鮮政府と協議しながら内政改革を指導している筈だった井上馨全権公使が、改革の進展に挫折して辞任した。後任公使に三浦梧楼が任命されたのはこの年八月一七日で、その指揮の下、閔妃を殺害した事件が起きるのは一〇月八日。

人々の目は決してロシアだけに向けられていたわけではなく、伊藤政権の日清戦後外交政策全般に向けられていたと言うべきだろう。とすれば、証明できない「国民が「臥薪嘗胆」を合言葉に軍拡政策を進めた」という曖昧な記述は避けられるべきである。

ただ軍備拡張政策は、坦々と進められた。〈はじめに〉で引用した伊東巳代治の伊藤首相宛て書簡（一八九五年五月二五日付）は、その後半で、

> 今年之内政は戦後の整頓幷将来之計画等随分多岐に渉り煩労不尠は申上候迄も無之候へとも、朝野之人心皆軍備拡張之一点に帰向するの傾に有之、旧来行懸之地租幷地価修正問題等は恰も忘れたる如き姿に有之候へは、廟議之如何に依りては今より対議院策を定め勇往直前するに於ては予想よりも大に容易なる歟と存候へとも、外政は開戦前に比し一層困難之度を増しつゝ、ある哉に相考申候。

と内政と外政を比較し、軍備拡張政策だけは「朝野之人心」みな賛同する、と判断していた。この政策判断と、民衆が「臥薪嘗胆」を合言葉にしていた、という間には論証にも現象としても何段階もあることを強調しておきたい。

東京市で発行停止処分を受けなかった数紙の内の『都新聞』は、他紙と同じく五月一四日の第一面で、「●講和条約公布」と題し、「遼東半島還附の詔勅」と日清講和条約・議定書を全文掲載した。「論評」欄は第五面にあり、「意外に上出来なる条約」と評し、「遼東半島の地を得たるハ、只だ一場の夢と思はゞ大なる失望もなかるべし、否な時勢の大局を再思黙考せバ、失望の嘆を漏すの却つて愚なるが如く思はるゝ、節もなきにあらず」と達観している。同紙の主張は「持重」だった。五月二一日号の「論評」欄「●国民自ら持重せよ」は、

> 我国千載の恨事ハ固《もと》より一にして足らず、然れども小憤多くハ事を破る、苟くも東洋大帝国の国民たるもの豈に小憤に殉死して可ならんや、若し静かに我国今後の趨勢を察せバ、国民自ら持重

する所なかるべからず

と結論を述べている。「臥薪嘗胆」のような「小憤」に殉ずることなかれ、という警告であろう。『都新聞』のこの路線は揺るがなかった。

『国民之友』も、復刊した第二五二号（六月五日付）では、冒頭社論の「列国間に於ける日本の位置」で正面切って遼東半島問題を論じた。冒頭から「遼東半島の還付は千秋の恨事也。」で始まり、日清戦争がヨーロッパの政治的関係を変化させたため、アジアにおける日本の位置は上昇し、ロシアやフランスも日本との協力でなければアジアでの勢力を拡大できなくなった。「此に至ては何ぞ唯だ光栄を回復すと云はん耶。何ぞ唯だ耻辱を雪ぐと云はん耶。遼東半島の所得よりも、絶大の功業は吾人の目前に存す。」として、還付によって蒙った敗北を挽回し、光栄を回復するとか、ロシアに対して「耻辱を雪ぐ」などは不要で、「絶大の功業」が日清戦争勝利による日本の位置上昇ではないか、と畳みかける。ここで徳富蘇峰が求めるのは軍備拡大である。「兵器は一日に作るべからず、軍人は一夜に作るべからず。今年今日より光栄回復の大業に関する準備を初めざるべからず。」として軍備強化策を求め、「堅忍沈勇、以て大業に臨むの準備を怠るべからざる也。」と結んだ。

また三宅雪嶺の提唱した用語「嘗胆臥薪」が発表された一八九五年五月一六日以降発行の『国民之友』第二五二号（六月五日発行）から第二七六号（一二月二八日同）において、同じ「嘗胆臥薪」または「臥薪嘗胆」という用語を駆使して、軍備拡張を求めた論説はない。それに見られるように、メディアの議論は、清国からの償金をどのように使うかにあった。

『東京経済雑誌』も発行停止が解けて刊行された第七七四号（五月二三日付）の論説「二億両償金論」で、「償金を如何に使用すべき乎」と問題を投げかけ、「戦後軍備の拡張せざるべからざることは夙に余輩の唱道せし所」と軍備拡張策の必要なことは持論であると認めつつ、「近時露独仏の事あり、世間皆切歯して軍備の拡張を期せり、然りと雖も過大に軍備を拡張するときは将来我が国民は其の維持に堪へざるべし」と軍備拡張の世論に水を浴びせる。「償金を以て日清戦争の軍費を償還せずして、悉く之を軍備拡張に使用するときは、我が国民は其の拡張せる軍備を維持する費用と、軍事公債及び借入金の利子とを負担せざるべからず、是れ豈堪ふる所ならんや」と、軍備拡張策に償金を使うことに疑問を持っている。ただこの号も、「雑報」欄にジョークを掲載している。全文を引用する。

○遼東還附は熊の不幸

遼東還附の詔勅出でし以来、我国民中熊胆を嘗《な》むる者多く、為めに薬種屋は熊胆の払底を告げ、猟師に熊胆を注文すること櫛の歯を引くが如しと云ふ。

これは明らかに三宅雪嶺の「臥薪嘗胆」を前提にした小話であり、広がっていたことは事実であるが、それは架空の笑い話として執筆されている。

軍備拡張策への懸念は、第七七六号（六月一日付）「論説」欄に採用された関輪正路「戦後の国是」においても示されていた。ジャーナリスト関輪は、日清戦争の結果を「実に空前の愉快と絶後の沈痛」と捉え、台湾獲得と遼東半島還付を位置付けつつ、「一時の憤慨に乗して国民が軍備拡張に狂熱し国家経済を誤るが如きあらば亦実に国家の一大不幸たることを熱図せざるべからず」と、軍拡策を支持するような「戦後の方針を誤らんとする恐れ」への懸念を強調している。

『東京経済雑誌』第七七八号（六月一五日付）の論説「戦後財政計画の要旨」は、「今や軍備の拡張特に海軍の拡張は須要の急務となれり」と海軍の軍拡を認めつつ、維持費用は国税に依拠せざるを得ないので、「償金あればとて決して過大には拡張すべからず」と警鐘を鳴らしている。同様の論理展開は、同号の「論説」欄の伴智斎（ジャーナリスト伴直之助）「官民協力して速かに対外政策を定むべし」にも見られる。

臥薪嘗胆は今後我が四千万同胞の須臾も忘るべからざる教訓なり、然れども実際之れを躬行するにあらずんば、寧ろ始めより教訓なきに如かず、之れを実行するの方法如何、宜しく官民各々私情私利を棄て、従来の怨憤を棄て、宜しく忠誠公明に基ける健全なる輿論を作り、遠謀深慮より成れる不屈不撓の公議を起して以て永遠の外交的国是を今日に定むべし、試みに看よ、今後我が国に起すべき事業、譬へば軍艦の増造、砲台の建築、軍港の設置、海陸軍の編制、或は防備、開拓、鉄道、製鉄、其他必須の事業一として対外政策の確立を俟ちて決すべきものにあらざるはなし、

確かに「臥薪嘗胆」という言葉は、伴においても重要な「教訓」として押えられてはいるが、それは軍備拡大策にとどまることなく、「開拓、鉄道、製鉄」など多くの産業振興にまで延長しなければならない課題であり、それらを全面展開するために「対外政策の確立」が必要であり、それらを支持する「健全なる輿論」が必要だった。「臥薪嘗胆」は軍備拡大のためのスローガンとして独り歩きをしてはいない。『国民之友』でその議論を追えば、小野英次郎は「五十億法償金ノ用途」（第二五二号）において、普仏戦争の結果ドイツが得た「五十億法《フラン》」の賠償金を何に使ったかを詳細に書き出し検討して、それを参考に清国からの賠償金三億円の使途について「大体ノ方針」として、

第一ニ之ヲ以テ新領地ノ国防費ニ充テサルヘカラス、陸海軍ヲ拡張スルハ勿論、遼東ノ原野ニ軍事鉄道ヲ開設シ、台湾ニ海底電信ヲ通シ砲台、城砦ノ建築、修理ヲナシ、更ニ剰余アルトキハ内地ノ海防事業ノ竣工期ヲ短縮シ、兵器、弾薬、其他ノ軍備品ヲ製造スルノ資ニ供セント欲スルナリ

を結論とする。「新領地」や「遼東ノ原野」に明らかなように、この文章そのものは遼東半島還付前に執筆されたもので、その段階ですでに軍備拡充に充てるべきだという意見があったという点が行論上重要である。台湾との通信完備、軍事的準備も必要で、それには海軍の充実が必要と考えられた。その意味で、軍備拡張を進める伊藤内閣を後押しする言論だった。

徳富蘇峰の論説「「同盟時代」の日本」（第二五四号）では、軍備拡張の文字も主張もなく、「陸海軍の力、固より限る所あり、吾人は籌を投じて外交の上に合従連衡を試みざるべからざる也」と同盟を結ぶ外交力の強化を求めている。この号の「特別寄書」欄に寄稿した政治家肥塚龍は、「東洋に於ける露国の強弱」と題し、日本は今後軍備と外交の両方に力を入れるべきだと次のように述べた。

日本現在の武力を以て、露西亜現在の東洋に於ける武力に当るは、決して難事にあらずと思ふ、然れども世界各国利害の複雑する今日に当り、交戦国の勝敗は唯武力に依りて決すと思はゞ大なる誤なり。必らず武力外交の二の者相伴ふて勝敗の局を結ぶ者とす、

つまり肥塚の判断では、「日本今日の患は陸海軍よりも、寧ろ外交部にあるなり」であって、外交力の強化こそが求められた。肥塚に見られるように、一路軍備拡大という世論ではなかった。

このような世論に支えられて、伊藤内閣批判を続ける衆議院議員の集団の一つ、政友有志会は、六月一五日の集会で、次の決議をおこなった（『国民之友』第二五四号、六月二三日発行）。

今や内外多端国歩艱難を極む。是れ当に志士身を以て国に報ずべきの時なり。故に左記の要領に於て志を同うするもの相協力し以て忠愛の大義を尽さんとす。

一　帝国の光栄を回復する為め速に軍備を拡張し外政を刷振すること
二　遼東半島の還附に対しては内閣をして其責任を明にせしむること
三　朝鮮国に於ける我帝国の地位勢力を維持すること

第一項に軍備拡張を挙げるが、それを背景としての「外政を刷振」、つまり外交力の強化であり、遼東半島問題は第二項に挙げられるように、伊藤内閣の責任問題に落とされていた。全三項目は、東アジアにおける日本の勢力を伸張させ、さらなる権益を獲得できるようにするという意味で、帝国としての利益配分を欧米に要求しているものであるが、それこそ日清戦後の世論と政治動向の中心であったと言うべきだ

ろう。衆議院議員の集団によるこうした政府批判も、閉じられることになる。六月一九日、内務省は「集会及政社法第二十九条ニ依リ」（『官報』三五九四号、六月二四日発行）、この集団を結社禁止とした。第二九条とは、「安寧秩序妨害」の政社は内務大臣が禁止できる条項である。

政友有志会と同様の主張を持ち、伊藤内閣の政治責任を問う政談演説会が、六月三〇日東京で開催されたが、一四人の登壇者全員が「皆な其説を終へずして中止」されたという事件があった。「是れ明治十四五年の鎮圧政略以来未だ曾つて聞かざる所也。而して上下一致により成されたる大業の結果として伊藤内閣の下に初めて見る所也。」（「時事」欄、「民間党に対する政府の行動」、『国民之友』第二五六号、七月一三日発行）と『国民之友』は強く非難した。

『国民之友』を発行する民友社は、日清戦後の軍備拡張政策を強く支持しているが、それだけでなく「社会的行政」をも同じく求めていた。

若し或は単に軍備拡張の声に雷同するを知つて、内に向つて社会的行政を厳密ならしむを怠る乎。其軍備拡張や、沙上の家ならんのみ。

軍備拡張策と社会的行政は並行しておこなわれるべきだという主張である（論説「国力の按排」、第二六一号、九月三日発行）。「社会的行政」はこの文中でも「社会政策」とも説明され、「貧者弱者を保護するの立法行政」、「独逸の強迫保険法の如く、労働者の所得の幾分と雇主の恩給とを以て、労働者を保護する」、「何故に少弱者婦人の労働契約に干渉せざる耶」、「何故に貧弱者の財産を奪う者を制禁するの法律を実行せざる耶」と具体的な提案もおこなっている。「軍備拡張と社会政策とは近時に於ては殆んど異語同義也。」とする筆者の意見は、明らかにドイツの社会政策派を知っている。戦争という体験を経た日本社会は、政治的担い手に欠けるとはいえ、社会政策を求めて動き出していた。これも日清戦争と下関条約・遼東半島還付を経験した日本社会の状況である。

むすびにかえて

本稿で明らかにできたのは、日清講和交渉からの新聞雑誌への発行停止処分の乱発、遼東半島還付の公表以降の処分、さらにそれらが主張したことがらと伊藤内閣の政策、ということにとどまる。しかし、その少ない実証からも、「日清戦後の国民は「臥薪嘗胆」に燃えて軍拡政策を後押しした」とはとても言えないことが明確になった。

ではなぜ多くの教科書や概説書が「国民の合言葉「臥薪嘗胆」」のような煽動的な書き方になったのだろうか。それには「嘗胆臥薪」の初唱者である三宅雪嶺の書いたものに根拠がある。ジャーナリスト・思想家の三宅雪嶺（中野正剛の岳父）の晩年の大著としてよく知られている『同時代史』（一九二六年から一九四五年まで雑誌に書き続けられた「同時代観」を、全六冊の『同時代史』として一九四九年から五四年に岩波書店から公刊したもの）の第三巻（副題「明治二十七年より明治四十年迄」）の「明治二十八年」の節には、

本稿冒頭に引用した一節（六五頁）が

とあって、「臥薪嘗胆が頓に起る」ことと「一般の憤激が軍部を激励し」たとつなげている。これを事実の確認もなく、解釈してきた歴史家たちが、いわば煽動的な書き方を続けてきたのではないか。

『近代日本総合年表　第二版』（岩波書店、一九八四年）には、次のような記述がある。

5・1　遼東半島還付をめぐり、世論沸騰。〈臥薪嘗胆〉の語さかんに使われる。

この出典は『読売新聞』と明記されている。「ヨミダス」で検索してみると、一八九五年から一九二五年の三〇年間に〈臥薪嘗胆〉が使われたのは七例しかなく、うち二例は演劇とスポーツで、政治の場面で使われているのは三例しかない。

一八九六年七月一五日　与謝野鉄幹の詩「時事偶感」
一九〇三年九月一七日　社説「黄海海戦の十周年」
一九一四年一月　九日「議会の縦断面　8　軍国議会及其後　四」

つまり依拠された『読売新聞』でも一八九五年の使用例はなく、その後の回想でしか使われていない。『東京朝日』『大阪朝日』を同じように「聞蔵」で検索すると、一八九五年に二回（八月二五日の社説「再び所謂運動に就て」と一二月二八日の社説「歳暮辞」）、翌九六年に一回（四月二一日の社説「春光駘蕩」）が出て来る。社説「歳暮辞」には、文末に「唯だ一時社会に大流行を極めたる嘗胆臥薪の文字の霧消雲散せざらんことを期し、以て一般社会と共に必ず其の実を挙げることを期するのみ」と結んでいる。これに従えば、「嘗胆臥薪」（ないしは「臥薪嘗胆」も）が流行語の一つであることは認められるが、もっと多様性のある流行語として存在していたのであり、それを「ロシアへの敵意」や「軍備拡張政策への支持」などの枠だけで解釈するのは間違っている。

新聞各紙を検討してきて、おそらく一〇年後の日露戦争の前後に三国干渉が想起され、その時に「ロシアへの敵意」としての「嘗胆臥薪」が再登場する、そこから「嘗胆臥薪」が市民権を得るのだと考え始めたが、その論証は後考を待ちたい。

【注】
（1）三宅雪嶺『同時代史』全六巻（岩波書店、一九五〇年）
（2）拙稿「東学農民運動と日本メディア」（京大人文研『人文学報』一一一号、二〇一八年三月）参照。
（3）この年の新聞発行停止処分に憤激した全国の新聞記者は、一八九六年一月一七日全国新聞記者同盟大会を開催し、「一、吾々は新聞雑誌発行停止の全廃を期する事、一、此目的を達する迄は決して運動を怠らざる事」の二項目を決議し、政府に強く要求した。（『東京経済雑誌』第八〇九号、一八九六年一月二五日付）。

第12章

武士道はなぜ生き残ったのか——日本における近代軍隊の成立をめぐって——

「武士道」なるものが近代社会でも重んじられていたというのは、まだ確かめられた説ではない、世間に流布している話でしかない。「近代武士道」と「近世武士道」を区分して考えるべきだというのは、菅野覚明『武士道の逆襲』（講談社現代新書、二〇〇四年一〇月）の提言だった。谷口眞子『武士道考——喧嘩・敵討ち・無礼討ち——』（角川叢書、二〇〇七年三月）は、「現代でも、江戸時代の武士が引き合いに出され、その時々で各自が好きなように武士のイメージが形作られている」（二七〇頁）と厳しく批判した。その丹念な究明によれば、近世社会の「武士道論は、理想的武士の姿を描いたもの」（一一頁）であり、「武士は望むと望まざるにかかわらず、酒の飲み方から口の利き方、衣類や髪型に至るまで決められ、武士としての矜持を常に保たなければならなかった」（二七一頁）という武士の身なりや話法など矜持を示すいわば生活規範に過ぎなかったにも関わらず、近代社会では「もののふの道」と抽象化・偶像化され、理想とまで持ち上げられるにいたった。それはなぜなのか。この問いを、日本近代がうみだした軍隊の規範形成史から解こうとするのが本稿の課題である。

1　近代軍隊の出発

近代軍隊が成立する直前、新政府は諸藩から集めた兵士（一時的に各藩に提供を命じて、政府護衛部隊としたもの）に向かい、「**士風**ヲ不失《うしなわず》礼儀ヲ守リ親交可致事」と命じた。「士風」とは「武士風」以外の解釈はないだろう。武士としての矜持を維持し名誉を守ることを求めたのである。歴代、大名家の家臣であり続けているという御恩―奉公関係に基づく意識を強く持っていた彼らに対し、「士風」を守らせ、兵士たちの周りから、徒党や脱走、虐待や怯懦などを一掃することが重要であり、また必要であった。第二条の「長官長官之指揮堅ク可相守事」も、武士は上意下達に留まる者ではなく、功名を目がけて自分の意志で動く武装集団だったことを物語る。そういった「我が家第一」の功名争いではなく、指揮官のもとに整然と戦う兵士集団であることが彼らには求められていた。またこの藩兵段階では、中央政府の軍隊ではなかった。法度の最終行にある、違反者は「主人主人へ引渡」というのは大名家へ引き渡すことを意味している。まさに藩兵であり、藩が処分権を持つ軍隊だった。以下の史料の年月日表記は、一八七二年一二月三日の太陽暦採用までは、月日を太陰暦のままとし、年は西暦で示す。

【史料1】（一八六八年）五月三日　新政府から諸藩の藩兵へ（太字は引用者。以下同じ）

「陸軍局法度」（布告第三六七）

陸軍局法度

一　皇国一致　御国威相立候儀至要之事ニ候条**士風**ヲ不失《うしなわず》礼儀ヲ守リ親交可致事

一　長官長官之指揮堅ク可相守事

一　何時出兵可被　仰付モ難計《はかりがたく》候間速ニ出陣相調《ととのえ》候様心掛勿論之事

一　猥ニ酒ヲ呑ムヘカラサル事

一　乱妨狼藉者《は》勿論押借等堅ク無用ノ事
一　一六休日ニ付外出不苦《くるしからざる》事　但暮六ツ時限リ帰局可致《いたすべき》事
右之条々堅ク可相守候、若相背候者於有之ハ主人主人へ引渡厳重可被　仰付者也

この「陸軍局法度」を前提にして、一八六九年四月二九日「軍律」が軍務官から発せられる。これは「第一ケ条　一、徒党ハ古来ノ制禁タリ。依之党首ハ死刑」などと、「陸軍局法度」とは異なる、前代の百姓一揆対策とも見まがうごとき反抗・抵抗の禁止条項だった。戊辰戦争終了からまだ時間がたっていないこの時期、武士層がいかに乱れ、荒っぽかったかを示している。

一八七一年二月二二日、太政官は兵部省に、鹿児島・山口・高知の諸藩から歩兵大隊など軍隊を差し出さすように命じた。いわゆる親兵であるが、鹿児島藩にとっては、戊辰戦争の戦後処理としても願ったり叶ったりだった。一八六九年の版籍奉還後政府の出した「藩制」は、府藩県三治制の下で、軍隊にも縮小を求めていた。それによれば鹿児島藩は、一八八四人の軍隊しか持てなかったにもかかわらず、一八七一年二月の時点で一万三〇〇〇人という大部隊を抱え込んだままだった。やっと上京した西郷隆盛が合意した鹿児島藩から供出する軍隊は、歩兵四個大隊、砲兵四小隊で合計三一七四人というものだった。山口・高知よりはるかに大部隊だったのは、こうした戊辰戦争の「戦後処理」という課題があったからだ。いずれにしても、大蔵省が財政の面倒を見、兵部省の管轄に入るので、これが日本最初の中央軍隊となった。

この一万人とも言われる大軍事力（松下芳男『明治軍制史論』上、八七頁は、「六千二、三百人以上八千人以下という程度」という説を述べているが、いずれにしろ各藩の規模より相当な大部隊で、後の混成一個旅団に相当する）を背景にして、政府は七月一四日、廃藩置県を断行した。その後、新政府は、旧諸藩からの兵士に対し、「国家」の意識を持つよう強く求め始める。その最初が、兵部省の布達「海軍読法」である。なぜ「陸海軍」ではなく「海軍」なのかは不明だが、兵士たちに対して何を求めたのかを知るこ

とのできる史料である。右にあげた「陸軍局法度」には、軍隊の目的を「皇国一致　御国威相立候儀」と国家統一の国威を立てるとされたが、三年半後に出された「海軍読法」は、「国家禦侮ノ為メ万民保護ノ本」と、国家防衛と国民保護となった。「国威」を具体的に表現したものと考えて、広く兵士にも国民にも理解でき納得できるものに発展させられたと位置付けたい。また兵士が重視すべき道徳律は、第一に忠節だった。天皇の名はないが、天皇を含む国家指導者への忠義が含意されていると考えるべきだろう。それに次いで部隊を維持するための道徳律が示された。上長への敬意表現である敬礼と、同輩との温和だけが挙げられたが、これも武士の一般道徳とは異なり、目に見える態度を示すように求められている。ヨーロッパの軍隊での規則を参照した可能性は大きいが、それを忠節に次ぐ道徳律としたことに、やはり新しい軍隊を維持するのに困難が多かった時期と考えざるを得ない。第三章から第六章は後の陸海軍刑法にあたる刑事法の規定で、この厳しさや条項は二年前の「軍律」と異ならない。

この「海軍読法」はすぐに改正され、今度は陸海軍両方に対し、「読法」（史料2）という名称で、一八七二年一月に兵部省から発せられた。これは「兵隊ハ第一皇威ヲ発揚シ国憲ヲ堅固ニシ国家万民保護ノ為ニ」置かれたのだから、「忠誠ヲ本トシ」て「兵隊ノ名誉ヲ落サヽル様」努力せよと命じた。一八六九年には「皇国一致」、一八七一年には「国家禦侮」、この一八七二年には「皇威」と、表現は揺れている。最終的には天皇と天皇制を前面に出し、「天皇の親率」、「天皇の軍隊」を強く打ち出した軍隊になるが、「皇威」の登場により、その道がほぼこの「読法」で固まったといえる。第四条から第八条は「軍律」以来の軍事刑法で、道徳律と共に軍事刑法を意識させる方法は継続している。

【史料2】（一八七二年）正月一日

読法

第一条　一　兵隊ハ第一**皇威ヲ発揚シ国憲ヲ堅固ニシ国家万民保護ノ為**ニ被設置儀ニ付此兵員ニ

加ハル者ハ**忠誠**ヲ本トシ兵備ノ大趣意ニ背カス兵隊ノ名誉ヲ落サヽル様精々可相心得事

第二条　一　兵員タル者長上ニ向テ**敬礼**ヲ尽シ同輩ニ対シ混和ヲ旨トスヘシ、苟且《こうしょ》ニモ無作法ノ所業有之間敷事

第三条　一　兵員タル者首長ノ命令ニ**服従**スヘキハ兵事ノ至要ニ候間事大小トナク首長ノ命令ニ違背スル者ハ屹度罪科申付候事

第四条　一　徒党ハ古来ノ厳禁ナリ、之ヲ犯ス者ハ重科申付候事

第五条　一　脱走盗奪賭博等ノ悪事ハ其科ニ応シ罪科申付候事

但シ武器軍服ヲ携ヘ脱走スル者ハ一層厳科ニ処シ候、脱走後三日ヲ出スシテ帰営スル者ハ軽科ニ処シ候事

第六条　一　押買押借並ニ局外ニテ金談ニ及フ者ハ些少トイヘトモ罪科申付候事

第七条　一　喧嘩闘争並ニ放蕩酒狂及ヒ欺詐怠惰等ノ所業有之候者ハ其科ニ応シ罪科申付候事

第八条　一　戦場ニテ怯懦恐怖ノ所業有之者ハ即時厳科シ処シ候、其他一切対敵中ノ処置ハ厳重ノモノト可相心得事

以上八条ハ其概略ヲ示ス、其他委細ノ規則ハ其隊長ヨリ申示シ候事

明治四年辛未十二月　兵部省

最後の部分に「隊長ヨリ申示シ候」とあるように、この「読法」は兵士に読み聞かせ、守らせる箇条であり、忠誠・敬礼・服従という道徳律を、兵士に直接聞かせ、誓約させる。これらを入営直後、彼ら自身に宣誓させる制度は、オランダをモデルとしている（梅溪昇『軍人勅諭成立史の研究』青史出版、二〇〇〇年二月）。「忠誠・敬礼・服従」という観念が「近世武士道」に含まれるかどうかは微妙だろう。「士風」という言葉は、

一八六八年の「陸軍局法度」にしか登場しなかった。前掲谷口眞子『武士道考』を参照すれば、武士にとって重要なのは名誉だった。

武士が政治的に要請されたのは、常に武器を携帯する者として、当座の喧嘩のような些細な事柄に執着することなく自己を統御しながらも、名誉侵害には毅然とした態度を取り、軍人としての勇気を保持しつつ、支配の一翼を担う資格があることを示すことだった。　（二六九頁）

この一節を深めてみると、武士は、軍人としての優秀性は求められるが、名誉に生きがいを感じるような支配層に属する一人であることを示すことこそが求められていたと考えられる。個人としての武士、を名誉・勇気・犠牲などの道徳律で示すことが必要であって、戦時の兵士としての道徳や武勇はそれについてくるという考えだったのだろう。近世の武士と近代の兵士は、その一点が大きく異なる。各自の石高や藩内位置はどうあれ、すべての近世武士は支配権を持つ階層として意識され、その準備がたえず求められたのに対し、近代の兵士は、国家の欠かせない暴力装置として、戦う集団であることだけが求められ、支配意識とは本来無縁だった。近代軍隊とはそのような国家の道具にすぎなかった。

そう考えると、藩兵が存在した一八六九年の「陸軍局法度」は、武士道を思わせる「士風」の順守を求めたが、特に廃藩置県後の兵士たちには、武士道ではなく、戦闘集団の規律こそが守らせなければならない課題だった。そこに「士風」という言葉が消えた理由がある。近代軍隊の創設を告げる日本政府の宣言（徴兵告諭、一八七二年一一月二八日）には、もはや武士道や武士意識は不要になる。この宣言は、「後世ノ双刀ヲ帯ヒ武士ト称シ、抗顔坐食シ甚シキニ至テハ人ヲ殺シ官其罪ヲ問ハサル者」と近世武士を徹底的に非難し、身分を問わず兵士になることを求めた。前段で述べた諸藩兵からなる軍隊では「士風」の順守が必要だったが、一八七三年以降に成立する近代軍隊では、武士が強く否定され、「国民」の軍隊となることを求められたのである。

【史料3】徴兵告諭　一八七二年一一月二八日
我朝上古ノ制、海内挙テ兵ナラサルハナシ。有事ノ日天子之カ元帥トナリ、丁壮兵役ニ堪ユル者ヲ募リ以テ不服ヲ征ス。役ヲ解キ家ニ帰レハ農タリエタリ又商賈タリ。固ヨリ後世ノ双刀ヲ帯ヒ武士ト称シ、抗顔坐食シ甚シキニ至テハ人ヲ殺シ官其罪ヲ問ハサル者ノ如キニ非ス。（中略）西洋諸国数百年来研究実践以テ兵制ヲ定ム。（中略）故ニ今其長ズル所ヲ取、古昔ノ軍制ヲ補ヒ、海陸二軍ヲ備へ、全国四民男児二十歳ニ至ル者ハ尽ク兵籍ニ編入シ以テ緩急ノ用ニ備フヘシ。

2　入隊手続き――「誓詞」の変遷

このような軍隊の道徳律が、どのように兵士にまで届いたのかについてもまとめる。

一八六九年四月制定の「軍律」は、その後詳細な「海陸軍刑律」全二〇四条として整備され、一八七二年二月一八日、兵部省が布告した。その構成は次の如くである。

第一篇　法例／第二篇　刑法／第三篇　謀叛律／第四篇　対捍徒党律／第五篇　奔敵律／第六篇　戦時逃亡律／第七篇　平時逃亡律／第八篇　兇暴劫掠律／第九篇　盗賊律／第一〇篇　錯事律／第一一篇　詐偽律

戦時平時の逃亡よりも前に、「謀叛」や「徒党」が重視されているように、「軍律」の実質は維持されていた。これが以後の「誓詞」や「読法」の前提となり、遵守が厳しく求められた。

徴兵告諭の発せられる一八七二年の九月二八日には、兵部省が分割され、陸軍省と海軍省に編成替えされた。

兵部省が一八七二年三月二〇日、「読法　律条附」として、「読法」（史料4）を公布したものを、後継省である陸軍省はほぼそのまま継承した。

海軍省では、一八七六年四月四日「海軍読法」を改正し、新たに「海軍読法　附律条」を公布した（海軍省達記三套第三二号）。兵部省・陸軍省と同じく、「読法」の各条（全六条、かな交じり文をカタカナ交じり文に換え、フリガナ（意訳も含む）をつけた）に軍律を付した。ただし、一八八一年一二月二八日海軍刑法（太政官布告第七〇号）が公布されたので、「律条消滅」として「読法」から後半が削除される。

実際は次のようにおこなわれた。

新兵たちは、入営翌日、内務班の班長である軍曹に引き連れられて、中隊長の前に立つ。そこには中隊長のほか、小隊長・小隊副長が並び、小隊副長が「読法」を読み上げる。

【史料4】

読法

兵隊は皇威を発揚し国家を保護する為めに設け置かる、ものなれば此兵員に加る者は堅く左の条件を守り違背すべからず。

第一条　誠心を本とし**忠節**を尽し不信不忠の所為ある可からず

第二条　長上に**敬礼**を尽し等輩に信義を致し粗暴倨傲の所為ある可らざる事

第三条　長上の命令は其事の如何を問はず直ちに之に**服従**し抗抵干犯の所為あるべからざる事

第四条　**胆勇**を尚び軍務に勉励し恐怯柔懦の所為あるべからざる事

第五条　血気の小勇に誇り争闘を好み他人を侮慢し世人の厭忌を来す等の所為あるべからざる事

第六条　道徳を修め**質素**を主とし浮華文弱に流る、の所為あるべからざる事

第七条　**名誉**を尚《とうと》び廉恥を重んじ賤劣貪汚の所為あるべからざる事

以上掲ぐる所の外法律規則に違反し罪を国家に得るに至ては父祖を辱しめ家声を汚し醜を後世に

遺す、独《ひとり》其身現在の恥辱のみならざるなり、況や重罪の如きは各人天賦の公権をも剝奪せられ世に立ち人に接《まじは》るも対等の権利を得ざるに於てをや、就中《なかんずく》陸軍刑法は軍隊の害を為す者を懲す為めに特に設けらる丶ものたるを以て其刑も亦頗る厳なり、軍人にして之を犯せば啻に本分を誤り軍隊の安寧を害するのみならず遂に世人の信用を損じ陸軍の名誉を汚す等其責更に重し、平素自ら戒飭し決して違背すべからざる者なり。

第一条から第七条に挙げられている徳目は、誠心・敬礼・服従・胆勇・（謙虚）・質素・名誉となる。新兵は以上の「読法」を拝聴し、終われば「心志の確実を証する為め」宣誓する段階になる。これが終われば解散、新兵は「生兵」と呼ばれる（生兵概則、一八七四年一〇月二四日制定、一八八七年一一月一五日廃止）。

3 「軍人訓戒」から「軍人勅諭」へ

フランスやオランダなど西欧の軍隊をモデルにした兵士の誓約を丁寧にさせていた軍隊だったが、それが形骸化しているのではないか、という疑いを持つ大事件が起きた。一八七八年八月の竹橋事件である。兵士が暴動を起こし、首都で大砲を持ち出し、大蔵卿邸などに発砲したのである。

竹橋事件に向いあった山縣有朋陸軍卿が慌てて出した「軍人訓戒」（一八七八年一〇月一二日。執筆者は西周）では、「忠実、勇敢、服従」を「軍人の精神を維持する三大元行」と掲げた。西周の解説では、この三大元行を掲げるのは陸軍において初めてではない、と歴史をさかのぼらせている、「我か国古来より武士の忠勇を主とするは言を待たさる事にて、忠臣勇士の亀鑑たるへき者世々之無きは莫《な》く（中略）就中旧幕府の時代まては武士は三民の上に位し、忠勇を宗とし君上に奉仕し、名誉廉恥を主とする事たりし」と武士のありかたの称賛に至る。「国民」の内実が未形成であった近代日本で参照されるものは、武士の「士風」しかなかった。「士風」へとまた戻ったわけである。

軍人訓戒は七〇〇〇字を超える長文であり、内容も難解だった。竹橋事件に驚いた山縣有朋陸軍卿の名で発せられたことを反映し、「忠実、勇敢、服従」の三大約束を説明する文章だと各所で説明しつつ、一つ書きで書かれた一八カ条のうち、末尾の四カ条は、将校・下士官・兵士の異議申し立てについての手続きに尽きる。三大約束の遵守は求めるが、それへの異議申し立ての権利も認めていたのが軍人訓戒だった。

軍人訓戒は廃止されず、一〇年後に新たに制定されたのが「軍人勅諭」（一八八二年一月下賜）である。以後の軍隊において、入営にあたって既修得がめざされたのはこの「軍人勅諭」だった。在郷軍人会は、「軍人勅諭」の修得・暗記を青年に教え込む事業を全国で展開した。その前文では、再び中近世の武士による兵権掌握を「我国体に戻《もと》り且は我祖宗の御制に背き奉り浅間しき次第なりき」と強く非難し、「失体」であったと断定する。その上で、兵権は天皇と共にあるのが古代からの常態であったとの歴史的解釈を創造した。「軍人勅諭」は長い前文に続いて、五カ条の徳目を挙げ、それにまた細かい説明文がついている。徳目は、忠節・礼儀・武勇・信義・質素の順に並べられ、忠節を第一位に置く。その説明文では「義は山岳よりも重く死は鴻毛よりも軽し」と儒学から取り入れた文言（『史記』「司馬遷伝」）も活用し、「汚名」を受けるな、と兵士の名誉心に訴えている。しかし、文章中に武士や武士道が持ち出されることはなく、ひたすら天皇の「股肱之臣」としての軍人像が強く打ち出されている。近代国家の軍隊としては、国民（文言では「蒼生」）と天皇を保護することが目標として示される以上、四民平等を壊す「武士」像は余分であった。

軍人勅諭によって軍人の遵守すべき道徳律五箇条を示す一方で、軍人訓戒で示されていた異議申し立ての手続きは廃止された。忠節を第一に置くことにより、軍隊を構成する要素のみが重要であり、その行動を律する原則が礼儀以下の四項目であった。ここにも前近代の武士が登場する余地はなかった。

4 「武士道」と「皇軍」

にもかかわらず、わかりにくい「軍人勅諭」を青年たちに解説した書籍では、「武士道」を強調していた。たとえば次のように。

武士道こそ日本精神の精華として宇内に誇るべきものであって（中略）従て武士道の精神たるや、今日に於ても、軍人の道徳と称すべきに止らず、又国民道徳の基調となつて居り、（中略）武士道は結局日本人が平時たると戦時たるとを問はず、常に行ふべき大道である。

（森本富蔵編『戦時壮丁宝典』陸軍壮丁教育会、一九四〇年三月）。

「武士道」を「軍人の道徳」である「軍人勅諭」五カ条の徳目を体現するものと再解釈し説明することは安易であり、多くの書籍を通して入営前教育のなかで利用され、浸透していった。ここに近代社会のなかに「武士道」という言葉とイメージが生き残った理由が発見できる。初版一万部（奥付の記載）という少年兵の勧めとも言うべき書物は次のように語る。

【史料5】大内秀邦『少年戦車兵』（文字で見る文化映画叢書10、宋栄堂、一九四三年四月）

六　戦闘精神

一　（前略）剣道は、一刀必殺の気概をはぐくむ。三尺の秋水に秘められた日本武士道の精神を、ふりかざす竹刀からくみとる。銃剣術は、日本陸軍の誇りである白兵戦に、強敵打倒の攻撃精神を、突く一手々々にこめて、はげしい気魄養ふ。団体競技にいたつては、綜合訓練の華ともいふべき、壮烈なものである。（後略）

そのように、近代的に再解釈された武士道が、徴兵軍隊の裏側で消費されながらも、苦戦し厳しい戦況の対外戦争である日中戦争では、近代軍隊の理想像や武士道を連呼するだけでは軍律を維持することはできなかった。

そこで依拠されたのは天皇だった。「皇軍」という熟語も十五年戦争下で常用される用語となった。それを示すのが、日中戦争下の軍紀紊乱に対して大本営陸軍部が発行した『従軍兵士ノ心得』（一九三八年）である。第一号から第三号まで繰り返し出されたこの小冊子は、軍紀を逸脱する兵士たちに、皇軍・聖戦の意識を持てと繰り返し求めている。俗世間の武士道は、天皇制によって凌駕される、というのが大本営参謀の意識だったのではないか。『従軍兵士ノ心得　第一号（第二版）』（一九三八年八月）は、「皇軍の世界に冠たる所以は　天皇御親率の軍隊たるに基因するは申すまでもないことであるが兵士の素質優秀なる点も亦見逃し得ぬ所である」と「天皇御親率の軍隊」つまり「皇軍」を打ち出すことから軍紀を説明している。各説明項目を目次のように挙げると次のようになる。

一　皇軍の一員たるを自覚せよ
　一　肇国の理想を把握し皇軍の使命と時局とを正しく認識せよ
　一　人生を達観せよ
　一　上官に対しては心より絶対に服従し且礼儀を正しくせよ
　一　同僚は互に他の犠牲となるを楽しみ且礼節を忘れるな
　一　家庭は後顧の憂のない様に整理せよ
　一　鉄道船舶の輸送は行軍と心得よ
　一　行軍宿営間は勝手に隊列を離れ或は命令なしに単独行動をしてはいけない
　一　戦闘間は生死を超越して勇敢なれ、而して飽くまで必勝の信念を堅持し最後迄頑張り通さねばならぬ
　一　対陣間は素より余暇あらば常に訓練を励み次ぎの戦闘準備に精進せよ
　一　常に衛生を重んじ且積極的に健康を増進せよ
　一　情《なさけ》を以て馬を愛護せよ

一　兵器を大切にし、資材を愛護節用せよ
一　戦傷に気を落とすな
一　死傷者を尊敬せよ
一　戦地に於ける敵意なき支那民衆を愛憐せよ

これらの項目は、平常の兵士教育でもおこなわれていたが、中国という戦場で再度強調しなければならないほど中国戦線での軍紀に大きな問題が生じていたことを示している。もちろんそのなかに南京虐殺事件や兵士たちが起こす多くの事件という背景があった。

その一節には「無辜《むこ》の民を苦めず、弱者を憐むのは我が大和民族の美風である、況んや今次の聖戦は支那民衆を敵として居るのではない、抗日容共の国民政府を撃滅して無辜の支那民衆を救恤するのが目的である、彼等をして皇恩に浴し得る様にしてやらねばならぬ、万一にも理由なく彼等を苦め虐げる様なことがあつてはいけない、武器を捨てて投降した捕虜に対しても同様である、特に婦女を姦し私財を掠《かす》め或は民家を謂《いわれ》もなしに焚《や》くが如きことは絶対に避けねばならぬ、斯くの如き行為は啻《ただ》に野蛮民族として列強の嗤《わらい》を買ふばかりではなく彼等支那民衆よりは未来永劫迄も恨を受け、仮令《たとえ》戦闘には勝つても聖戦の目的は達し得ぬこととなる、「掠奪強姦勝手次第」などと云ふ言葉は「兵は凶器なり」と称する外国の軍ではいざ知らず、神国であり神武である皇国の軍《いくさ》では絶対にあり得ぬことである、万一にも斯くの如き行為をなすものがあつたならば之れ不忠の臣である、国賊として排撃せねばならぬ」と、具体的な事件を思わせる書きぶりもある。

むすびになる「結言」は、「皇軍軍人」四回、「皇軍」が二回使用され、「御勅諭の精神を離れ」るな（軍人勅諭のこと）、「全員が皇軍軍人として相応《ふさわ》しい者である様心懸けねばならぬ。」と結ぶ。俗世では「武士道」はわかりやすい言葉であり、あいまいな概念でもあったが、最後には「天皇の軍隊」を持ち出さなければ兵士を動かせなかった。

第13章　東アジアの近代と韓国併合

1　なぜ今でも植民地問題や戦争責任問題を議論し続けるのか

私たちは二一世紀になっても、植民地や戦争の問題を考え続けている。五〇年間の台湾支配、四〇年間の南樺太支配、三五年間の朝鮮支配、それらをもたらした日清戦争以来の五〇年戦争。「負の遺産」をいつまで抱え続けるのか。それは現代日本の、とくに若い人たちの間で意識され始めた問題である。いつまでも「負の遺産」を背負いたくない、いい加減に問題を解消したい、という発言は情緒的なものではあるが、歴史とは何か、という重い課題を考えさせる。現代人に、ロマンのある快い「歴史」のみを選択して示すことは一時的に気分をよくさせても、永久に続くものではない。

九・一一以後、私たちはどこから来て、どこへ行くのか、というフレーズがよく見られるようになった。現在の自分のポジションが見えにくくなっている。その答えはひとつだろう。一人ひとりが「歴史」の子として生き続けてきたし、これからもそれが続くということである。「正の遺産」も「負の遺産」も背負い続けるのが、私たちの役割である。

例えばフィリピンの歴史を見てみよう。フィリピンは、一六世紀にスペイン人に征服され、植民地となった。国名はスペインのフェリペ王子に由来していて、それ自身スペインとフィリピンの「負の遺産」のひとつであろう。キューバの独立反乱をめぐって戦われた米西戦争の結果、アメリカ合州国がプエルトリコとフィリピンを領有し、キューバを独立国とすることが決まった（一八九八年一二月パリ講和条約）。合州国にはフィリピンの領有について強い異論があり、条約の批准は困難だった。孤立主義的外交政策であるモンロー主義（一八三二年のモンロー宣言）に反することと、米西戦争以前からホセ・リサールやアギナルドの独立運動が展開されていたことも理由である。独立運動の指導者アギナルドは、フィリピン軍を指導してスペイン軍を一掃すると、一八九九年一月二一日憲法を公布し、二三日フィリピン共和国（マロロス共和国）を樹立したが、合州国はこれを認めなかった。同年二月四日米軍の発砲で始まった米比戦争は、一九〇二年四月にセオドア・ルーズベルト大統領が「平定宣言」を出すに至るが、その後も一九一〇年代初めまで抵抗運動は続いた。派遣された約一二万の合州国陸軍により、フィリピン兵約二万、フィリピン一般市民約二〇万人が殺された（米兵の犠牲は四五〇〇人、以上池端雪浦編『東南アジア史』Ⅱ、山川出版社、一九九九年）。一九〇二年ウイリアム・タフト初代民政総督は、準備のでき次第フィリピンを独立させる、と宣言せざるを得なかった。総督府にはフィリピン人を採用し、一九〇七年には民選議会も設置する。一九一六年にジョーンズ自治法を制定して、広い自治権が与えられる。その後も続く独立運動と、経済的軍事的不利から、合州国ではフィリピンの独立承認の動きが強まり、一九三四年三月タイディングス・マクダフィー法が連邦議会で成立し、五月フィリピン議会も承認したため、約一〇年後（一九四六年七月四日）正式な独立国とすることが決定した。その準備として自治政府「フィリピン・コモンウェルス」が認められ、一九三五年一一月大統領府と一院制議会が発足した。

アジア太平洋戦争は、このフィリピンにどんな影響を与えたのだろうか。日本軍は、一九四二年五月フィリピンの米軍を降伏させ、軍政を布いた。しかし、早くも同年六月のミッドウェー海戦敗北、四三年二月のガダルカナル島撤退、という劣勢状況から、アジア各地域での軍政を見直さざるを得なくなった。四三年五月にはマレーと蘭印を日本領に編入し、ビルマとフィリピンを独立させる、という御前会議決定に至る。同年一〇月フィリピン共和国は独立した（第二共和国）が、形だけのものであった。合州国との間で一九四六年の独立は保障されており、日本は、戦局悪化という条件のもとで追加承認しただけだった。一九四四年か四五年ごろ、フィリピンでは「早く帰ってきて」などの恋歌が、マッカーサーを待ち望む歌として歌われたという（倉沢愛子「第二次大戦と日本軍政」、土屋健治編『講座現代アジア1』ナショナリズムと国民国家、東大出版会、一九九四年）。戦後のフィリピンは強力な親米国となったが、それは「戦時日本」の苛酷な軍政に対する反動であった（中野聡「賠償と経済協力——日本・東南アジア関係の再形成」、後藤乾一編『岩波講座　東南アジア史』8、国民国家形成の時代、岩波書店、二〇〇二年）。フィリピンの独立という希望が、日米の政治抗争の焦点とされ、両者間で揺れ続けたのである。

フィリピンの事例は、植民地から独立国となる過程で両国が何の努力をしてきたのかを示している。合州国にとっての「負の遺産」であった、苛酷な米比戦争を経て、領有後四年でのタフト声明、一八年後の自治法、三六年後の一〇年後独立承認、という過程を踏んで合州国とフィリピンの関係を変えようとした経緯は、戦後アジアにおける合州国の政治的経済的重さによるところが大きいとはいえ、フィリピンの合州国への信頼を形づくってきた理由であろう。日本の遂行した「大東亜戦争」は、占領した東南アジアや、植民地の台湾・南樺太・朝鮮について、このようなプランをまったく持っていなかった。

歴史に「負の遺産」を持っていることが、世界史上の「落伍者」のように思い込み、「負の遺産」をいっさい捨て去ることが、歴史に「誇り」を持つことだ、という短絡的な考えが広がったことも、「植民地問題」を考える際の気になることである。いったい地球上の人間集団で、「正の遺産」だけを持ち、「負の遺産」

をもたない、ということはありえるのか。「気候危機」や「開発」の問題など人類の抱えている課題は重く長い。私たちがいつまでも「韓国併合」や台湾支配などの植民地問題を考え続けているのは、地球上の多くの人々が続けている営為のひとつではないのだろうか。

2　私たちは「歴史」を忘れ、隠蔽し、抹消してきた

最初に挙げた植民地と五〇年戦争だけが、私たちの「負の遺産」なのだろうか。戦後も戦争と平和の問題を考え続けてきた人々も、その視野は「日本」という枠に囚われていなかっただろうか。また「戦前日本」の枠組みは、一九四五年で「ゼロ」になり、その後は新しい歩みを開始した、と善意で歴史を考えてきたのではないだろうか。敗戦を契機に、あっさりと過去と決別したつもりになり、身軽な平和国家日本を誇り、過去を忘れた日本人を、アジアの人々は驚きの目をもって迎えている（中野聡前掲論文）、ということを私たちの考える材料ではなく、単なるエピソードとして捉えているのではないだろうか。最近のことを一、二挙げてみたい。

二〇一〇年一〇月に「第四回無差別爆撃シンポジウム」（東京空襲・戦災資料センター戦争災害研究室主催、会場は明治大学）が開催された。参加者が驚いたのは、洪致文さん（国立台湾師範大学助理教授）の報告だった。一九四五年五月三一日、台北をB24爆撃機一一七機が三時間爆撃し、三〇〇〇名以上の死者、一万人以上の家屋喪失という大きな被害となった。アメリカ陸軍の第五航空団による作戦は、「市の中心部、日本人の居住地、公共の建物が多い」と見なされた台北城内地区を重点に、高度四〇〇〇メートル前後から一〇〇〇ポンド（約四五〇kg）爆弾約二七九トンとクラスター爆弾四〇トンが投下された。日本本土を空襲したカーチス・ルメイ少将指揮下の航空軍（第七三、第三一三、第三一四航空団）も陸軍であり、彼

らは「低高度・無差別・絨毯爆撃」という方法を採用して、東京などの都市を全壊させていった。それに比べると、台湾空襲は、台湾在住の中国人に配慮した攻撃であり、「戦後」を意識していた。

台湾空襲は、戦後の中国国民党支配時代には、対米関係を理由に歴史から隠されてきた。台湾人体験者からの聞き取りや調査と研究が始まり、公開の「台湾の空襲展」が開かれたのは、国民党政権が終わった後の二〇〇七年で、会場も二・二八記念館という台湾民主化を象徴する建物であった。台湾では、長く歴史から隠されてきたという時間的経過もあり、若い人々の間には「米軍の空襲」とは思われず、「日本の空襲」と思う人もいるという。

台湾空襲に象徴される「外地の空襲」は、戦後日本人の「公的記憶」から忘れ去られていた。東京大空襲からはじまった空襲の記録運動は、今でも続いており、『日本の空襲』全一〇巻（三省堂、一九八〇～一九八一）という全国記録集もまとめている。しかし、これには「外地の空襲」が含まれていない。「外地の空襲」は、台湾の他にも鞍山製鉄所などの「満洲」でもあり、体験した人々は多かったと思われる。会場に現れた台北中学卒業生の三名（日本人）が、私たちは空襲の記憶から孤立してきた、と述べたのは、「内地の空襲」記録運動への強い問題提起であろう。

もう一つの「忘却現象」を挙げよう。「引揚五〇周年」という記念行事である。

一九四五年時点で六〇〇万人以上の日本人軍・官・民が本土へ引き揚げになり、全国一〇数港が引揚港として指定された。山口県仙崎港は、約四一万四〇〇〇人の日本人が引き揚げ帰国した港であり、舞鶴港への六六万人に次ぐ多くの引き揚げ者を受け入れた。仙崎港を特徴付けるのが朝鮮人の「引揚」で、約三三万九五〇〇人がここを出発していった。これは舞鶴港からの中国人約四〇〇〇人、朝鮮人約二万九〇〇〇人、合計約三万三〇〇〇人と比べて圧倒的に多い。朝鮮半島にもっとも近い本州の港として位置づけられた「送出港」であった。しかし、朝鮮人の「送出」は「引揚五〇周年」行事では忘れられて

いた。実行委員会では、

〈目的〉「仙崎港」は終戦後間もなく引揚港に指定され、約一年間にわたり四一万人を越える引揚者を受け入れた。／大陸からの第一回の引揚者は、昭和二〇年九月二日の夕刻仙崎に上陸した。その数およそ七，〇〇〇人。かつては大陸の土にその身を埋めようと誓って日本を離れた人々。裸一貫の帰国。／〝戦後〟五〇周年の今年、当時を懐かしむとともに、今の平和の大切さを訴える機会として、また戦争という辛い経験を風化させないという思いを込めて、引揚船の公式第一便が入港した日を中心として様々なイベントを開催する。（全文。長門市・JR西日本・海外引揚50周年記念事業実行委員会編『海外引揚50周年記念事業実施経過報告書』同委員会、一九九五年）

という文書を冒頭に据え、一九九五年九月に三日間にわたる大規模なイベントを展開した。実行委員会・長門市・JR西日本が主催し、厚生省・総理府・平和祈念事業特別基金・山口県・仙崎海上保安部・長門市教育委員会が後援したイベントに、朝鮮人や中国人を想定したものはなく、実行委員会にも彼らの参加はなかった。三四万人に近い朝鮮人の「引揚」を援助するため、朝鮮人連盟の事務所がつくられ、彼らが積極的に賃銀の不払い問題や出航までの世話をおこなったことは、仙崎引揚援護局が編纂した『仙崎引揚援護局史』に記録されており、朝鮮総連の事務所も仙崎港には現存している。朝鮮人や中国人の「引揚」を記憶している人たちもいたはずである。仙崎港の場合、日本人引揚者家族が仮居住する寮と、朝鮮人らが帰国船待ちをする施設とは離されていたが、一九九五年段階で地域の記憶として消え去っていたとは考えにくい。

京都府舞鶴市の「舞鶴引揚記念館」（一九八五年開館）には、朝鮮・韓国人や中国人は訪れているだろうか。私たちは、「引揚」は日本人だけの問題、として狭く囲い込んでいるのではないだろうか。「岸壁の母」という、帰ってこない家族をいつまでも桟橋で待っている日本人家族の姿は涙を誘うのに十分だが、朝鮮人家族の同じ姿が釜山や群山、元山などに、また中国人家族の姿が中国の港にも見られたはずである。そのことを私たちは想起してきただろうか。軍港を抱えていた都市を「軍港都市」と捉え直し、地域と海軍や軍需産業などを深く分析しようという試みが数年前から始まり、二〇一〇年一月舞鶴編が刊行された（坂根嘉弘編『軍港都市史研究』Ⅰ舞鶴編、清文堂）。日本経済史や日本近代史のベテラン研究者が取り組んだこの論集にも、「第四章「引揚のまち」の記憶」とコラムがあるが、「外国人」の記述は冒頭に数字として挙げられているだけである。

「敗戦」は日本国と日本人の問題だと、私たちは考えてきた。韓国や中国には、日本帝国が負けてよかった、という国民感情があり、国家的行事がおこなわれてきたため、私たちも重要なことを忘れ続けてきた。日本人の「終戦記念日」と諸外国の「終戦記念日」は異なることが強調され、「勝者」と「敗者」がそこでは明確に描かれることになった。「勝者」と「敗者」はそれほど明瞭なことなのだろうか。両者を分け続けることが「和解」というその次に続く関係にとって必要なことなのだろうか。「敗戦」は、現在の「日本人」だけでなく、一九四五年まで「日本国民」とされてきた人々すべての問題であったのである。台湾空襲研究の報告者が、「台湾人には「勝者」か「敗者」か分明ではないので一般的には考えないようにしている」と語ったことが想起される。

日本帝国の侵略によって、勝手に「日本国民」と国籍を変えられた人々も、虐げられただけでなく、必死で生きていっていた。もと中国人であり、朝鮮人であった人々も、帝国の植民地下で「日本国民」として働き、稼ぎ、生活していた。そのことが一九四五年八月一五日に一挙に「無」になった。労働も芸術活動も、家を建て、家族を形成してきた、それらの一切が「ゼロ」となった（李恢成『百年の旅人たち』新潮社、一九九四年）。そのことの責任を誰が負ったのか。日本国政府は、敗戦とともに彼らを「第三国人」として一方的に放り出し、一九五二年四月二八日のサンフランシスコ平和条約発効とともに、「外国人」

として背を向けたのである。

西陣織という産業分野で親方や企業経営者として自立していた朝鮮人は、「日本国民」としての保護を失い、苦闘を開始した（河明生『韓人日本移民社会経済史――戦前篇』明石書店、一九九七年。高野昭雄『近代都市の形成と在日朝鮮人』人文書院、二〇〇九年）。例えば金融上の便のため日本人にやむなく「帰化」する道を取った人もいる。彼らの心情は、「帝国日本」と和解したから「帰化」したのではなく、戦後日本を生き抜いていくためであった。「帝国日本」に包摂された祖国を離れ、働き、家族をつくり、生活を形づくってきた、その歴史よりもっと重いものがあっただろう。金城一紀の半自伝的小説「GO」（二〇〇〇年）は、重たさの一端を明らかにしている。そのような苦闘を理解する日本人でなければ、二一世紀の東アジアは宥和できない。その責任は日本にこそある。

「外地」や植民地の人々やそこに起こった出来事などを忘れているのは、「在特会」などの右翼的な人々だけではないのが、もう一つの問題である。戦後日本全体に言えることではないだろうか。日清戦争以来五〇年にわたるアジア諸国への侵略とその実相を究明し、戦争責任を明らかにすることが戦後日本をアジアで、さらには世界で活かしていく道だと考える善意の人々ですらも、忘れていたのではないか。ここで強調したいのは、その点である。そのことを含めて、「韓国併合」という何倍にも重い「過去」を、過去ではなく、現在と未来の問題として考え続けたい、というのが私のささやかな思いである。

3　現代日本は東アジア史として考え直すべきだ

戦後日本史を考える際に、大日本帝国憲法の天皇主権から、日本国憲法の国民主権への大きな変動や、平和主義・人権尊重などの戦後理念を高く評価し、それが戦後七〇年の間に形骸化していったことを嘆く思考回路が、私たちには確かに存在する。そのこと自身は、戦前の天皇制国家から決別するために必要なことではあったが、それだけではなかった、ということを私たちは想起せねばならない。「戦後アジア」の視点から「戦後日本」を捉え直すという問題意識である。

「戦後アジア」の枠組みや政治体制に「戦時日本」が関わっている。

「韓国併合」によって朝鮮人の志願兵を軍事教育することが必要となり、日本の士官学校や「満洲」の軍官学校で養成課程を歩んだ軍人が、戦後の韓国軍の中心となった。日本統治下での独立運動が、朝鮮で不可能になると、中国・上海や中国・間島地方で展開されるようになり、そのなかで中国共産党の八路軍などに組みこまれ、熟達した軍隊として成長していった。彼らが金日成の要請で帰国し、北朝鮮軍とともに韓国へ侵攻していったのが朝鮮戦争であった。一九四五年光復節以降の朝鮮半島は、「韓国併合」以降の日本支配から、どのように新しい統一権力を造りあげるのか、という課題を解決できないまま、中ソとアメリカという巨大な軍事力に委せてしまった結果、悲惨な軍事衝突として朝鮮戦争になるのである。朝鮮戦争は、米ソの二大対立や、南北朝鮮の対立が起こしたように見えるが、なぜ南北に分断され、スムースな統一に結びつかなかったのか、というのは、日本の敗戦という、大きな断絶がもたらした結果である。金日成や毛沢東は、朝鮮戦争をアジア革命の一環として考えて開始した（和田春樹『朝鮮戦争全史』岩波書店、二〇〇二年）。植民地化がなされず、統一朝鮮が維持されていれば、革命運動も国内問題として存在し続け、民族内の戦争という「朝鮮戦争」はなかったはずである。アジア革命が続いている、という観念が生まれたから、政治体制をめぐっての民衆暴動ともなった済州島の四・三事件（一九四八年）という悲惨さも同時にうまれたのではないか。

台湾についても同じことが言える。日本の敗戦により一八九五年以来五〇年間の桎梏から台湾民衆は解放された。しかし、主権を回復して乗り込んできた国民党政権は、五〇年間他国に支配されてきた台湾を、段階的、あるいはソフトに中国国家と社会へ組みこんでいくことに失敗し、日本支配のもとで教育を受け、成長した人々を排除する必要を感じるようになる。そのことが、一九四七年におきた二・二八事件の意味であろう。闇煙草を販売していた女性への役人の暴行事件と、それへの抗議デモ、という小さな出来事が、国民党軍の発砲により大規模な政治的事件になり、本土から増派された国民党軍が苛酷な弾圧をおこなった。大陸で共産党軍と日本軍との熾烈な戦闘を経験し、ようやく勝利者の位置に着いた中国国民党と、五〇年間の植民地支配からやっと解放された台湾民衆との間に存在した大きな溝を造っていたのは大日本帝国であった。

インドネシアの独立運動に自主的に参加した日本軍の兵士たちがいたことはよく知られているが、彼らは「大東亜共栄圏」という日本政府のスローガンを言葉のままに信じ、独立戦争に加わり戦った。しかし、彼らは、もとの所属部隊から「逃亡者は天皇に対する反逆者」と規定され、日本政府からは「戦地逃亡脱走兵」の汚名を着せられて、軍人恩給などから除外されてきた、という重い戦後史がある（後藤乾一「近代日本・東南アジア関係史論序説」、前掲土屋健治編『講座現代アジア1』所収）。

一九四五年の敗戦は、大日本帝国を歴史から消し去ったが、当事者である日本人も、あれは過去のことである、と忘れたことにしていたのが、戦争世代と戦後世代の考えであった。自分たちやその父、祖父たちがつくってきたアジアとの諸関係をどのように造り直していくのか、について真剣に考えるべきだった。そのことを今考え始めることも必要である。

4　二一世紀日本の課題

「韓国併合」が一九一〇年から一〇〇年以上たった東アジアでまだ問題とされている。「韓国併合」の「遺産」が、東アジアの緊張を持続させている、と考えることは大切である。歴史に種をまいた人々は、いつまでもそれに責任を持たねばならない。日本の植民地支配が、それぞれの国に良い「遺産」を残したと強弁する人たちは、ではなぜ現代の東アジアに緊張が相変わらず存在するかについても責任ある発言をしなければならない。その大本は日本の植民地支配なのだから、現代日本はその緊張を緩和させ、解いていくことに責任を持たねばならない。和解へのリーダーシップを取るべきである。

北朝鮮との「戦争状態」（「講和条約」は六五年たっても未調印で、これは双方の責任だろうが、一九一〇年の責任から日本がリードすべきである）を平和友好状態に移し、韓国と北朝鮮の宥和にも手を貸さねばならない。「東アジア共同体」は現在友好的である日・中・韓で造ればよい、ということではない。それでは「日・満・華」の共栄を唱えた一九三〇年代と同じ構図となってしまう。容易にわかり合える国だけでまとまって、当面の利益だけを吸収すればよい、という内向きの考えでは歴史を学び取ったことにならない。地政学的にも日・中・韓・朝の四ヵ国と台湾で形成しなければ、東アジアの緊張も解けないし、平和は維持されない。ペリー来航からの九〇年は「西欧」とだけ対峙し、一九四五年からはその枠がさらに狭まって「米国」とだけ対峙・従属してきた（姜尚中の言う「日米二国間症候群」）のが近代日本の実像であったが、二一世紀は「アジア」と真剣に向き合って生きていかねばならない。

エピローグ――〈明治一五〇年〉と日本の敗戦――

文学は感性を重視するが、歴史学は事実を重視する。言語論的転回以後は、単純な事実というものは存在せず、必ず事実の作り手・解釈者と、読み手・消費者があるものだと、事実そのものの捉え直しがおこなわれている。確かに、事実と言われているものの取扱いには、視角が重要である。記録や語り手に残された事実と、遺されなかった事実があることは、以前から言われてきた。どのような意味でその事実が残り、残らなかったのか、と意識することは、事実の解釈の上で非常に重要である。

古代以来、国家は、自らの「歴史」を「正史」として遺すことを意識的に継承してきた。それは二一世紀の現代においても相続されている。二〇一七年、政府は「明治一五〇年」を記念する行事を全国でおこなうよう指示し、各地はどう対応するか、右往左往した。そのころ、内閣官房の関連施策推進室のホームページを見ると、ロゴマークや各地の実施計画などが掲載されていた。二〇一八年三月三日には歴史関係四者協（歴史学研究会・歴史科学協議会・歴史教育者協議会・日本史研究会）で合同シンポジウム「創られた明治、創られる明治――「明治一五〇年」を考える――」が開催された（参加者約一二〇〇名）。批判の矢はいつでも放たれる。歴史の恣意的な利用は許されない。

国家による「正史」創りは、ささいなことから始まる。明治維新後、新政府がおこなったことの一つに「祝日・祭日」の決定がある。朝廷や幕府、大名家などには「五節会」など特定の祭日や行事があった。それとは異なった村や町の行事もあった。村や町の鎮守の祭礼もあるし、季節の変わり目の正月七日（人日）・三月三日（上巳）・五月五日（端午）・七月七日（七夕）・九月九日（重陽）の「五節句」にも行事がおこなわれた。村や町は自分たちで休日を決めていた。江戸に限っても浅草の三社祭や神田の神田祭などがあったが、それぞれはその地域の氏子の行事であり、江戸の町全体で祝うことにはなっていなかった。国全体の規模で祝うことを求める「国の祝祭日」の決定は、欧米の慣行をモデルにした国民国家づくりの一環として考案されたものだろう。

戦後日本で、紀元節復活反対運動によって編集された、日本史研究会編『日本の建国』（青木文庫、一九六六年）は、現代でも参照されるべき学問的究明がなされている。岩井忠熊「第八章　紀元節の制定」は次のように、紀元節制定の学問的無謀さを究明している。以下要約する。

「一月二九日」を神武天皇の即位日（日本書紀では「正月…朔《ついたち》」と表記）として「祝日」とし、「例年御祭典」をおこなうという太政官布告が出されたのは一八七二年の一一月一五日だが、その六日前の一一月九日には、太陰暦を廃止して太陽暦を採用するという太政官布告が出されているので、西欧国家の太陽暦採用と神武天皇即位日を祝日とするのは同一の作業としておこなわれたと考えられる。言うまでもないが神武天皇即位日とは、「神武天皇」（命名は、登場したとされる紀元前六六〇年から一三〇〇年以上後の奈良時代）という人物が「日本」の支配者として現れた日を意味するという想像＝創造の日だった。

まず一八七三年一月四日、「五節句」の廃止とともに、天皇に関わる二日（神武天皇即位日と明治天皇の天長節）を祝日とするという太政官布告が出された。「紀元節」という新しい名称で呼ばれることになったのは、初の祝典がおこなわれた翌一八七三年の三月七日、太政官布告が命じたものである。太陰暦と太陽暦の暦法の換算によって変更されたと言われるが、これも無理な話で、推古天皇一二年（六〇四年）以前の暦法が何だったのかは、今に至るも全く分からない。江戸時代に、平田篤胤や保井春海なども推定したが、矛盾が多々生じ、できていない。紀元節制定当時の文部省天文局も現代の学者も特定できない日を、「明治初年の一役人が適当にこしらえた日」（一五七頁）として「二月一一日」が誕生した。

そうした曖昧なもの、捏造ともいえるものを国の「誕生日」として何の考えもなく復活を求めたのが戦後保守勢力であり、保守政権だった。いや考えもなく、というのは誤りである。保守勢力は、戦前体制で利益を得てきた人たちの遺物であり、彼らはどのようにして戦前体制を復活させるかを何十年も考え、進めてきた。近年やっと公表されるようになった、隠されて来た事実がある。例えば、敗戦後蒋介石軍と連絡を取り、山西省で日本陸軍復活を目論むため師団の復員をさせず、八路軍との戦闘を命じた将官たち（奥村和一・酒井誠『私は「蟻の兵隊」だった――中国に残された日本兵』岩波ジュニア新書、二〇〇六年）、明仁皇太子をいざという時のために九州に隠す準備を進めていた源田実大本営参謀たち（将口泰浩『極秘指令　皇統護持作戦　我ら、死よりも重き任務に奉ず』徳間書店、二〇一七年）、海軍の復活を狙い幹部名簿を作成し、米軍や吉田茂首相とも連携していた海軍将官と海上保安庁幹部たち（NHK報道局自衛隊取材班『海上自衛隊はこうして生まれた――「Y文書」が明かす創設の秘密』日本放送協会出版部、二〇〇三年）、日本国憲法下でありながら朝鮮戦争への掃海隊派遣を命じた吉田首相（城内康伸『昭和二十五年　最後の戦死者』小学館、二〇一三年）などは、敗戦を認めず、戦前体制の復活を狙い続けていた勢力の執拗さを物語っている。改憲運動の担い手として問題になっている日本会議も、宗教団体・生長の家創始者の谷口雅春が、「神洲日本国」は負けていないと敗戦を認めず、大日本帝国憲法の復活を唱えたのが始まりで、現在の日本会議はそれを妄信した信者たちによって創られ、さらに神社本庁など古典的保守主義者が合流したものである。

一九四五年の敗戦で新たな国づくりを始めなければならなくなったが、政府は戦前の体制を大きく変えようとせず、国民も大きくは動かなかった。ポツダム宣言受諾をめぐって「国体護持」が最重要なテーマであるように装った。軍人勅諭（一八八二年）と教育勅語（一八九〇年）により神格化された天皇と、天皇を支える赤子《せきし》、という国民形成が半世紀以上進められた結果、国民も「国体」という用語に弱かった。十五年戦争やアジア太平洋戦争で軍部や政府が進めたのは、「国体」が八紘一宇の要となると国民を鼓舞して、欧米諸列強の植民地と化していたアジアへ侵出し、日本が新しい植民地の支配者になり、欧米諸列強と対等の「大国」になることだった。一九四五年のポツダム宣言受諾の可否をめぐる議論の時、「国体護持」を持ち出して敗戦を認めようとしなかった軍部は、実は「国体護持」ではなく、軍部の勢力温存しか考えていなかった。それは警察予備隊から保安隊、さらに自衛隊という流れに登場する陸海軍の旧軍人たちの活動や、現代の軍備増強策を見れば明らかである。また日本のそうした動きを、マッカーサーやGHQは黙認し、利用した。

「敗戦」をどう捉えるのか、いったい戦後日本は「敗戦」を正面から受け止めるのを避け続けてきたのではないか、というのが白井聡『永続敗戦論』（太田出版、二〇一三年）の趣旨だった。私は「敗戦」の捉え方が小さすぎたのが戦後日本の最初の誤りだったと考えている。アメリカの軍事力に負けたのは目の前のことで、「五〇年戦争」に敗れたと捉えねばならなかった。「五〇年戦争」と捉えることによって、なぜ日本近代はそれを続けてきたのか、と捉えなおされ、そのことは「大日本帝国」や「日本近代」の見直しから再出発しなければならないことへの気づきに結びついたはずだ。

三・一一は戦後日本だけでなく、日本近代全体を揺るがせた。政治学者三谷太一郎氏が『日本近代とは何であったか』（岩波新書）、物理学者山本義隆氏が『近代日本一五〇年』（同）を相次いでまとめたのも、その意識が作用したと思われる。日清戦争の「勝利」（藤村道生氏は軍事的勝利、外交的敗北、民衆的敗北と結論づけた）により植民地台湾を領有し、朝鮮国への支配力を強めた日本は、大陸での利権の維持と拡大を国策として採用した。それが「五〇年戦争」を続ける日本近代の根拠だった。それは歴史的に無理であり、人類史的に無駄だったことが明らかになったのが一九四五年の敗戦だったのではないか。保守政権の喧伝する「明治一五〇年」という日本近代賛美論は、私たちが歴史を振り返り、考えることで対抗できる。そのための「足場」として、〈日清戦争再考〉が手掛かりになることを期待して、擱筆する。

あとがき

やっと終わった。二〇一九年三月に佛教大学歴史学部を退職したのだが、そのころに畏友新船海三郎氏から、一冊の本にまとめたら、と言われ、小稿の整理を始めたが、思いのほか手間取り、一年かかってしまった。昔から時間は自分で見つけるたちで、なんとか多忙をこなしてきたが、この論集ほど試行錯誤を繰り返した書物はない。それぞれは長い短いの差はあるが、私なりの歴史のみかたが示されていれば、望外の喜びである。

各章の旧稿は次のとおりである。

Ⅰ　日本の戦争とは何だったのか
第1章　日本国民にとっての日清戦争……………『歴史地理教育』第五二一号、一九九四年八月
第2章　「明治一五〇年」と日本の戦争…………『人権と部落問題』第七〇巻六号、二〇一八年六月
第3章　「明治」期の三つの戦争は何をもたらしたか…………『経済』第二七八号、二〇一八年一〇月
第4章　『坂の上の雲』と日本近現代史…………『歴史地理教育』第七九三号、二〇一二年八月

Ⅱ　戦争に向きあう日本社会
第5章　国権派の日清戦争――『九州日日新聞』を中心に――
……………………佛教大学『文学部論集』第八一号、一九九七年三月
第6章　日本国民の参戦熱……大谷正・原田敬一編『日清戦争の社会史』、フォーラムＡ、一九九四年九月
第7章　戦争を伝えた人びと――日清戦争と錦絵をめぐって――
……………………佛教大学『文学部論集』第八四号、二〇〇〇年三月

第8章　軍隊と日清戦争の風景――文学と歴史学の接点――……『鷹陵史学』第一九号、一九九四年九月

第9章　戦争を受けいれる社会はどのように創られたのか……関西唯物論研究会編『近現代日本と思想の課題』（『唯物論と現代』第六〇号）二〇一九年六月

第10章　軍夫の日清戦争……東アジア近代史学会編『日清戦争と東アジア世界の変容』下、ユマニ書房、一九九七年一〇月

Ⅲ　日清戦後の日本社会

第11章　「嘗胆臥薪」論と日清戦後社会……『鷹陵史学』第四三号、二〇一七年九月

第12章　武士道はなぜ生き残ったのか――日本における近代軍隊の成立をめぐって――……『早稲田大学高等研究所紀要』第九号、二〇一七年三月

第13章　東アジアの近代と韓国併合……『前衛』第八六一号、二〇一〇年九月

エピローグ――〈明治一五〇年〉と日本の敗戦――……『季論21』第四〇号（二〇一八年春号）

プロローグは書下ろし、各章も旧稿をほとんど活かしつつ、少し手を入れている。

また大学院生時代を中心に、歴史科学協議会の活動や機関誌『歴史評論』にお世話になったが、その時以来の山田晃弘さんに編集の労をとっていただいた。歴科協の議論は、日本史・東洋史・西洋史（古典的な枠組みだが）を超えてできるので、合宿形式の全国大会も面白く、老若男女、さまざまな人たちとの出会いもあった。議論することの面白さを知った大切な機会だった。議論の手がかかり、足場になるような問いかけのある本をいつも目指しているが、そうした問題意識を読者の皆さんと共有したい。

●著者略歴
原田　敬一（はらだ　けいいち）

1948年岡山市生まれ、大阪大学文学部卒業、大阪大学大学院文学研究科（博士課程）修了、博士（文学）。佛教大学名誉教授。
著書：『日本近代都市史研究』（思文閣出版）、『国民軍の神話』（吉川弘文館）、『帝国議会誕生』（文英堂）、『日清・日露戦争』（岩波新書）、『日清戦争』（吉川弘文館）、『兵士はどこへ行った』（有志舎）、『「坂の上の雲」と日本近現代史』（新日本出版社）、『戦争の終わらせ方』（同）など。
Mail：dr1948k@gmail.com

〝本の泉社〟転換期から学ぶ歴史書シリーズ
日清戦争論──日本近代を考える足場──

2020年　4月24日　初版第1刷発行
2020年 12月10日　初版第2刷発行

著　者　原田《ハラダ》　敬一《ケイイチ》
発行所　株式会社 本の泉社
〒113-0033 東京都文京区本郷 2-25-6
電話：03-5800-8494　Fax：03-5800-5353
mail@honnoizumi.co.jp ／ http://www.honnoizumi.co.jp
発行者　新船海三郎
DTP　田近　裕之
印　刷　音羽印刷　株式会社
製　本　音羽印刷　株式会社

ISBN978-4-7807-1968-0　C0021